Michael Pauen

Was ist der Mensch?

Michael Pauen

Was ist der Mensch?

Die Entdeckung der
Natur des Geistes

Deutsche Verlags-Anstalt
München

Bibliografische Information Der Deutschen Bibliothek
Die Deutsche Bibliothek verzeichnet diese Publikation
in der Deutschen Nationalbibliografie; detaillierte
bibliografische Daten sind im Internet über
http://dnb.ddb.de abrufbar.

FSC

Mix
Produktgruppe aus vorbildlich
bewirtschafteten Wäldern und
anderen kontrollierten Herkünften

Zert.-Nr. SGS-COC-1940
www.fsc.org
© 1996 Forest Stewardship Council

Verlagsgruppe Random House FSC-DEU-0100
Das für dieses Buch verwendete FSC-zertifizierte Papier *Munken Premium*
liefert Arctic Paper Munkedals AB, Schweden.

1. Auflage 2007
Copyright © 2007 Deutsche Verlags-Anstalt, München,
in der Verlagsgruppe Random House GmbH
Alle Rechte vorbehalten
Satz und Layout: Boer Verlagsservice, München
Gesetzt aus der Minion Pro und Myriad Pro
Druck und Bindung: GGP Media GmbH, Pößneck
Printed in Germany
ISBN 978-3-421-04224-8

www.dva.de

Inhalt

Einleitung

Neurowissenschaften und Selbstverständnis

Kaum eine andere Wissenschaft hat in den letzten Jahren soviel öffentliche Aufmerksamkeit erregt wie die Hirnforschung, und es spricht alles dafür, dass dies auch in den kommenden Jahren nicht viel anders sein wird. Der Grund liegt auf der Hand: Die Hirnforschung befasst sich mit den natürlichen Grundlagen derjenigen Fähigkeiten, die uns als Menschen auszeichnen. Ihre Erkenntnisse haben daher einen wesentlich engeren Bezug zu unserem Selbstverständnis als die der klassischen Naturwissenschaften. Es mag sogar so aussehen, als würde die Entdeckung der Natur des Geistes uns erstmals eine wissenschaftliche Antwort auf eine unserer ältesten Fragen liefern: Was ist der Mensch?

Diese Aussicht erweckt Interesse, aber sie ruft auch Ängste wach: Wird eine wissenschaftliche, gar eine naturwissenschaftliche Antwort auf diese Frage nicht zu einer Degradierung des Menschen führen? Müssen wir nicht erwarten, dass damit unser tradiertes Selbstverständnis tiefgreifend revidiert werden muss?

Der Grund für diese Ängste liegt offenbar in einem prinzipiellen Konflikt: Während wir nämlich auf der einen Seite davon ausgehen, dass es in unserer Welt mit rechten naturwissenschaftlichen Dingen zugeht, neigen wir andererseits zu der Vorstellung, dass uns zentrale menschliche Fähigkeiten wie Bewusstsein, Selbstbewusstsein und Willensfreiheit autonom auch gegenüber der Natur machen: Wie kann man noch von Bewusstsein sprechen, wenn die Naturwissenschaft in unserem Gehirn nur die Aktivitäten einfacher Nervenzellen findet? Wie kann man an der Existenz eines Ich festhalten, wenn weder die Psychologie noch die Neurowissenschaft irgendeinen Beleg für ein solches Ich finden? Schließlich: Welchen Ort soll die

Willensfreiheit in einer Welt haben, die vollständig von Naturgesetzen determiniert wird?

Abgesehen davon scheinen es die spezifische Würde des Menschen und seine besonderen Fähigkeiten gar nicht zuzulassen, dass bei ihm eben die Mechanismen wirksam sind, die die nichtmenschliche, ja die unbelebte Natur beherrschen. Das aber würde bedeuten, dass im Gehirn Dinge passieren müssten, die einer wissenschaftlichen Erklärung prinzipiell entzogen sind.

Offenbar geraten wir hier in ein grundlegendes Dilemma von Naturalismus und Menschenbild: Entweder man gibt wichtige Teile unserer wissenschaftlichen Erklärungsansprüche auf und akzeptiert, dass es prinzipiell nicht möglich ist, die natürlichen Grundlagen einiger für unser Selbstverständnis zentraler menschlicher Eigenschaften zu verstehen, oder man hält an den wissenschaftlichen Erklärungs- und Verständnisansprüchen fest und stellt im Gegenzug die Realität jener für unser Selbstverständnis zentralen Eigenschaften in Frage. Die Folgen können dramatisch sein: Der Hirnforscher Wolf Singer etwa prognostiziert einen »Frontalangriff auf unser Selbstverständnis und unsere Menschenwürde«[1] mit weitreichenden Konsequenzen zum Beispiel für unser Rechtssystem, aber auch für den alltäglichen Umgang miteinander.

Singers Zitat lässt erkennen, dass nicht nur die Verteidiger traditionalistischer Vorstellungen von der Unvereinbarkeit von Wissenschaft und Menschenbild überzeugt sind: Auch die – eher aus den Naturwissenschaften stammenden Skeptiker – glauben an diesen Gegensatz. Uneins sind sich Verteidiger und Skeptiker in einem anderen Punkt: Während die Verteidiger traditionalistischer Auffassungen der Ansicht sind, dass die Wissenschaften früher oder später an eine Grenze stoßen werden, die den Angriff auf unser Menschenbild stoppen wird, gehen die naturwissenschaftlichen Skeptiker von dem Erfolg ihres Programms und damit von einer unvermeidlichen Revision unseres Menschenbildes aus.

Eine Geschichte der Kränkungen?

Die neurowissenschaftliche Forschung unserer Tage würde sich damit lückenlos einer Entwicklung einfügen, die bereits vor mehr als einem Jahrhundert von Friedrich Nietzsche beobachtet worden ist:

>»Ach, der Glaube an seine [des Menschen; M. P.] Würde, Einzigkeit, Unersetzlichkeit in der Rangabfolge der Wesen ist dahin – er ist Thier geworden, Thier, ohne Gleichniss, Abzug und Vorbehalt. ... Seit Kopernikus scheint der Mensch auf eine schiefe Ebene gerathen – er rollt immer schneller nunmehr aus dem Mittelpunkte weg – wohin? in's Nichts? ... alle Wissenschaft, ... ist heute darauf aus, dem Menschen seine bisherige Achtung vor sich auszureden, wie als ob dieselbe nichts als ein bizarrer Eigendünkel gewesen sei.«[2]

Nietzsche artikuliert eine bis heute sehr weit verbreitete Vorstellung, die immer wieder in den unterschiedlichsten Variationen wiederholt worden ist. Ihr zufolge führt die Entwicklung der Wissenschaften spätestens seit dem Zerbrechen des Ptolemäischen Weltbildes zu einer fortwährenden Degradierung des Menschen. Sigmund Freud wird wenig später von einer Geschichte der »Kränkungen« des menschlichen Narzissmus durch Kopernikus, Darwin und insbesondere durch seine, Freuds eigene Theorie sprechen.[3]

Träfen diese Vorstellungen zu, dann wären wir längst in dem von Nietzsche prognostizierten »Nichts« angekommen und die immensen Fortschritte, die gerade die Wissenschaften vom Menschen seither erzielt haben, hätten uns jegliche Achtung vor uns selbst ausgetrieben. Genau dies ist jedoch nicht der Fall: Die Kopernikanische Kränkung ist ein reiner Mythos, und auch von einer Kränkung durch Darwin und die moderne Biologie kann keine Rede sein. In Wirklichkeit hat sich unser Menschenbild in seinen Grundzügen als erstaunlich stabil erwiesen, ja es sieht so aus, als hätte sich das Bewusstsein der besonderen menschlichen Würde seit Nietzsche trotz aller Rückschläge eher noch verstärkt. In jedem Falle haben wir uns zumindest soviel Achtung und Würde bewahrt, dass die Prognose ihres Verlusts bis heute für erregte Diskussionen sorgen kann.

Tatsächlich, so lautet die zentrale These dieses Buches, beruht die Vorstellung eines Dilemmas von Naturalismus und Menschenbild auf einem prinzipiellen Missverständnis, ich werde im Folgenden von einem »naturalistischen Missverständnis« sprechen. Es gibt also keinen prinzipiellen Konflikt zwischen Naturalismus und Menschenbild – ganz im Gegenteil: Weit entfernt davon, die zentralen menschlichen Fähigkeiten in Frage zu stellen, erklärt der Naturalismus nur, wie sie zustande kommen. Die Entdeckung der Natur des Geistes verschafft uns die Aussicht auf ein besseres Verständnis der für uns zentralen Fähigkeiten. Das bedeutet auch, dass der Unterschied zwischen dem Menschen und der außermenschlichen Natur durch eine wissenschaftliche Erklärung nicht etwa nivelliert wird, vielmehr helfen uns die Wissenschaften, diesen Unterschied besser zu erfassen.

Ein historisches Argument

Stützen kann sich diese Behauptung zunächst einmal auf historische Beobachtungen. Bis weit ins 19. Jahrhundert gelten naturalistische Erklärungen wichtiger menschlicher Fähigkeiten als ausgeschlossen; stattdessen beruft man sich auf übernatürliche Ursprünge. Das Leben verdankte sich einer speziellen Lebenskraft, der höhere Rang des Menschen gegenüber dem Tier wurde darauf zurückgeführt, dass der Mensch in einem eigenen Akt von Gott geschaffen worden sei, und die geistigen Fähigkeiten des Menschen wurden als das Produkt einer immateriellen Seelensubstanz betrachtet.

Die Fortschritte in Biologie und Hirnforschung führen dazu, dass praktisch alle diese Auffassungen innerhalb des 19. Jahrhunderts aufgegeben werden müssen. Hätte Nietzsche Recht, dann hätte es damit auch zu einer fundamentalen Revision des Menschenbildes und zu einer Degradierung des Menschen kommen müssen. Genau dies ist jedoch ganz offensichtlich nicht geschehen: Unser Menschenbild hat sich gegenüber dem des frühen 19. Jahrhunderts nicht grundlegend geändert, und wenn es sich geändert hat, dann ist es allenfalls anspruchsvoller geworden. In jedem Falle aber halten wir fest an den prinzipiellen Unterschieden zwischen Steinen, Tieren und Menschen. Was sich verändert hat, sind nicht die Unterscheidungen selbst, sondern die *Erklärungen für* diese Unterschiede: Wir bemühen keine übernatürlichen Ursprünge mehr, sondern beziehen uns auf wissenschaftliche Theorien über die zugrundeliegenden natürlichen Prozesse, die uns im Allgemeinen zu einem besseren Verständnis der fraglichen Fähigkeiten führen.

Im Grunde ist dies nicht weiter verwunderlich: Wie hätten sich die Theorien von Biologie und Hirnforschung etablieren sollen, wenn sie *keine* angemessenen Erklärungen für die zentralen menschlichen Fähigkeiten geliefert hätten? Solche Erklärungen treten zwar an die Stelle der tradierten Berufung auf übernatürliche Ursprünge, doch die Existenz der zu erklärenden Fähigkeiten dürften sie kaum in Frage stellen: Eine Theorie, die die Existenz des Lebens abstreitet, hätte sich schwerlich als Erklärung für die vitalen Fähigkeiten von Organismen etablieren können.

Mehr noch. Offenbar sind biologische Erklärungen der Unterschiede zwischen Lebewesen und unbelebten Objekten in der Regel informativer als etwa der Verweis auf die Lebenskraft; ähnliches gilt für die Seele oder einen göttlichen Schöpfungsakt. Solche übernatürlichen Merkmale liefern nur auf den ersten Blick klare Unterscheidungskriterien, tatsächlich ist ihr Erklärungswert denkbar gering.

Wenn die Naturwissenschaften uns also zu einem besseren Verständnis der relevanten Unterschiede führen, dann entfällt der Grund für die Annahme, diese Wissenschaften stünden in einem prinzipiellen Konfliktverhältnis zu unserem Menschenbild. Damit klärt sich das naturalistische Missverständnis: Die Annahme eines prinzipiellen Gegensatzes von Naturalismus und Menschenbild ist einfach falsch.

Die bisherige Geistes- und Wissenschaftsgeschichte bietet also offenbar keinen ernsthaften Ansatz für die Annahme einer prinzipiellen Unvereinbarkeit von Naturalismus und Menschenbild. Die Auseinandersetzung mit dieser Geschichte zeigt aber, wie der *Ein-*

druck einer solchen Unvereinbarkeit und damit das naturalistische Missverständnis zustande kommen kann: Solange angemessene naturalistische Theorien über die Grundlagen zentraler menschlicher Fähigkeiten nicht nur faktisch fehlen, sondern außerhalb des Vorstellungsbereiches liegen, muss der Rückgriff auf übernatürliche Erklärungen einfach sehr naheliegend erscheinen. Dann aber weckt der Naturalismus, der solche übernatürlichen Erklärungen bestreitet, fast zwangsläufig den Verdacht, er negiere auch die Existenz dieser Fähigkeiten. So muss man den Eindruck haben, dass La Mettrie mit seiner These vom Menschen als einer Maschine die geistigen Fähigkeiten in Frage stelle, die die Theoretiker des 17. und 18. Jahrhundert auf eine immaterielle Seele zurückgeführt hatten: Maschinen verfügen nun einmal nicht über geistige Fähigkeiten.

Entscheidend ist, dass sich die Grenzen naturalistischer Erklärungen innerhalb der Wissenschaftsgeschichte verschieben. Der wissenschaftliche Fortschritt führt immer wieder zur Entwicklung von Erklärungsansätzen, die wenige Generationen zuvor nicht vorstellbar waren. Sobald angemessene naturalistische Theorien für bestimmte Fähigkeiten verfügbar werden, löst sich der Gegensatz von Naturalismus und Menschenbild zumindest für diese Fähigkeiten auf – meist allerdings nur, um an einer anderen Stelle wieder aufzutauchen.

Ein systematisches Argument

Natürlich lassen sich die historischen Beobachtungen nicht ohne weiteres auf die Gegenwart übertragen: Wir können nicht davon ausgehen, dass sich die Grenzen auch weiterhin immer weiter verschieben und das naturalistische Missverständnis sich auch in Zukunft immer wieder auflösen wird. Es mag sein, dass einige der für uns zentralen geistigen und volitionalen, also willensbezogenen Eigenschaften *prinzipiell* nicht auf natürliche Prozesse zurückzuführen sind, und zwar ganz unabhängig von allen historisch bedingten Einschränkungen unseres Vorstellungsvermögens.

Ausräumen lässt sich das Missverständnis nur durch eine systematische Auseinandersetzung, die zeigt, dass solche prinzipiellen

Schwierigkeiten nicht existieren. Wohlgemerkt: Auch dies bedeutet nicht, dass das naturalistische Projekt erfolgreich sein *wird*; es heißt nur, dass es keine prinzipiellen Gründe gibt, die einen solchen Erfolg ausschließen. Im Folgenden möchte ich die Kernpunkte eines solchen systematischen Argumentes am Beispiel der Willensfreiheit kurz skizzieren.

Das Problem der Willensfreiheit bildet zweifellos einen der Schwerpunkte der Diskussion über die Grenzen des Naturalismus. Vertreter traditionalistischer Auffassungen gehen ebenso wie viele Neurobiologen davon aus, dass nur solche Handlungen frei sind, die nicht durch Naturgesetze und natürliche Prozesse determiniert sind. Ein Zurückführen freier Handlungen auf natürliche Prozesse scheidet für sie aus. Wenn sich unsere Handlungen beziehungsweise die ihnen zugrunde liegenden neuronalen Prozesse naturalistisch erklären lassen, sind wir nicht frei, sind wir dagegen frei, gibt es keine umfassenden naturalistischen Erklärungen. So behauptet der Kognitionsforscher Wolfgang Prinz, dass die »Idee eines freien menschlichen Willens ... mit wissenschaftlichen Überlegungen prinzipiell nicht zu vereinbaren« sei.[4]

Zur Diskussion stehen hier die Maßstäbe, die man sinnvollerweise auf freie Handlungen anwenden kann. Die von Prinz und vielen anderen vertretene Position unterstellt die Unvereinbarkeit von Freiheit und Determination, doch diese Unterstellung wird sich als unzutreffend herausstellen. Freiheit lässt sich am besten als Selbstbestimmung verstehen, und Selbstbestimmung wird durch Determination nicht eingeschränkt. Eine Aufhebung der Determination führt immer nur zu einer Zunahme von Zufall und damit zur Abnahme der Selbstbestimmung: Wenn eine Handlung nicht determiniert ist, dann kann sie auch nicht durch den Handelnden determiniert sein. Je geringer das Maß an Determination, desto höher das Maß an Zufall und desto geringer der Einfluss des Handelnden. Der Gegensatz von Freiheit und Determination löst sich damit auf: Es kommt nicht darauf an, *ob* eine Handlung determiniert ist, entscheidend ist vielmehr, *wie* sie determiniert ist. Ist sie durch den Handelnden selbst bestimmt, dann ist sie selbstbestimmt und damit frei.

Der Konflikt von Naturalismus und Menschenbild entfällt auch an dieser Stelle. Ähnliches, so werde ich in diesem Buch zeigen, gilt für die beiden anderen Brennpunkte der gegenwärtigen Debatte: Zum einen geht es dabei um das Problem des Bewusstseins, insbesondere des sogenannten phänomenalen Bewusstseins. Es wird sich herausstellen, dass es die oftmals behauptete prinzipielle Kluft zwischen den qualitativen Eigenschaften von Gefühlen oder Farbempfindungen einerseits und unseren neurobiologischen Erklärungen andererseits nicht gibt. Zum zweiten geht es um das Problem von Selbst und Selbstbewusstsein: Irren wir uns nicht ganz gewaltig, wenn wir uns ein »Ich« zuschreiben? Die Antwort lautet: Wir irren uns nicht! Tatsächlich können wir den Fortschritt naturalistischer Erklärungen auch in diesen Fällen beruhigt abwarten, ohne eine fundamentale Revision unseres Menschenbildes befürchten zu müssen.

Praktische Folgen

Will man die Konsequenzen der Neurowissenschaften für unser Selbstverständnis beurteilen, dann muss man auch die praktischen Folgen berücksichtigen.

Praktische Konsequenzen ergeben sich insbesondere aus Anwendungen der neurowissenschaftlichen Forschung in der Medizin, der Pharmakologie und der Neuroprothetik. Schon heute sind Neuroimplantate und Neuroprothesen verfügbar, die den Ausfall bestimmter Hirnaktivitäten kompensieren können. Neben technischen Weiterentwicklungen auf diesen Gebieten ist auch zu erwarten, dass mit steigenden Kenntnissen über neurochemische Zusammenhänge auch wirksamere Psychopharmaka verfügbar werden. Probleme resultieren vor allem aus der Verwendung dieser Präparate durch Gesunde: Medikamente, die zur Bekämpfung von kognitiven Defiziten entwickelt wurden, können nämlich von gesunden Personen zur Steigerung ihrer kognitiven Leistungsfähigkeit verwendet werden. Dies geschieht in größerem Ausmaße heute bereits mit Ritalin, einem Medikament, das vor allem zur Bekämpfung der Hyperaktivität von Kindern eingesetzt wird.

Ich werde einige Vorschläge machen, um einen akzeptablen Gebrauch solcher Hilfsmittel und Medikamente von Formen des Missbrauchs abzugrenzen. Eine zentrale Rolle wird dabei der Begriff der Person spielen.

Auch diese weitreichenden praktischen Konsequenzen zeigen noch einmal, dass wir es bei den Fortschritten der Hirnforschung mit einem substantiellen Umbruch zu tun haben – ähnlich wie er sich mit der Entwicklung der Biologie im 19. Jahrhundert vollzogen hat. Es ist nicht weiter verwunderlich, dass solche Umbrüche Befürchtungen auslösen und dass die Protagonisten der Veränderungen mit weitreichenden und zum Teil spektakulären Prognosen auftreten. Die Ankündigung der Befreiung von langgehegten Illusionen, aber auch die Rede von tiefgreifenden Kränkungen, die der bislang in seinen selbstverliebten Illusionen befangene Mensch von den Wissenschaften zu erwarten hat, gehören seit einem Jahrhundert zur Rhetorik der Auseinandersetzungen, die solche Umbrüche begleiten.

Tatsächlich hat es solche grundlegenden Kränkungen in der Vergangenheit nicht gegeben, und nichts spricht dafür, dass wir uns in Zukunft auf sie einstellen müssen: Der behauptete Gegensatz von Naturalismus und Menschenbild existiert einfach nicht. Natürlich werden wir unsere Vorstellungen von uns selbst in einigen Punkten korrigieren und verändern müssen. Insgesamt ist jedoch zu erwarten, dass wir Zug um Zug besser verstehen werden, welche Motive uns antreiben, welche Mechanismen unserem Selbstbewusstsein zugrunde liegen und wie sich bewusste von unbewussten Prozessen unterscheiden. Möglich ist ein solches Verständnis nur, wenn wir ein gemeinsames Bezugssystem haben, in das wir die für den Menschen charakteristischen Fähigkeiten ebenso einordnen können wie alle anderen Naturphänomene. Die Unterschiede werden dadurch nicht aufgehoben – ganz im Gegenteil: Unterschiede können erst in einer verständlichen Weise expliziert werden, wenn wir über ein solches gemeinsames Bezugssystem verfügen.

Die endgültige Antwort auf die Frage, was der Mensch ist, wird also noch weiter auf sich warten lassen. Besonders beunruhigend ist dies nicht, weil wenig dafür spricht, dass unsere bisherigen Vorstellungen von uns selbst irgendwann einmal fundamental revidiert werden müssten. Das liegt auch daran, dass diese Vorstellungen nicht einfach eine schöne Erfindung sind, sondern das härteste Experiment über sich ergehen lassen mussten, das man sich denken kann: unser alltägliches Handeln. Wäre unser Menschenbild wirklich so verfehlt wie oft behauptet, dann müssten wir immer wieder scheitern, wenn wir uns und unsere Mitmenschen als verantwortungsfähige, bewusste und selbstbewusste Subjekte behandeln. Dies ist jedoch nicht der Fall. Im Allgemeinen bewähren sich diese Annahmen erstaunlich gut, ja, es sieht so aus, als hätten sie in den letzten Jahren sogar noch weiter an Bedeutung gewonnen.

Keineswegs bedeutet dies, dass die Entdeckung der Natur des Geistes uns nicht zu neuen Erkenntnissen verhelfen würde. Ganz im Gegenteil! Doch nach allem, was sich heute absehen lässt, wird sich aus diesen Erkenntnissen eben keine spektakuläre Revision unseres Menschenbildes, keine fundamentale »Kränkung« ergeben. Vielmehr werden sie uns zu einem besseren Verständnis der natürlichen Grundlagen unserer wichtigsten geistigen Fähigkeiten verhelfen, und wir werden auch einiges über die unterschiedlichen Ausprägungen und Varianten dieser Fähigkeiten lernen. Zudem dürften sich die Möglichkeiten verbessern, Störungen und Defizite unserer kognitiven Fähigkeiten zu bekämpfen. Zunehmen werden damit aber auch die Gelegenheiten des Missbrauchs. Und das bedeutet, dass wir einen wohlüberlegten Gebrauch von den neuen Möglichkeiten machen müssen. Aber auch da stehen die Chancen nicht so schlecht, wenn wir unsere Verantwortung wahrnehmen – die Fähigkeiten dazu besitzen wir jedenfalls.

Erster Teil

Seelen- und Entstehungsmythen

Das naturalistische Missverständnis –
ein historisches Gegenargument

Vorbemerkung

Hätte es die immer wieder behauptete »narzisstische Kränkung« des Menschen durch die Wissenschaften tatsächlich gegeben, dann wäre der Triumphzug der Wissenschaften seit der Renaissance eine Geschichte der Kränkungen des Menschen und seiner »naiven Eigenliebe«. Unser Selbstverständnis hätte immer wieder revidiert werden müssen und der Unterschied zwischen der menschlichen und der nicht menschlichen Natur wäre zusehends nivelliert worden.

Ich möchte im Folgenden eine Reihe von Überlegungen und Beobachtungen präsentieren, die zeigen, dass diese Annahmen auf einem prinzipiellen Missverständnis beruhen: Die behaupteten Kränkungen hat es ebenso wenig gegeben wie die prinzipiellen Veränderungen unseres Selbstverständnisses und die Degradierung des Menschen.

Nach einer kurzen Verständigung über einige wichtige Begriffe werde ich zunächst Inhalt und Entstehung des naturalistischen Missverständnisses etwas genauer beschreiben. Danach werde ich einige allgemeine Belege für die Stabilität unseres Menschenbildes präsentieren, um dann zu zeigen, dass die von Nietzsche, Freud und anderen behauptete Abfolge von Kränkungen der menschlichen Eigenliebe durch Kopernikus und die wissenschaftliche Entwicklung im 19. Jahrhundert auf einer Fehlinterpretation der historischen Tatsachen beruht. Nicht nur die Kopernikanische Kränkung ist ein Mythos, auch von einer Kränkung durch Darwin und die übrigen Entwicklungen in der Biologie des 19. Jahrhunderts kann keine Rede sein. Für die Auseinandersetzung mit dem naturalistischen Missverständnis ist dies von besonderer Bedeutung, weil im Verlaufe der Wissenschaftsgeschichte tatsächlich eine Reihe von Merkmalen wie die Lebenskraft zurückgewiesen werden, auf die man ursprünglich die besondere Rolle des Menschen zurückgeführt hatte. Dennoch kommt es auch hier nicht zu der befürchteten Nivellierung, weil die naturalistischen Erklärungen an die Stelle der Berufung auf übernatürliche Merkmale treten können. Im Zentrum des folgenden Kapitels steht dann die Beschreibung dieser Entwicklung: von den Seelenvorstellungen vorzeitlicher Kulturen über die Hirnforschung und die Psychologie des 19. Jahrhunderts bis zur Zurückweisung der Seelenvorstellung und einer »Psychologie ohne Seele« am Ende des 19. Jahrhunderts. Auch diese Entwicklung, so wird sich zeigen, führt nicht zu einer Degradierung des Menschen.

Verstehen lassen sich diese Beobachtungen nur, wenn man erkennt, dass die Wissenschaft nur die Erklärungen für bestimmte Fähigkeiten verändert, die konstitutiv für unser Menschenbild sind. Die Existenz dieser Fähigkeiten selbst wird nicht in Frage gestellt. Insofern gibt es keinen Anlass zu einer substantiellen Revision unseres Selbst- und Menschenbildes.

Naturalismus und Menschenbild

Menschenbild

Die zentrale These dieses Buches lautet also, dass es keinen prinzipiellen Gegensatz von Naturalismus und Menschenbild gibt. Offenbar enthält diese Behauptung zwei höchst erläuterungsbedürftige Begriffe: Was ist mit dem Menschenbild gemeint und was hat man sich unter »Naturalismus« vorzustellen?

Zunächst zum Begriff des Menschenbildes: Der Begriff ist äußerst diffus und daher eigentlich nur schlecht zu einer ernsthaften wissenschaftlichen Untersuchung geeignet. Dennoch ist er unverzichtbar, bezeichnet er doch die Eigenschaften, die uns als Menschen ausmachen. Insofern gibt es großes und berechtigtes Interesse an einer wissenschaftlichen Auseinandersetzung mit diesem Thema, zumal dann, wenn es so aussieht, als würde dieses Menschenbild in Frage gestellt. Wie bereits erwähnt, hätte die oftmals angekündigte Revision unseres Menschenbildes zudem enorme praktische Konsequenzen – auch deshalb erscheint es sehr wichtig, sich hier Klarheit zu verschaffen.

Zwar ist die Vorstellung, die wir von uns selbst haben, äußerst diffus, vermutlich schwankt sie nicht nur unter dem Eindruck der wissenschaftlichen Entwicklungen und sicher gibt es große Unterschiede auch zwischen den Vorstellungen, die sich die Angehörigen einer Kultur von sich selbst machen, nicht zu reden von Differenzen zwischen den Angehörigen unterschiedlicher Kulturen. Für die gegenwärtige Untersuchung ist es allerdings gar nicht erforderlich, sich über alle Details unseres Menschenbildes zu verständigen. Notwendig ist jedoch eine Klärung gewisser Kernpunkte, auf die man sich vermutlich relativ schnell einigen kann. Zu diesen Kernpunkten gehören das Bewusstsein, das Selbstbewusstsein sowie die Fähigkeit, frei und verantwortlich zu handeln und sich dabei von Gründen leiten zu lassen. Mit diesen Eigenschaften ist sicherlich nur ein Teil der Merkmale bezeichnet, die unsere Vorstellung von uns selbst ausmachen, doch es sind die Eigenschaften, denen eine konstitutive Bedeutung für unser Menschenbild zukommt. Hätten wir sie nicht, dann müssten wir nicht nur unsere *Vorstellungen* von uns selbst in einer ganz substantiellen Weise revidieren, vielmehr hätte dies auch tiefgreifende Auswirkungen auf unsere Lebenspraxis.

Tatsächlich konnten die Prognosen über die bevorstehende Revision unseres Menschenbildes nur deshalb soviel Aufsehen erregen, weil sie genau diese Kernvorstellungen betrafen. Meine These, dass unser Menschenbild in seinen Grundzügen über einen sehr langen Zeitraum stabil geblieben ist und dass dies vermutlich auch in Zukunft so bleiben wird, bezieht sich auf genau diese Eigenschaften, also auf Bewusstsein, Selbstbewusstsein sowie die Fähigkeit, frei und verantwortlich zu handeln und sich dabei an Gründen zu orientieren. Es wäre abwegig zu bestreiten, dass sich andere Merkmale, die auch in einem gewissen Sinne mit unserem Menschenbild zu tun haben, verändern können. Selbstverständlich haben sich die Geschlechterrollen oder aber die Rolle des Einzelnen innerhalb der Gesellschaft tiefgreifend verändert – dies hat zum Beispiel die sub-

jektorientierte Soziologie umfassend beschrieben.[5] Und natürlich ist
es auch denkbar, dass Erkenntnisse der Psychologie oder Neurobiologie unser Selbstverständnis in diese Richtung verändern werden,
doch solche Entwicklungen würden niemanden verwundern, sie eignen sich daher kaum für spektakuläre Prognosen.

Naturalismus

Klärungsbedürftig ist zweitens die Frage, was unter Naturalismus,
naturalistischen Erklärungen und einem »naturalistischen Forschungsprogramm« zu verstehen ist?

Festhalten möchte ich zuerst, dass hier nicht von einem metho-
dischen Naturalismus im Sinne Willard Van Orman Quines die Rede
ist, der die Verfahren der modernen Naturwissenschaften als vor-
bildhaft auch für die Geisteswissenschaften ansieht. Im Gegensatz zu
dieser Position gehe ich davon aus, dass die Geisteswissenschaften
ein eigenes methodisches Instrumentarium benötigen, insbesondere
dann, wenn sie sich – wie dies hier der Fall ist – mit begrifflichen
oder normativen Problemen befassen. Tatsächlich besteht einer der
Gründe für die Entstehung des naturalistischen Missverständnisses
in der offensichtlich falschen Auffassung, geisteswissenschaftliche
Fragen ließen sich mit den Mitteln der Naturwissenschaften beantworten. Grundlage der folgenden Überlegungen ist die Annahme,
dass ein sinnvolles Verständnis von Naturalismus ohne methodische
Alleinvertretungsansprüche auskommt. Dies scheint mir schon allein
deshalb wichtig, weil jedes naturalistische Forschungsprogramm auf
Normsetzungen, Konventionen, Rationalitätsstandards etc. zurückgreifen muss, die nicht innerhalb dieses Programms selbst gerechtfertigt werden können.

Doch auch dort, wo es um die traditionellen Gegenstände der
Naturwissenschaften geht, wäre eine Beschränkung auf die Methoden der modernen Naturwissenschaften verfehlt – man würde dann
ja ältere Formen der Naturerklärung, die diesen Standards nicht
gerecht werden, von vornherein ausgrenzen. Naturalismus muss also
auch Formen der Naturerklärung umfassen, denen die quantitativen

und experimentellen Standards der modernen Naturwissenschaften noch fremd waren. Abgesehen davon kann hier auf eine allgemeine Definition von Naturalismus verzichtet werden. Zu klären ist nur, was Naturalismus in den Wissenschaften vom Menschen und den auf ihnen aufbauenden philosophischen Theorien bedeuten kann.

Diese Spielart des Naturalismus ist durch die Annahme zu definieren, dass den zentralen menschlichen Fähigkeiten und Eigenschaften prinzipiell die natürlichen Prozesse und Regularitäten zugrunde liegen, die auch in der nichtorganischen Natur beobachtet werden können. Mit natürlichen Prozessen meine ich dabei Interaktionen zwischen prinzipiell beobachtbaren Objekten oder Substanzen, wie das Aufeinanderprallen von Körpern oder chemische Reaktionen. Mit Regularitäten sind Abfolgen von Ereignissen gemeint, die wiederholt unter bestimmbaren Bedingungen auftreten; dabei muss die Regel nicht deterministisch sein: Kleinere Abweichungen oder Abfolgen, die nur mit einer gewissen Wahrscheinlichkeit bestimmt werden können, werden dadurch nicht ausgeschlossen.

Einem solchen Verständnis von Naturalismus entspricht zum Beispiel der Versuch der Humoralpathologie, Charaktereigenschaften auf die Zusammensetzung bestimmter Körperflüssigkeiten zurückzuführen, nicht aber der Rückgriff auf die Aktivitäten einer immateriellen Seele.

Natürlich ist diese Unterscheidung unscharf.[6] So ist der Beobachtungsbegriff schon in der modernen Naturwissenschaft notorisch unklar, noch viel mehr gilt dies, wenn man die Vorstellungen anderer Kulturen mit einbezieht. Dennoch kann man anhand der genannten Kriterien deutlich machen, warum die Evolutionstheorie eine naturalistische Erklärung zu liefern vermag, während die biblische Schöpfungsgeschichte dies nicht tut: Die Mutationen und Selektionsprozesse, auf die sich die Evolutionstheorie beruft, stellen beobachtbare Interaktionen zwischen beobachtbaren Objekten dar; für einen göttlichen Schöpfungsakt gilt das ganz offensichtlich nicht.

Trotz der unvermeidlichen Probleme bei der Anwendung moderner terminologischer Unterscheidungen auf ältere historische Epochen spricht für den skizzierten Vorschlag auch, dass bereits antike

Autoren offenbar ganz ähnliche Differenzen im Blick haben. Ein Beispiel dafür ist die Kritik, die Sokrates im »Phaidon« an dem Versuch übt, rationale Entscheidungen auf körperliche Prozesse zurückzuführen, statt die Idee der Gerechtigkeit mit einzubeziehen. Eine zentrale Rolle spielt die Unterscheidung auch, wenn Hippokrates zu zeigen versucht, dass die Epilepsie keine übernatürliche, sondern eine natürliche Ursache hat und auch auf diese Weise therapierbar sei.[7]

Die These: Das naturalistische Missverständnis

Die zentrale These des vorliegenden Buchs lautet, dass man einem Missverständnis erliegt, wenn man einen Gegensatz zwischen solchen naturalistischen Erklärungen und unserem Menschenbild behauptet. Ich spreche hier ganz generell von einem *naturalistischen* Missverständnis, und zwar aus zwei Gründen: Zum einen handelt es sich um ein Missverständnis, dem viele Naturalisten – im weitesten Sinne des Wortes – erlegen sind. Zweitens und vor allem handelt es sich um ein Missverständnis *über* den Naturalismus. Das Missverständnis besteht in der Annahme eines prinzipiellen Konflikts zwischen unserem Menschenbild auf der einen Seite und naturalistischen Erklärungen auf der anderen. Sollte das naturalistische Forschungsprogramm erfolgreich sein, dann, so die Unterstellung, seien wir zu einer prinzipiellen Revision unseres Menschenbildes gezwungen, da sich zentrale Annahmen über uns selbst als illusionär herausstellen würden.

Es ist genau diese Behauptung, die hier widerlegt werden soll. Gezeigt wird, dass es keinen prinzipiellen Konflikt von Naturalismus und Menschbild gibt, da der Naturalismus nur Erklärungen für Fähigkeiten liefert, von deren Existenz wir uns im Alltag ganz unabhängig vom naturalistischen Forschungsprogramm überzeugt haben. Diese Annahmen entstammen nicht etwa den theoretischen Diskussionen philosophischer Seminare, sondern sie bewähren sich seit vielen tausend Jahren im alltäglichen Handeln. Würden sie dies nicht tun, dann hätten wir diese Annahmen längst geändert: Wenn Menschen zum Beispiel nicht imstande wären, Verantwortung zu übernehmen, dann würden wir im Alltag immer wieder scheitern, wenn wir unseren Mitmenschen Verantwortung übertragen. Gesellschaften, die diesen Fehler vermeiden und andere Formen der Verteilung von Zuständigkeiten und der Verhaltensregulation entwickeln, müssten einen Vorteil gegenüber Gesellschaften haben, in denen man eine persönliche Verantwortlichkeit unterstellt. Dies ist jedoch nicht der Fall.

Natürlich haben solche Überlegungen nur einen begrenzten Wert: Korrekturen unserer Vorstellung von Freiheit und Verantwortung sind damit nicht grundsätzlich ausgeschlossen, vor allem aber würden wir eindeutigen experimentellen Beweisen gegen Willensfreiheit und Verantwortung im Zweifel sicher Vorzug geben. Der Wert solcher Überlegungen besteht denn auch nicht darin, dass sie im Falle eines Konfliktes von Naturalismus und Menschenbild harte Argumente gegen den Naturalismus liefern würden, vielmehr liefern sie ein Indiz dafür, dass wir einen solchen Konflikt wohl nicht zu erwarten haben, schließlich untersuchen die experimentellen Wissenschaften genau die Fähigkeiten, die sich im Alltag bislang bewährt haben.

Ich bestreite nicht, dass die Erforschung der menschlichen Psyche und Physis uns eine Vielzahl neuer Erkenntnisse bescheren wird und damit auch eine Vielzahl von Anlässen, das Bild, das wir uns von uns selbst machen, wie auch unsere Alltagspraxis an einzelnen Stellen zu revidieren. Wir werden einfach mehr über uns erfahren und besser verstehen, warum wir so denken, fühlen und handeln, wie wir das tun. Ob das Bild, das wir anschließend von uns haben, dann ein wenig besser oder schlechter sein wird als unser heutiges, ist jedoch völlig offen, ja ich vermute sogar, dass man die ganze Frage am Ende für wenig sinnvoll halten wird. Eine prinzipielle Revision von Kernbestandteilen unseres Menschenbildes wie Bewusstsein, Selbstbewusstsein, Freiheit und Verantwortung und die Degradierung, die damit verbunden wäre, halte ich jedoch für praktisch ausgeschlossen.

Ein Konflikt von Naturalismus und Menschenbild?

Wie entsteht überhaupt der Eindruck eines Konfliktes zwischen dieser Art der Naturerklärung und unserem Menschenbild, und warum ist dieser Eindruck falsch? Bevor ich diese Frage im Detail anhand der bereits angekündigten historischen Beobachtungen zu beantworten versuche, möchte ich hier zunächst die grundlegende Struktur dieses Missverständnisses beschreiben.

Ausgangspunkt ist in der Regel erstens der – angesichts des gegebenen Forschungsstandes gut nachvollziehbare – Eindruck der Zeitgenossen, es sei nicht nur faktisch unmöglich, sondern *prinzipiell unvorstellbar,* bestimmte für den Menschen konstitutive Eigenschaften wie zum Beispiel die Entstehung des Lebens auf natürliche Prozesse und Gesetzmäßigkeiten zurückzuführen.[8] So bestreitet Immanuel Kant in der »Kritik der Urteilskraft« ausdrücklich die Möglichkeit, dass jemand für die Biologie das zu leisten imstande sei, was Newton für die Physik geleistet hat:

> »Es ist für Menschen ungereimt, ... zu hoffen, daß noch etwa dereinst ein Newton aufstehen könne, der auch nur die Erzeugung eines Grashalms nach Naturgesetzen, die keine Absicht geordnet hat, begreiflich machen werde.«[9]

Unter diesen Voraussetzungen war es alles andere als irrational, im Bereich der belebten Natur Kräfte und Gesetzmäßigkeiten zu postulieren, die in der unbelebten Natur nicht vorkamen – zum Beispiel eine spezifische Lebenskraft. Das Gleiche gilt für die Entstehung der menschlichen Gattung. Angesichts des Standes der wissenschaftlichen Entwicklung einerseits und des weitverbreiteten Glaubens an einen göttlichen Schöpfer andererseits musste der Verweis auf einen Schöpfungsakt wesentlich plausibler erscheinen als der Rückgriff auf das nach heutigen Maßstäben äußerst unvollkommene Wissen über die entsprechenden Naturvorgänge. Es kommt hinzu, dass Merkmale wie die Lebenskraft oder ein göttlicher Schöpfungsakt eine klare Abgrenzung der belebten gegenüber der unbelebten Natur beziehungsweise des Menschen gegenüber der außermenschlichen Natur erlaubten.

Damit sind die Voraussetzungen für die Entstehung des naturalistischen Missverständnisses bereits benannt: Wer nämlich unter diesen Bedingungen die Lebenskraft oder das menschliche Schöpfungsvorrecht zugunsten einer naturalistischen Erklärung bestritt, der schien nicht nur eine wissenschaftliche Auseinandersetzung um die beste Theorie zur Erklärung bestimmter allgemein bekannter menschlicher Fähigkeiten zu führen. Vielmehr stellte er diese Fähigkeiten selbst und damit auch das auf ihnen aufbauende Menschenbild in Frage, und zwar aus zwei Gründen:

- Zum einen schienen die verfügbaren Methoden der Naturerklärung wie schon gesagt viel zu simpel und spekulativ, als dass sie der Komplexität der fraglichen Fähigkeiten hätten gerecht werden können. Eine naturwissenschaftliche Erklärung schien also nur möglich um den Preis einer massiven Simplifizierung oder gar einer grundsätzlichen Infragestellung dieser menschlichen Fähigkeiten. So kann etwa La Mettrie seinen naturalistischen Ansatz nur aufrecht erhalten, indem er den Menschen zu einer Maschine erklärt.

- Zweitens scheint ein Konflikt aber auch deshalb aufzutreten, weil der Rückgriff auf übernatürliche Erklärungen den Menschen in einer besonderen Weise gegenüber der bloßen Natur ausgezeichnet hatte. So stellt zum Beispiel das Einhauchen der Seele in der Genesis eine besondere Auszeichnung des Menschen durch seine Nähe zu Gott dar und ist damit wesentlich für die Rolle des Menschen in der Ordnung der Dinge. Diese gottgewollte Rolle und die mit ihr verbundene Unterscheidung zwischen Mensch und außermenschlicher Natur scheint ebenfalls gefährdet, wenn man die übernatürliche durch eine natürliche Erklärung ersetzt.

Warum handelt es sich hier um ein Missverständnis?

Der erste der oben genannten Gründe basiert einfach deshalb auf einem Missverständnis, weil eine Theorie, die der Komplexität des zu erklärenden Phänomens nicht gerecht wird, als Erklärung scheitert und daher auch keine angemessene naturalistische Theorie ist. Sie wird sich daher auch nicht etablieren können; in keinem Falle wird sie uns davon überzeugen, dass es das beobachtete Phänomen nicht gibt. Wenn es nicht möglich ist, eine naturalistische Theorie des Lebens zu liefern, dann lassen wir uns nicht etwa einreden, Leben oder zumindest einige seiner wichtigsten Eigenschaften existierten nicht, vielmehr werden wir – zumindest auf die Dauer – die unzureichende Theorie zurückweisen.

Ein gutes Beispiel aus einem anderen Bereich liefert der Logische Behaviorismus. Dieser Theorie zufolge, die unter anderem von Rudolf Carnap vertreten wurde, lassen sich psychologische Sätze in bedeutungsgleiche Sätze über Verhaltensdispositionen übersetzen: Wenn wir von Schmerzen reden, dann meinen wir dieser Theorie zufolge also immer schon bestimmte Verhaltensdispositionen wie die Neigung, eine Schmerztablette zu nehmen, einen Schmerzlaut auszustoßen etc.

Offenbar wird diese Theorie jedoch den Phänomenen nicht gerecht: Wenn wir von Schmerzen sprechen, dann meinen wir manchmal einfach ein bestimmtes Gefühl, so wie wir es aus der Perspektive der ersten Person kennen. Hätte sich diese Theorie durchgesetzt, dann hätte sie in der Tat zu einer Nivellierung der Unterschiede zwischen psychischen Zuständen und bloßem Verhalten geführt. Doch gerade dieses Problem hat die Etablierung des Behaviorismus auf die Dauer verhindert.

Umgekehrt gäbe es jedoch keinen Grund mehr, ein Phänomen in Frage zu stellen, wenn wir eine Theorie haben, die dem Phänomen gerecht wird, und zwar ganz unabhängig davon, wie die Erklärung im Einzelnen aussieht. Tatsächlich lassen bereits die beiden oben erwähnten historischen Beispiele erkennen, dass sich naturalistische Theorien offenbar erst etablieren, wenn sie eine angemessene Erklärung der Phänomene liefern, doch dann besteht eben kein Grund mehr für die Befürchtung, die erklärten Fähigkeiten würden in Frage gestellt.

Auf einem grundlegenden Missverständnis basiert zweitens jedoch auch der Verdacht, der Verzicht auf die übernatürlichen Merkmale und damit die Einbeziehung in die Natur führe zu einer Degradierung des Menschen beziehungsweise einer Nivellierung seiner spezifischen Fähigkeiten. Falsch ist dies schon deshalb, weil die tradierten Theorien mit ihrem Verweis auf übernatürliche Instanzen überhaupt nicht verständlich machen können, worin der Unterschied besteht: Um die Differenz zwischen zwei Phänomenen zu beurteilen, benötigen wir ein gemeinsames Bezugsystem, doch das wird gerade bestritten, wenn man natürliche und nicht natürliche Phänomene voneinander unterscheidet. Im Gegensatz dazu schafft die Einbeziehung der fraglichen Phänomene in den Bereich der naturalistischen Erklärungen ein solches Bezugssystem, das es ermöglicht, die vorhandenen Unterschiede zu bestimmen und ihre Grundlagen zu verstehen.

So scheint die Lebenskraft auf den ersten Blick eine prinzipielle Unterscheidung zwischen der belebten und der unbelebten Natur zu erlauben; faktisch ist der Erklärungswert jedoch wesentlich geringer als der von Theorien, die die moderne Biologie vorlegt, um die entscheidenden Differenzen zwischen Lebewesen und der unbelebten Natur verständlich zu machen. Zumindest in diesen Fällen lässt sich also leicht begreifen, warum die befürchtete Nivellierung nicht eingetreten ist.

Es kommt hinzu, dass die besondere Würde, die der Mensch zum Beispiel durch den Verweis auf einen göttlichen Schöpfungsakt erhielt, von der Geltung bestimmter theologisch-metaphysischer Hintergrundannahmen abhängt, beispielsweise von dem Glauben an die Existenz eines Schöpfergottes, wie ihn die Genesis kennt. Ganz unabhängig von dem Fortschritt konkreter Erklärungen wurde dieser Glaube jedoch durch die allgemeine Säkularisierung spätestens im 19. Jahrhundert in Frage gestellt. Abgesehen davon handelte es sich in jedem Falle nur um eine von Gott *verliehene* Würde. Sie stellte den Menschen innerhalb einer hierarchischen Ordnung der Dinge zwar über die nichtmenschliche Natur, jedoch unter Gott, dessen Ratschlüsse dem Menschen mit seinem begrenzten Verstand häufig unverständlich blieben. Der Verzicht auf diese Hierarchie trägt damit bei zu einer »Selbstermächtigung des Subjekts«, das lernt, seine eigenen Ansprüche und Einsichten auch gegenüber den traditionellen staatlichen und religiösen Autoritäten geltend zu machen. Die wissenschaftliche Erkenntnis der Natur ist eine wesentliche Antriebskraft dieser Entwicklung.[10]

Generell kann man sagen, dass sich das naturalistische Missverständnis im Verlauf der Wissenschaftsgeschichte immer wieder aufgelöst hat, sobald sich zureichende Erklärungen für die fraglichen Phänomene etablieren konnten. Dies ist der Grund dafür, dass die Geschichte der Wissenschaften zumindest bislang offenbar *nicht* zu einer Degradierung des Menschen geführt hat. Doch mit der gleichen Notwendigkeit ist das Missverständnis immer wieder dort aufgetaucht, wo der Versuch unternommen wurde, zentrale menschliche Eigenschaften durch unzureichende naturalistische Theorien zu erklären. Angesichts der vielen ungelösten Probleme sind auch wir selbst gegenwärtig nicht sicher davor, in dieses Missverständnis zu verfallen: Tatsächlich wird sich herausstellen, dass auch die heutigen Behauptungen über eine prinzipielle Unvereinbarkeit von Naturalismus und Menschenbild ein Produkt dieses Missverständnisses sind.

Der Mythos von der Kopernikanischen Kränkung

Die Behauptung, dass die Wissenschaftsgeschichte als eine Abfolge von Kränkungen zu verstehen sei, ist nicht von Nietzsche und Freud erfunden worden; insbesondere die Idee einer »Kopernikanischen Kränkung« lässt sich wesentlich weiter zurückverfolgen. Die Vorstellung findet sich bereits 1686 in Bernard Le Bovier de Fontenelles »Entretiens sur la pluralité des mondes«, sie tritt auf in Novalis' 1899 verfasstem Fragment über »Die Christenheit oder Europa«, 1827 in einem Dialog von Giacomo Leopardi[11] und dann bei Du Bois-Reymond[12] und Ernst Haeckel.[13] Später findet sie sich bei Rudolf Carnap, der direkt an Freud anschließt:

»Durch Kopernikus wurde der Mensch aus der Erhabenheit seiner zentralen Stellung im Weltall verstoßen; durch Darwin wurde ihm die Würde des übertierischen Sonderwesens geraubt; durch

Marx wurden die Faktoren, durch die der Geschichtsablauf kausal zu erklären ist, aus der Sphäre der Ideen in die des materiellen Geschehens herabgezogen; durch Nietzsche wurden die Ursprünge der Moral ihres Nimbus entkleidet; durch Freud wurden die Faktoren, aus denen die Vorstellungen und Handlungen des Menschen kausal zu erklären sind, in dunkle Tiefen, in ›niedere‹ Regionen verwiesen.«[14]

Carnap sieht seinen eigenen Behaviorismus, der die »Psychologie, die bisher als Theorie der seelisch-geistigen Vorgänge von einer gewissen Erhabenheit umkleidet ist, zu einem Teil der Physik herabwürdigt,«[15] in der direkten Tradition dieser Entwicklung. Auch heute wird immer wieder behauptet, die neuro- und kognitionswissenschaftliche Forschung führe zu einer Fortsetzung der Geschichte der Kränkungen bis in die Gegenwart.[16] Würde dieses Bild stimmen, dann müssten wir, geschwächt von einer langen Geschichte fortwährender Kränkungen, gebeugt und missachtet von uns und unseresgleichen durchs Leben ziehen.

Glücklicherweise trifft dies nicht zu. Tatsächlich liegt diesem bis heute populären Lamento eine grundlegend falsche Auffassung über das Verhältnis von wissenschaftlichen Theorien und menschlichem Selbstverständnis zugrunde. Schon die Idee der Kopernikanischen Kränkung ist ein reiner Mythos. So suggestiv das Bild von dem aus der Mitte des Kosmos verdrängten Menschen auch sein mag: Geht man von der dominanten, auf Platon und Aristoteles[17] zurückgehenden Kosmologie des Mittelalters aus, dann führt der Kopernikanismus, wie unter anderem C. I. Lewis, Arthur O. Lovejoy, Hans Blumenberg, Dennis R. Danielson und vor allem Rémi Brague gezeigt haben,[18] *nicht* zu einer Degradierung, sondern ganz im Gegenteil zu einer *Nobilitierung* der Erde.

Das Bild unterschlägt nämlich die hierarchische Struktur des mittelalterlichen Kosmos. Und in dieser Struktur stand die Erde auf der untersten, sublunaren, das heißt noch unter dem Mond befindlichen Stufe der kosmischen Ordnung, – so wie es der Wahrnehmung des irdischen Beobachters entsprach, der Mond und Sterne *über* sich sah. Die Erde steht ganz unten, sie ist der »Bodensatz«[19] der Welt und »hat die gröbste und finsterste Substanz aller Körper«.[20] Über der Erde erhebt sich der Mond, darüber die Planeten, die Fixsterne und schließlich die Sphäre Gottes, das Empyreum.[21] Bestätigt wird diese Auffassung von einer Vielzahl antiker und mittelalterlicher Autoren, etwa von Cicero, Macrobius, Plotin, Avicenna, Albertus Magnus, Dante, Pico della Mirandola oder Meister Eckhart.[22] Literarischen Ausdruck hat dieses hierarchische Denken in Dantes »Göttlicher Komödie« gefunden, die den Dichter nach seinem Aufstieg in die höheren Sphären des Kosmos verächtlich auf die unter ihm liegende Erde zurückblicken lässt.[23] Besonders drastisch drückt sich Ibn Tufail (1100–1185) aus. In dessen »Philosophus Autodidactus« heißt es:

> »Was in der Höhlung dieser Sphäre [der Mondsphäre; M. P.] die Welt des Entstehens und des Vergehens bildet, spielt die Rolle, die die Exkremente und Humoren aller Art in den Eingeweiden des Tieres haben; in diesen Eingeweiden bilden sich des öfteren auch Tiere, wie im Makrokosmos.«[24]

Der Nachweis, dass die Erde ein Planet ist, führt daher zu deren Erhebung auf eine *höhere* Stufe der kosmischen Hierarchie. Sie wird zu einem Himmelskörper, der strahlt und sich bewegt wie die anderen Planeten auch. Von einer Kränkung kann keine Rede sein, vielmehr wird die scheinbar ungerechtfertigte Erhebung der Erde zuweilen zu einem Argument *gegen* den Kopernikanismus.[25]

Anders als es heute der Fall ist, sind diese Zusammenhänge zu Zeiten von Kopernikus und Galilei noch bekannt. So betont Kardinal Nikolaus von Schönberg in einem Brief an Kopernikus, den dieser am Beginn von »De Revolutionibus« zitiert, ausdrücklich, dass die Sonne durch ihre Plazierung in der Mitte des Kosmos abgewertet wird.[26] Galilei kündigt im »Sidereus Nuncius« an, er werde »beweisen, daß sie [die Erde; M. P.] sich bewegt und daß sie den Mond an Glanz übertrifft, nicht aber eine Jauche aus Schmutz und Bodensatz der Welt ist«.[27] Ähnlich lässt er Salviati im »Dialog über die Weltsysteme« argumentieren, dass der Kopernikanismus die Erde »in den Himmel erhebe« und sie damit nobilitiere.[28]

Auch in der Auseinandersetzung Galileis mit der Kirche spielt die vermeintliche Kränkung keine Rolle. Galileis Erkenntnisse werden zunächst sogar sehr positiv aufgenommen: Clavius, ein einflussreicher Jesuit am *Collegio Romano*, beglückwünscht Galilei zu seinen Entdeckungen.[29] Bei seinem zweiten Aufenthalt in Rom im Jahre 1611 bereitet man Galilei einen triumphalen Empfang, bei dem die Jesuiten ihn eine öffentliche Vorlesung halten lassen. Ludovico Cigoli kann Galileis Mondskizzen sogar zur Grundlage eines Deckengemäldes in einer Seitenkapelle von Santa Maria Maggiore machen, die im Auftrag des Papstes Paul V. ausgestattet wurde. All dies wäre nicht zu erklären, wenn der von Galilei vertretene Kopernikanismus als Kränkung des Menschen oder der göttlichen Schöpfung betrachtet worden wäre: Eine solche Kränkung hätte zu sofortigen Reaktionen geführt.

Tatsächlich kommt der Prozess gegen Galilei erst in dem Moment in Gang, wo sich Bibelstellen finden, die gegen den Kopernikanismus sprechen. Es geht um den Vorwurf der Ketzerei und nicht etwa um die Degradierung der Erde oder gar der Schöpfung insgesamt. Auch in dem Urteil gegen Galilei steht der Vorwurf der Ketzerei im Vordergrund.[30] Die Idee, dass der Abschied vom Ptolemäischen Weltbild zu einer Degradierung der Erde führt, tritt erst gegen Ende des 17. Jahrhunderts auf, zum Beispiel in den bereits erwähnten »Entretiens sur la pluralité des mondes« von Fontenelle.[31]

Stabilität des Menschenbildes

Selbstverständlich bildet die »Kopernikanische Kränkung« nur *ein* – wenn auch sehr plastisches – Detail innerhalb der hier zu verfolgenden Entwicklung. Die Behauptung, die Wissenschaftsgeschichte insgesamt sei eine Abfolge von Kränkungen, ist damit noch nicht widerlegt.

Doch es gibt noch eine ganze Reihe weiterer Belege, die gegen diese Behauptung sprechen. Hierzu gehört zum Beispiel die bemerkenswerte Stabilität unseres Menschenbildes. Wäre die Wissenschaftsgeschichte tatsächlich eine Abfolge von Kränkungen, dann hätte es bereits in der Vergangenheit zu gravierenden Veränderungen unseres Menschenbildes kommen müssen. Ich möchte im Folgenden anhand eines kurzen Überblicks zeigen, dass dies nicht geschehen ist. Wie oben bereits ausdrücklich erwähnt, geht es dabei nur um die Grundzüge von Bewusstheit, Subjektivität und Freiheit beziehungsweise Verantwortlichkeit. Jenseits dieses substantiellen Kerns von Fähigkeiten hat es natürlich tiefgreifende Veränderungen gegeben – einige dieser Veränderungen werde ich im Folgenden thematisieren.

Selbstverständlich lassen sich aus der bisherigen Stabilität unseres Menschenbildes keine direkten Schlussfolgerungen für die heutige Auseinandersetzung ableiten. Doch wenn man zeigen kann, dass die wissenschaftliche Entwicklung bislang eben nicht die substantiellen *Inhalte* dieses Menschenbildes, sondern lediglich die *Erklärungen* der damit vorausgesetzten Fähigkeiten verändert hat, dann kann man sich fragen, ob es auch heute nicht eher um die Erklärungen als um die Inhalte selbst geht. Ich werde im weiteren Verlauf hierfür argumentieren.

Zunächst aber zu den Indizien für die Stabilität unseres Menschenbildes. Es gibt bis heute eine starke Tendenz, die Prinzipien von Subjektivität, Individualität und Verantwortlichkeit als Errungenschaften der Neuzeit, zumindest der abendländischen Kulturtradition zu betrachten. Zwar wird damit eine Aufwärtsentwicklung unterstellt, die kaum vereinbar ist mit den ansonsten unterstellten »Kränkungen« des Menschen durch die Wissenschaften. Gleichzeitig bestätigt dies aber die Vorstellung, es handle sich hier nur um kulturelle Konstrukte, auf die wir gegebenenfalls auch verzichten könnten – zum Beispiel dann, wenn wissenschaftliche Erkenntnisse uns einen solchen Verzicht nahelegen. So behauptet Wolfgang Prinz, dass das »Ich … ein kulturelles Artefakt« sei, »das in einem gesellschaftlich gesteuerten Attributionsprozeß zustandekommt«[32]; ähnliches gelte für die Willensfreiheit, die sich »den Interpretationskonstrukten des in modernen Gesellschaften verbreiteten psychologischen Common Sense« verdanke.[33]

Selbstverständlich waren die vorwissenschaftlichen Vorstellungen von Subjektivität und Verantwortlichkeit von jeher großen Veränderungen unterworfen; darüber hinaus existieren auch heute noch größere Unterschiede zwischen den einzelnen Kulturen.[34] Ungeachtet dessen gibt es jedoch einen substantiellen Kern von Subjektivität und Verantwortlichkeit, der eine bemerkenswerte historische Stabilität zeigt.

Dies gilt nicht nur für die Neuzeit, es gilt nicht einmal nur für die abendländische Kultur seit der griechisch-römischen Antike. Vielmehr finden sich schon im alten Ägypten klare Vorstellungen von Subjektivität, Individualität und individueller Verantwortlichkeit, die sich in ihren Grundzügen nicht wesentlich von unseren heutigen Vorstellungen unterscheiden, auch wenn sie völlig anders begründet werden. Die ägyptische Kultur ist nicht nur faktisch »von enormen individualisierenden Kräften geprägt«,[35] vielmehr lässt sie auch ein reflexives Bewusstsein von Individualität und gleichzeitig von Verantwortlichkeit erkennen. Ein gutes Beispiel hierfür bietet eine Selbstdarstellung des Gaukönigs Anchtifi auf einer Grabinschrift aus der Ersten Zwischenzeit, mehr als 2000 Jahre v. Chr.; Anchtifi lässt dabei ein gesundes Selbstvertrauen erkennen:

> »Ein mir Gleicher ist (noch) nicht geboren worden, und nicht wird er (je) geboren werden. Ja ich habe übertroffen, was meine Vorfahren getan haben, und meine Nachfolger werden mich in allem, was ich gemacht habe, nicht erreichen, in dieser (kommenden) Million von Jahren.«[36]

Keineswegs beschränken sich die reflexiven Fähigkeiten nur darauf, die eigenen Verdienste gebührend herauszustellen. Wesentlich interessanter sind vielmehr Fähigkeit und Bereitschaft zum Eingeständnis individueller Schuld. So ist zum Beispiel eine Selbstanklage eines Königs ebenfalls aus der Ersten Zwischenzeit überliefert. Dieser König, möglicherweise Cheti III., hatte offenbar zur Gewinnung von Baumaterial eine Grabanlage zerstört:

»Denn es geschah infolge dessen, was ich tat. … Siehe, Mangel kam aus dem, was ich gemacht habe. Elend ist nun das Zerstören. Es gibt keinen, dem es nützt zu restaurieren, was er verwüstete, zu bauen, was er abriß, zu verschönern, was er entstellte. Hüte dich davor!«[37]

Dieses »selbstreflexive Schuldbekenntnis«[38] ist kein Einzelfall, vielmehr stellt die individuelle Zurechnung von Schuld und Verantwortung ein grundlegendes Merkmal der ägyptischen Kultur dar. Sein Ursprung liegt, wie der Ägyptologe Jan Assmann[39] gezeigt hat, offenbar im ägyptischen Totenkult: Jede einzelne Seele muss nach dem Tod eine Art Gerichtsprozess über sich ergehen lassen, in dem ihre individuellen Verfehlungen gewogen werden. Wiegen die Verfehlungen zu schwer, dann wird die Seele von einem Monstrum verschlungen:

»Das Individuum ist es, das auf Grund seiner ganz persönlichen Taten und Eigenschaften Unvergeßlichkeit im sozialen Gedächtnis beanspruchen darf, und das Individuum ist es, das sich vor einem Totengericht für seinen persönlichen Lebenswandel verantworten muß. Weder vor dem Forum der Nachwelt, noch vor dem des Totengerichts, helfen dem einzelnen vornehme Abkunft, Zugehörigkeit zu einer Gruppe oder sonstige kollektivistische Kennzeichnungen. Nur der erworbene Status, nur die persönliche Leistung zählen.«[40]

Das Bewusstsein individueller Schuld und Verantwortung spielt eine zentrale Rolle auch in der Genesis: Adam und Eva zeigen dieses Schuldbewusstsein, indem sie sich nach der Übertretung des göttlichen Gebots vor Gott verstecken. Zudem rechtfertigt der Text die Strafe der Vertreibung durch die individuelle Schuld des Menschenpaares, die – wie die Strafe – gerecht auf mehrere Schultern verteilt wird.

Das Gleiche gilt auch für das Menschenbild der griechischen Antike – auch wenn häufig noch unterstellt wird, der Einzelne sei

in der Antike abhängig von den Launen des Schicksals und den Rat-
schlüssen der Götter. In Wirklichkeit demonstriert jedoch schon
die Aristotelische Theorie der Tragödie den individuellen Spielraum
von Freiheit und Verantwortung, indem sie einen direkten Zusammenhang herstellt zwischen dem Untergang des Helden und seinen
Verfehlungen.[41] Tatsächlich hat die Forschung mittlerweile gezeigt,
dass sich schon bei Homer und erst recht in der griechischen Tragödie sehr differenzierte Vorstellungen von Subjektivität, Schuld und
Verantwortung finden, die in ihren Grundzügen den neuzeitlichen
Anschauungen vergleichbar sind. Zwar handeln sowohl die Helden
Homers wie auch die Protagonisten der Tragödie unter dem Einfluss
der Götter. Dieser Einfluss lässt jedoch dem Einzelnen sehr wohl
Spielraum für eigenes Entscheiden und Handeln und damit eben
auch für subjektive Schuld und Verantwortung. So betont Sophokles
in der »Antigone« die Autonomie seiner Protagonistin, die »nach
eigenem Gesetz« gehandelt habe.[42] Subjektivität und Selbstverantwortung implizieren auch hier die Möglichkeit individueller Schuld,
so wie sie bereits in der »Ilias« von Hektor oder Agamemnon einge-
standen wird: »Greis, nicht unwahr hast du mir meine Verblendung
geschildert. Ja, ich fehlte und leugn' es auch nicht.«[43]

Arbogast Schmitt hat an einer Vielzahl von Beispielen gezeigt,
dass sich im griechischen Epos wie im Drama eine differenzierte
Konzeption von Freiheit findet. Diese Konzeption verliert sich nicht
in der Vorstellung einer voraussetzungslosen, absoluten Wahl, sondern unterscheidet genau zwischen den Aspekten einer Handlung,
die man dem Handelnden zurechnen kann, und objektiven Rahmenbedingungen, an denen der Handelnde schuldlos ist, weil sie
sich seinem Einfluss entziehen. Solche unverfügbaren Momente bilden nicht nur die Ratschlüsse der Götter, sondern auch andere Rahmenbedingungen wie Herkunft oder Vererbung:

»Es geht hier [i. e. in der griechischen Tragödie; M. P.] vielmehr
um die Herauslösung desjenigen Handlungsfadens, den der
Mensch... selbst in der Hand hält. ... Für diesen Anteil an seinem Schicksal ist der Mensch subjektiv zuständig und moralisch

verantwortlich. In der Erkenntnis und Anerkenntnis der Determinanten, die die eigenen Möglichkeiten des Menschen begrenzen, ist die Erfassung dieses Anteils zugleich die Voraussetzung für ein zureichendes Verständnis einer (relativ) freien, aber um ihre Endlichkeit wissenden Subjektivität.«[44]

Den Maßstab bildet dabei das vernünftige Handeln, das sich auf ein rationales Urteil über die eigenen Handlungsoptionen und deren Konsequenzen stützt. Im Gegensatz dazu stehen Handlungen, die einem kurzfristigen Affekt oder aber den Eingebungen der Götter folgen:

»Das Nichtbenutzen der eigenen Vernunft und sittlicher Maßstäbe gegenüber einem göttlichen Eingriff gilt also sogar als ein schweres Fehlverhalten, genauso wie umgekehrt Athene sich darüber freut, daß Odysseus sogar ihr gegenüber vernünftige Umsicht walten läßt.«[45]

Festzuhalten bleibt also, dass dem griechischen Epos und der Tragödie ein Menschenbild zugrunde liegt, das sich in den genannten Grundzügen nicht von unseren heutigen Vorstellungen unterscheidet. Diese Gemeinsamkeiten werden noch deutlicher erkennbar in der philosophischen Diskussion der Antike, zum Beispiel in den ausführlichen Auseinandersetzungen mit Problemen von Willensfreiheit und Verantwortung in der Aristotelischen Ethik, in der Stoa oder bei Augustinus – Auseinandersetzungen, die zum Teil wesentliche Punkte der modernen Diskussion vorwegnehmen.[46]

Prinzipielle Zweifel an den Grundzügen unseres Menschenbildes, also daran, dass wir Bewusstsein haben, Selbstbewusstsein und Verantwortlichkeit, sind auch in der neueren Philosophiegeschichte nur selten ernsthaft vertreten worden; zu den wenigen Ausnahmen zählen die Materialisten des 19. Jahrhunderts wie beispielsweise Carl Vogt oder die Eliminativen Materialisten unserer Tage. Auf der anderen Seite zweifelt selbst Schopenhauer, der auf den ersten Blick eine weitreichende Ich-Skepsis vertritt, die Realität des Ich innerhalb der wissenschaftlich beschreibbaren Wirklichkeit gerade *nicht* an: Zwar ist das *principium individuationis* eine bloße Erscheinung, hinter der der Philosoph die Sphäre des Dinges an sich erkennt. Doch das hat das Ich mit Steinen, Bauklötzen und Häusern gemein; solange wir die Realität von Steinen anerkennen, sollten wir daher auch nicht an der des Ich zweifeln.

Im Prinzip gilt diese Behauptung bis heute: Zweifel an der Realität von Bewusstsein, Selbstbewusstsein, Willensfreiheit und Verantwortung werden zwar immer wieder geäußert, doch sie haben sich bislang niemals dauerhaft etablieren können – weder in der Philosophie noch in der gesellschaftlichen Praxis. Die Konstanz dieser Praxis ist insofern wichtig, als in ihr nicht einfach ein gesellschaftlicher Traditionalismus sichtbar wird. Es ist vielmehr unbestritten, dass die hier zur Diskussion stehenden Eigenschaften von zentraler Bedeutung für Handeln und das Funktionieren unserer Institutionen ist. Wären diese Annahmen falsch, dann hätten sich andere Formen der Handlungsregulation und Interaktion, die ohne diese verfehlten Annahmen auskommen, als zweckmäßiger erweisen müssen. Die Tatsache, dass dies in sehr vielen Gesellschaften nicht geschehen ist, spricht ganz entschieden gegen die Behauptung, dass diese Annahmen falsch oder illusorisch sind.

Geschichte und Funktion
der Seelenvorstellung

Dieser vergleichsweise großen Konstanz der substantiellen Gehalte unseres Menschenbildes stehen massive Veränderungen in unseren wissenschaftlichen Theorien und in unserem Weltbild gegenüber: An die Stelle religiöser und metaphysischer Annahmen über die Entstehung der Welt und den Ursprung des Menschen und seiner Fähigkeiten sind in zunehmendem Maße wissenschaftliche Theorien getreten. Besonders gut lässt sich dies an der Entwicklung der Seelenvorstellungen illustrieren, die ursprünglich in den unterschiedlichsten Kulturen verbreitet waren. Seelenvorstellungen sind deshalb von besonderem Interesse, weil sie seit jeher eine zentrale Rolle für die Erklärung von Bewusstsein, Selbstbewusstsein, Willensfreiheit und Verantwortung spielen. Gleichzeitig bilden sie, wie sich noch zeigen wird, das »Einfallstor« für wissenschaftliche Erklärungen. Wenn die hier vertretene These zutrifft, dann müsste die Seelenvorstellung sukzessive durch wissenschaftliche Erklärungen ersetzt werden, und zwar in dem Maße, wie sich adäquate wissenschaftliche Erklärungen etablieren können. Eine Erschütterung unseres Menschenbildes sollte damit nicht einhergehen. Umgekehrt wäre zu erwarten, dass das naturalistische Missverständnis vor allem dann relevant wird, wenn unzureichende materialistische Ansätze mit dem Anspruch auftreten, eine umfassende Erklärung der zentralen menschlichen Eigenschaften zu liefern.

Seelenvorstellungen

Selbstverständlich gibt es nicht »die« Vorstellung »der« Seele. Das Problem beginnt bereits auf der begrifflichen Ebene: Können wir überhaupt davon ausgehen, dass in Texten fremder Kulturen wirklich von einer »Seele« die Rede ist? Die Frage stellt sich, wie der Altphilologe Bruno Snell bemerkt hat,[47] bereits bei Homer, und sie betrifft erst recht die Auseinandersetzung mit Kulturen, die uns wesentlich fremder sind als die griechische Antike. Tatsächlich gibt es noch nicht einmal einen einheitlichen Seelenbegriff in unserer eigenen Kultur: So unterscheidet sich etwa die Cartesianische Vorstellung der Seele sowohl von antiken Seelenvorstellungen wie auch von dem, was man in der ersten Hälfte des 19. Jahrhunderts unter einer »Seele« verstand, ganz zu schweigen vom heutigen Begriffsverständnis.

Einen auch nur einigermaßen präzise definierbaren Begriff der Seele gibt es also nicht; ich werde daher im Folgenden bewusst im Plural von »Seelenvorstellungen« sprechen. Gemeint ist damit ein Komplex von Ideen, die mit einer überraschenden Regelmäßigkeit zusammen auftreten. Zentral ist dabei die Vorstellung von einer oder mehreren Substanzen, die einen essentiellen Bestandteil des lebendigen, wachen Menschen darstellen, sich jedoch im Tod, manchmal auch im Traum vom Körper lösen können. Diese Substanzen werden typischerweise nicht als gewöhnliche Materie aufgefasst, sie müssen jedoch keineswegs immateriell sein. Oft werden sie als besonders fein oder leicht beschrieben. Eine besondere Rolle spielt dabei die Vorstellung eines Hauchs oder Luftzugs. Oft stellt man sich die Seele auch in Gestalt eines Vogels oder eines Homunkulus vor. Solche Vorstellungen sollen zum einen eine Erklärung dafür liefern, dass die menschliche Existenz über den Tod des Körpers hinausreichen kann. Daneben machen Seelenvorstellungen aber auch die Belebtheit des menschlichen Körpers sowie dessen geistige und volitionale Fähigkeiten verständlich. Dabei können unterschiedliche Seeleninstanzen postuliert werden, um einerseits die Unsterblichkeit, andererseits aber die Belebtheit zu erklären.

Aus heutiger Sicht mögen viele der traditionellen Seelenvorstellungen als liebenswürdige Fiktionen erscheinen; aus der Sicht einer vorwissenschaftlichen Kultur bieten sie jedoch häufig sehr gute Erklärungen für eine Vielzahl von anders nicht zu verstehenden Fähigkeiten und Phänomenen. So waren beispielsweise die wesentlichen geistigen Fähigkeiten an die Belebtheit des Organismus gebunden: Denken konnte man in der Regel solange, bis man starb. Damit verschwand aber auch das Vermögen, etwas zu fühlen, wahrzunehmen oder willentlich zu handeln. Es lag daher nahe, die geistigen und vitalen Fähigkeiten auf ein gemeinsames Prinzip zurückzuführen.

Da ein lebender Organismus atmen musste, war es außerdem plausibel, Seele und Atem miteinander in Verbindung zu bringen. Es ist daher kein Zufall, dass die Ausdrücke für »Seele« in sehr vielen Sprachen aus denen für »Atem« oder »Hauch« abgeleitet sind: Das gilt für das indische »âtman,« das unter anderem für Leben und Geist des Menschen steht und vermutlich auch unserem Ausdruck »Atem« zugrunde liegt, es gilt für die griechischen Ausdrücke »psyche« (Atem, Leben, Seele, Verstand) und »pneuma« (Hauch, Wehen, Leben, Seele, Geist) und schließlich auch für das lateinische »anima« (Lufthauch, Lebenshauch, Seele) sowie »spiritus« (Hauch, Atem, Leben, Geist) und »flatus« (Hauch, Seele). Alle diese Ausdrücke stehen sowohl für einen Lufthauch wie für Seele oder Geist, fast alle stehen zudem für das Leben oder die Lebenskraft.

Weit verbreitet ist daher einerseits die Vorstellung vom Tod als einem »Aushauchen« (exspirare) des Lebensatems oder der Seele sowie andererseits die Idee, dass das Einhauchen des Lebensatems beziehungsweise der Seele zum Schöpfungsprozess gehört. Diese Vorstellung findet sich nicht nur in der biblischen Schöpfungsgeschichte, sondern in sehr ähnlicher Form in griechischen Überlieferungen, denen zufolge Athene dem Menschen das Leben einhaucht, nachdem er durch Prometheus aus Lehm geschaffen worden ist.

Traditionelle Seelenvorstellungen sind zudem oft wesentlich umfassender als der Seelenbegriff des 18. und 19. Jahrhunderts oder gar der heutige Begriff des Bewusstseins. Häufig betrachten sie auch die wesentlichen vitalen Funktionen wie Bewegung, Fortpflanzung, Wahrnehmung und letztlich das Belebtsein selbst als Eigenschaften der Seele. Darüber hinaus steht die Seele in diesen Vorstellungen auch für das eigentliche Wesen des Menschen. Zum Ausdruck kommt dies in der Symbolisierung der Seele durch ein verkleinertes Abbild des

Körpers, das diesen im Moment des Todes verlässt. Solche Darstellungen finden sich in der griechischen und der christlichen Tradition, besonders eindringlich sind sie in der ägyptischen Mythologie, die die Ka-Seele zuweilen als regelrechte Kopie des beseelten Individuums, sein »zweites Ich«, darstellt.[48]

Neben der Erfahrung, dass Lebewesen atmen, geht in viele alte Konzeptionen der Seele die Erfahrung ein, dass geistige Prozesse scheinbar unabhängig von körperlichen Funktionen auftreten können: Diese Erfahrung machen wir in Träumen. Abendländischen Vorstellungen zufolge verfügen insbesondere Hexen über diese Fähigkeit, aber auch die Seele ganz gewöhnlicher Personen kann während des Schlafes aus dem Körper ausfahren und besitzt dabei zum Teil magische Fähigkeiten. Misslingt die Rückkehr in den Körper, kann dies allerdings zum Tod führen. So heißt es zum Beispiel in einer Sage über das ehemalige Zisterzienserinnenkloster in Wechterswinkel, ein besonders hübscher Knecht habe an Alpdrücken gelitten, weil er von der Seele einer Nonne belästigt worden sei. Der Knecht bekam die Seele in Gestalt einer Feder zu fassen und schloss sie in ein Kästchen ein. Er befreite sich damit von seinem Alpdruck, doch nun wurde die Nonne tot aufgefunden. Nach der Freilassung der Feder und der damit möglichen Wiedervereinigung der Seele mit dem Körper fand sie allerdings wieder ins Leben zurück.[49]

Die Lösung der Seele vom Leib kann aber auch absichtlich herbeigeführt werden; hierfür gab es eine Reihe von Verfahren, von denen bereits in mittelpersischen Dokumenten berichtet wird.[50] Für den basalen Charakter der dualistischen Vorstellung, dass die Seele den Körper verlassen kann, spricht insbesondere die Tatsache, dass sie sich in praktisch allen Kulturen findet, völlig unabhängig davon, ob diese untereinander Kontakt haben oder nicht. So konnte eine Studie von Dean Sheils[51] an 54 hauptsächlich außereuropäischen Kulturen diese Vorstellung in praktisch allen Fällen nachweisen. Insgesamt, so resümiert Sheils, seien diese Auffassungen »auffällig in ihrer Uniformität, obwohl die Kulturen nach Struktur und Herkunft sehr unterschiedlich sind«.[52]

Ein besonders plastisches und weitverbreitetes Symbol für die Unabhängigkeit von Körper und Seele ist der Seelenvogel. So findet sich auf den circa 15 000 v. Chr. entstandenen Wandmalereien in der Höhle von Lascaux vermutlich die Darstellung eines Seelenvogels;[53] in Ägypten wird die Ba-Seele als Vogel dargestellt, der sich nach dem Tod vom Körper löst und sich frei bewegen kann. Weitere Zeugnisse finden sich in Syrien (3. Jahrtausend v. Chr.), Oberitalien (700–550 v. Chr.), bei den Ugren in Sibirien,[54] in der Shona-Zivilisation in Simbabwe (circa 1000–1200 n. Chr.) sowie in Felsgravierungen mittelamerikanischer Indianer.[55]

Sichtbar werden damit zwei unterschiedliche Aspekte der Seelenvorstellung: Zum einen ist die Seele das Grundprinzip von Belebtheit und körperlicher Existenz, auf der anderen Seite wird sie als eine vom Körper unabhängige Instanz betrachtet. Zuweilen werden beide Aspekte als »Körperseele« und »Freiseele« voneinander unterschieden. In Ägypten steht die Ka-Seele für den ersten, die Ba-Seele für den zweiten Aspekt, doch auch in vielen anderen ursprünglichen Kulturen wurden beide Funktionen voneinander getrennt und jeweils durch eigene Symbole dargestellt. In einer weiterentwickelten Form findet sich diese Unterscheidung in den drei Seelenteilen der Aristotelischen Seelenlehre. Dabei verteilen sich die körperlichen Funktionen auf die für Wachstum und Ernährung zuständige vegetative Seele und die für die Wahrnehmung zuständige Sinnenseele. Der Vernunftseele dagegen sind die geistigen Funktionen zugeordnet; sie ist nicht fest an den Körper gebunden.[56]

Von besonderer Bedeutung ist die durch die Freiseele symbolisierte Unabhängigkeit der Seele vom Körper auch deshalb, weil sie die Möglichkeit einer Fortdauer der bewussten Existenz nach dem Tode eröffnet. Zuweilen tragen ältere Gräber dieser Vorstellung durch ein »Seelenloch« Rechnung, das es der Seele erlaubt, das Grab zu verlassen und dorthin wieder zurückzukehren.[57] Wie Assmann am Beispiel des alten Ägypten gezeigt hat, erleichtert die Seelenlehre dem Menschen so den Umgang mit dem Wissen um die eigene körperliche Sterblichkeit:

»Ohne Fantasmen der Unsterblichkeit oder doch zumindest einer gewissen Fortdauer über den allzuengen Horizont unseres Erdendaseins hinaus kann der Mensch nicht leben: Sie bilden den von Illusionen umstellten Horizont, in dem allein menschliches Handeln sich als sinnvoll erfahren kann.«[58]

Assmann weist außerdem auf die Bedeutung der Seelenlehre für die Etablierung moralischer Regeln hin: Die Idee einer unsterblichen Seele zusammen mit der Vorstellung eines göttlichen Gerichts, dessen Macht sich keiner entziehen kann, verleihe der Forderung nach Gerechtigkeit Nachdruck in traditionellen, voraufklärerischen Gesellschaften[59] – und nicht nur dort: Noch im Materialismusstreit des 19. Jahrhunderts ist die Unsterblichkeit ein zentrales Thema. Die Preisgabe der Idee einer unsterblichen Seele, so argumentiert der Traditionalist Rudolph Wagner gegen den Materialismus, werde zu einem Zusammenbruch der moralischen Ordnung führen.[60]

Die Beobachtung, dass die traditionellen Seelenvorstellungen wissenschaftliche Erklärungen der entsprechenden geistigen Fähigkeiten ausschließen, ist für sich genommen ebenso trivial wie unproblematisch: Auch die moderne Chemie musste die Alchemie verdrängen. Letzteres war jedoch einfach deshalb unproblematisch, weil es über die Fachwelt hinaus keine wirklich tiefgreifenden Konsequenzen hatte. Im Gegensatz dazu betreffen die Auseinandersetzungen um die Seele ganz unmittelbar den Menschen selbst und die Vorstellungen, die er sich von sich macht. Der Einzelne ist hier in einer wesentlich substantielleren und persönlicheren Weise betroffen als bei den Debatten über Gegenstände der Außenwelt.

Diese Beobachtung ist um so wichtiger, als die traditionellen Lehren nicht nur mehr oder minder plausible Tatsachenbehauptung über die Entstehung des Menschen enthalten, Behauptungen also, die gegebenenfalls durch besser begründete Annahmen ersetzt werden könnten, so wie es geschieht, wenn die moderne Chemie an die Stelle der Alchemie tritt. Vielmehr scheinen die Schöpfungs- und Seelenlehren immer auch normativ den besonderen Rang des Menschen in der Ordnung der Dinge zu begründen, und es ist genau dieser Rang, der im Streit um die Seele auf dem Spiel zu stehen scheint. Eine besondere Bedeutung haben dabei die Lehre vom unmittelbaren göttlichen Ursprung der Seele sowie die eng damit verbundene Idee, die Seele bestehe aus einer besonders edlen Substanz. Häufig kommt beides zusammen. So wird etwa in Platons »Timaios« die Seele durch den göttlichen Schöpfer selbst geformt, der sich dazu einer ganz besonderen Materie bedient. Sie wird damit dem Leib gegenüber ausgezeichnet, der zudem das Werk untergeordneter Götter ist. Ähnliches gilt für die Genesis, die den Körper aus simplem Lehm entstehen lässt, die Seele dagegen aus dem göttlichen Atem.

Bei der nicht ganz einfach zu beantwortenden Frage, wie denn die gottgeschaffene Seele in den individuellen Leib gelangt, entwickelte insbesondere das Christentum eine bemerkenswerte Phantasie, die zur Herausbildung unterschiedlicher Lehren führte. Während der auf Tertullian (circa 160–230 n. Chr.) zurückgehende Traduzianismus behauptet, dass die Seele von einer Generation auf die nächste übergeht, unterstellen die Vertreter des Präexistenzianismus, dass bereits existierende Seelen sich bei der Zeugung neu verkörpern. Schließlich geht der Kreatianismus davon aus, dass Gott bei jeder Zeugung eine neue Seele erschafft.[61]

Derartige Annahmen über die göttliche Herkunft der Seele und ihre Unterscheidung vom Körper und der übrigen Natur müssen aufgegeben werden, wenn die traditionellen Vorstellungen durch eine wissenschaftliche Theorie ersetzt werden und der ganze Mensch zu einem Bestandteil der Natur wird. Damit kann der Eindruck entstehen, auch der besondere Rang des Menschen in der Ordnung der Dinge sei in Gefahr, schließlich wurden ja die Merkmale aufgegeben, die diesen besonderen Rang begründet hatten.

Descartes

Einen wesentlichen Schritt auf diesem Weg der Verwissenschaftlichung der Seelenvorstellung vollzieht ein Autor, der heute in der Regel als Bewahrer der Tradition gilt, nämlich René Descartes

(1596–1650). Verdeckt werden mögen seine Neuerungen durch die Tatsache, dass er eine Reihe von Auffassungen vertritt, von denen sich heute auch die meisten Dualisten distanzieren, wie etwa die Annahme, Körper und Geist seien unterschiedliche Substanzen,[62] darüber hinaus hält er daran fest, dass die Seele von Gott »durch einen besonderen Akt geschaffen sein muss«.[63]

Dies sollte jedoch nicht darüber hinwegtäuschen, dass Descartes' Konzeption äußerst plausible Schlussfolgerungen aus dem zeitgenössischen Wissensstand zieht. Nach der Entdeckung des Blutkreislaufs durch William Harvey (1628), auf den sich Descartes mehrfach beruft,[64] konnte man realistische Hoffnungen haben, wesentliche Lebensfunktionen irgendwann einmal durch wissenschaftliche Theorien über körperliche Prozesse zu erklären. Für eine analoge Erklärung geistiger Prozesse boten die zeitgenössischen Theorien dagegen keinerlei Ansätze. Genau hier setzt Descartes' Dualismus an: Während er diejenigen Fähigkeiten, die prinzipiell wissenschaftlich erklärbar sind, auf die »Mechanismen« des Körpers zurückführt, ordnet er dem Geist beziehungsweise der Seele alle die Eigenschaften zu, bei denen eine solche Erklärung ausscheidet:

> »Weil wir nun keineswegs begreifen können, daß der Körper in irgendeiner Weise denkt, haben wir Grund zu glauben, daß alle Arten von Gedanken, die in uns sind, der Seele zukommen.«[65]

Entmythologisierung

Durch die Beschränkung der Seele auf das Denken grenzt Descartes die vitalen Funktionen des traditionellen Seelenbegriffs ganz bewusst aus. Hier findet also ein wesentlicher Schritt der oben angesprochenen Grenzverschiebung statt; die noch mehrere Jahrhunderte anhaltenden Diskussionen über die Lebenskraft zeigen, dass selbst viele Nachfahren Descartes' diesen Schritt nicht mitmachen wollten. Descartes dagegen führt die Lebenserhaltung – ursprünglich eine der zentralen Funktionen der Seele – vollständig auf körperliche Mechanismen zurück. Der Tod tritt in seinen Augen nicht etwa dadurch ein, dass die Seele als das Prinzip des Lebens den Körper verlässt, entscheidend sei vielmehr der Ausfall bestimmter körperlicher Funktionen. Grundsätzlich unterscheide sich daher ein lebender von einem toten Körper nicht anders eine funktionsfähige von einer funktionsunfähigen Maschine.[66] Descartes betreibt so eine Entmythologisierung des Seelenbegriffs, deren Beginn man bereits bei Aristoteles beobachten kann.[67] Den damit verbundenen Traditionsbruch vollzieht er ganz bewusst. Die überkommenen Theorien, so heißt es in den »Leidenschaften der Seele«, seien der beste Beweis dafür, »wie sehr die Wissenschaften, die wir von den ›Alten‹ erhalten haben, fehlerhaft sind«.[68] Zu erkennen ist der Bruch auch daran, dass Descartes den traditionellen Terminus »Seele« häufig vermeidet und stattdessen vom »Geist« (mens), zuweilen sogar von »Bewusstsein« (conscientia) spricht.

Obwohl Descartes damit einen wesentlichen Schritt in dem oben angesprochenen Prozess der Ausdifferenzierung vollzieht, ist sein Begriff des Geistes immer noch wesentlich umfassender als der der meisten neueren dualistischen Konzeptionen. Zwar spricht Descartes in der Regel davon, dass die Seele beziehungsweise der Geist »denkt«; gemeint sind damit jedoch praktisch *sämtliche* geistigen Prozesse,[69] also nicht nur Gedanken im engeren Sinne, sondern auch Vorstellungen, Wahrnehmungen, Willensakte und die bewussten Aspekte von Empfindungen,[70] außerdem scheint hiermit auch das Selbstbewusstsein gemeint zu sein. Eine besondere Rolle spielt schließlich die Sprache: Sie stellt die direkte Ausdrucksform des Geistes dar und bietet daher ein sicheres Indiz, um Menschen von Tieren oder Maschinen zu unterscheiden.[71] Die obige Aufzählung der geistigen Funktionen zeigt schon, wie weit der mittlerweile vollzogene Differenzierungsprozess reicht: Dort, wo Descartes von Geist oder Seele spricht, unterscheiden wir heute zwischen Bewusstsein, Selbstbewusstsein, Wahrnehmung und Wille.

Interaktion

Trotz der dualistischen Trennung von Geist und Körper nimmt Descartes bekanntlich an, dass zwischen beiden Substanzen eine Wechselwirkung besteht: Der Geist beeinflusst den Körper beispielsweise in Willensakten, umgekehrt wirkt der Körper zum Beispiel bei Wahrnehmungen und Empfindungen auf den Geist ein. Während viele seiner Nachfolger die Handlungswirksamkeit menschlicher Gedanken immer noch durch göttliches Eingreifen zu erklären suchen, verlässt sich Descartes auch hier auf die Erkenntnisse der zeitgenössischen Wissenschaft über Funktion und Wirkungsweise von Nerven.

Eine entscheidende Rolle spielte dabei die Theorie der Lebensgeister, die vermutlich auf den alexandrinischen Anatomen Herophilos von Chalkedon (circa 330 bis 250 v. Chr.) zurückgeht und durch den griechischen Arzt Galen (129 bis circa 200 n. Chr.) ausgearbeitet wurde.[72] Die Lebensgeister stellte man sich als feine, vermutlich gasartige Korpuskeln vor; nach Galen wurden sie in der linken Herzkammer produziert und gelangten durch das Blut über einen Verfeinerungsprozess ins Gehirn und von dort ins Nervensystem, wo sie der Übertragung von Bewegungsimpulsen und Empfindungen dienen.[73]

Descartes erklärt mit dieser bis zur Entwicklung der modernen Nerventheorie im 19. Jahrhundert wirksamen Konzeption[74] die Interaktion zwischen Körper und Seele in der Zirbeldrüse, dem Sitz der Seele. So sollen Wahrnehmungsvorgänge für eine Bewegung der Lebensgeister in den Nerven sorgen. Diese Bewegung sollte sich zunächst auf die entsprechenden Hirnregionen übertragen, danach die Zirbeldrüse und mit ihr schließlich die Seele erfassen. Die Nerven funktionieren dabei wie Kordeln, deren eines Ende sich bewegt, wenn man an dem anderen zieht, dabei sollen unterschiedliche Bewegungen unterschiedlichen Wahrnehmungen entsprechen.[75] Umgekehrt vermag die Seele über die Zirbeldrüse die Lebensgeister in Bewegung zu versetzen, die ihrerseits dann die Muskeln bewegen.[76] Auch Kontraktion und Erschlaffung von Muskeln erklärt Descartes rein mechanistisch durch die Sammlung beziehungsweise das Entweichen von Lebensgeistern in den Muskeln.[77]

Der Körper als Maschine

Angesichts der wissenschaftlichen Entwicklung, die uns von Descartes trennt, ist es nicht weiter verwunderlich, dass diese Erklärungen aus heutiger Sicht unbefriedigend sind. Dennoch schafft Descartes die Voraussetzungen dafür, dass einige der Funktionen, die bislang auf die Seele zurückgeführt wurden, zum Gegenstand empirischer Theorien werden konnten. Eine zentrale Rolle spielt dabei seine Vorstellung vom Körper als einer Maschine. Sicherlich ist der Vergleich nicht wörtlich zu nehmen; gemeint ist vielmehr, dass man körperliche Funktionen mit wissenschaftlichen Methoden erklären kann. Zwar weist Descartes darauf hin, dass der menschliche Körper als das Produkt des göttlichen Schöpfers »unvergleichlich besser konstruiert ist und weit wunderbarere Getriebe in sich birgt als jede Maschine, die der Mensch erfinden kann«;[78] dennoch wird der Körper prinzipiell auf die gleiche Stufe wie Tiere und andere materielle Objekte gestellt. Descartes bricht hier mit tradierten Vorstellungen, die Lebewesen generell durch ihre Beseelung von materiellen Objekten unterschieden hatten. Der Rang des Menschen ist dadurch jedoch nicht ernsthaft in Frage gestellt, schließlich besitzt er noch seine gottgeschaffene Seele, die ihn vor dieser »Degradierung« schützt. Dennoch wird schon Descartes in den Konflikt von Naturalismus und Menschenbild verwickelt: Er muss sich nämlich mit dem von Marin Mersenne erhobenen Vorwurf auseinandersetzen, er habe die Unsterblichkeit der Seele aufs Spiel gesetzt.[79] Er wird des Atheismus und Skeptizismus bezichtigt, seine Lehre wird 1643 in Utrecht, 1647 dann in Leiden verurteilt, seine Schriften 1663 auf den Index gesetzt. 1667 schreiten die Behörden sogar bei der Feier zur Wiederbestattung der von Stockholm nach Paris überführten Leiche ein und verbieten eine öffentliche Ansprache.[80]

Aus heutiger Sicht wird man den Vergleich des Körpers mit einer Maschine allein deshalb in Frage stellen, weil bereits die »einfachen« vegetativen Funktionen auf diese Weise nicht zu erfassen sind. Die bis ins 20. Jahrhundert anhaltende Diskussion über die Lebenskraft, die sich nicht zuletzt gegen das Cartesianische Verständnis des Körpers richtet, zeigt, wie weit verbreitet diese Zweifel waren.

Wichtiger im vorliegenden Zusammenhang ist jedoch, dass der Vergleich von Körper und Maschine auch einem Verständnis der höheren kognitiven Funktionen im Wege steht. Descartes' Behauptung, wir könnten »nun keineswegs begreifen, ... daß der Körper in irgendeiner Weise denkt«[81], verdankt ihre Plausibilität der problematischen Wahl des Modells, das hier zugrunde gelegt wird. Natürlich denken einfache Maschinen wie Uhren nicht, aber sie leben auch nicht und liefern schon allein deshalb kein angemessenes Modell, wenn es um das Verständnis des menschlichen Körpers oder gar des Gehirns geht.

Prinzipielle Probleme des Naturalismus

Hieraus ergibt sich eine grundsätzliche Beobachtung: Unsere Antwort auf die Frage, ob sich das menschliche Denken auf natürliche Prozesse zurückführen lässt, hängt offenbar ab von unserer Kenntnis der Leistungsfähigkeit solcher Prozesse beziehungsweise von Modellvorstellungen, die aus solchen Kenntnissen abgeleitet sind. Descartes kannte nur vergleichsweise einfache natürliche Systeme und Funktionen; die zelluläre Struktur der Hirnrinde und die Funktion von Neuronen waren ihm und seinen Zeitgenossen völlig unbekannt. Die Komplexität neuronaler Prozesse war damit noch nicht einmal im Ansatz zu ermessen; außerdem gab es keine intelligenten artifiziellen Systeme, die Modellvorstellungen für die natürliche Realisierung geistiger Prozesse hätten liefern können. Eine naturalistische Erklärung geistiger Prozesse musste unter diesen Bedingungen einfach als prinzipiell unmöglich erscheinen. Die Behauptung, man werde die erforderliche Erklärung schon finden, konnte nur wie ein leeres Versprechen klingen: Karl Poppers Formel vom »Schuldscheinmaterialismus«[82] ist hier völlig angemessen.

Unter diesen Voraussetzungen konnte es wesentlich rationaler erscheinen, die geistigen Fähigkeiten des Menschen auf eine immaterielle Seele zurückzuführen. Dass man dabei einen göttlichen Schöpfer unterstellen musste, war kein wirklicher Nachteil der Theorie, weil die Existenz eines solchen Schöpfers ohnehin allgemein akzeptiert wurde. Angesichts der Fortschritte der Hirnforschung ist die Kluft mittlerweile wesentlich kleiner. Naturalistische Erklärungen geistiger Prozesse sind zumindest vorstellbar, in einigen Teilbereichen, zum Beispiel bei der Sprachproduktion, der Wahrnehmung oder der Handlungssteuerung liegen bereits mehr oder minder weit gediehene Ansätze zu solchen Erklärungen vor.

Da diese Entwicklungen auch von Dualisten nicht ignoriert werden können, haben sich hieraus wichtige inhaltliche Veränderungen ihrer Position ergeben. Anders als Descartes gehen Dualisten heute in der Regel davon aus, dass die reinen Rechen- und Denkprozesse im Gehirn realisiert sein können und damit prinzipiell auch naturalistisch zu erklären sind. Aufgabe des Geistes ist also nicht mehr das Denken, Wahrnehmen oder Produzieren sprachlicher Äußerungen selbst, sondern eher die Bewusstwerdung der Denk- und Wahrnehmungsprozesse bzw. der sprachlichen Inhalte, während diese selbst – nach übereinstimmender Auffassung von Monisten und den meisten Dualisten – in unserem Gehirn realisiert sind. Daneben wird auch der einheitliche Charakter dieser Erfahrungen auf den Geist zurückgeführt. Popper und John C. Eccles[83] vergleichen ihn mit einem Scheinwerfer, der ganz gezielt einige der im Gehirn stattfindenden Prozesse auswählt; Benjamin Libet spricht von einem »bewussten mentalen Feld«, dessen Funktion ebenfalls vor allem darin besteht, das bewusste und einheitliche mentale Erleben zu ermöglichen.[84]

La Mettrie und das Maschinenmodell

Der Vergleich von Mensch und Maschine ist – trotz der offensichtlichen Probleme, die er bereits bei Descartes aufwirft – in der Folgezeit gerade von den Protagonisten des Naturalismus immer wieder gerne aufgegriffen worden. Das beste Beispiel liefert der 1747 erschienene Essay »Der Mensch eine Maschine« von Julien Offray de La Mettrie (1709–1751). Es ist schwer zu übersehen, dass der Autor mit dem Titel ebenso wie mit mancher seiner Äußerungen die Provokation sucht – so etwa, wenn er behauptet, Menschen seien ganz im Gegensatz zu ihrer eitlen Selbsteinschätzung »nur Tiere und in aufrechter Haltung dahinkriechende Maschinen«.[85] La Mettrie hat sich mit solchen Äußerungen nicht nur die Rolle eines »Prügeljungen des französischen Materialismus«[86] redlich verdient; vielmehr beweist er offenbar einmal mehr, dass der Naturalismus unvereinbar ist mit unserem Selbstverständnis und unserer Vorstellung von menschlicher Würde. In jedem Falle erscheint er damit als der Antipode Descartes', dessen vermeintliches »Verbot«[87] einer naturwissenschaftlichen Erforschung des Bewusstseins er gebrochen hat.

Schaut man jedoch ein wenig unter die Oberfläche der La Mettrieschen Provokationen, dann bietet sich ein etwas anderes Bild. Zum einen wäre die Formel vom Menschen als einer Maschine missverstanden, wollte man sie als Indiz dafür lesen, dass der Autor keine Unterschiede zwischen Menschen und Tieren oder gar unbelebten Objekten akzeptieren würde. La Mettrie gibt vielmehr ganz ausdrücklich zu, dass der Mensch das »vollkommenste aller Wesen«[88] ist. Sein Angriff gilt also keineswegs der besonderen Rolle des Menschen, sondern allein dem Verweis auf eine immaterielle Seelensubstanz, mit der man diese besondere Rolle zu begründen suchte. La Mettrie kann in der Tat zeigen, dass diese Erklärung nicht sonderlich plausibel ist – man muss nämlich nur einen unfähigen Geist aus einer edlen Substanz mit einem besonders scharfsinnigen Geist aus einer weniger edlen Substanz miteinander vergleichen, um zu sehen, dass es auf die konkreten Fähigkeiten und Eigenschaften und nicht etwa auf den Wert der Substanz ankommt, aus der die menschliche Seele geschaffen worden ist.

»Die Vortrefflichkeit der Vernunft hängt nicht von einem großen, aber sinnlosen Wort (Immaterialität), sondern von ihrer Kraft, ihrem Ausmaß oder ihrem Scharfblick ab. So wäre denn eine ›Kotseele‹, die gleichsam mit einem Blick die Beziehungen und Folgen einer Unmenge schwer zu fassender Ideen entdecken könnte, offenbar einer einfältigen, törichten, aus den wertvollsten Elementen geschaffenen Seele vorzuziehen.«[89]

Diese Fähigkeiten, so La Mettrie weiter, müssten allerdings nicht nur benannt, sondern auch erklärt werden, und zwar mit Hilfe der Naturwissenschaften auf der Basis von Erfahrung. Genau das ist der Sinn, der hinter der Provokation vom Menschen als einer Maschine steckt: Auch die geistigen Fähigkeiten lassen sich prinzipiell mit wissenschaftlichen Methoden erklären.

Trotz aller Gegensätze zu Descartes führt La Mettrie dessen Programm einer rationalen Erklärung menschlicher Fähigkeiten zumindest in *einem* Punkt weiter: So wie Descartes bei der Erklärung körperliche Funktionen den Verweis auf die Seele durch konkrete mechanistische Erklärungen ersetzt, so wendet La Mettrie dieselbe Strategie auf die Erklärungen geistiger Funktionen an.

Das Ziel, konkrete wissenschaftliche Erklärungen an die Stelle des Verweises auf eine immaterielle Seele zu setzen, erscheint aus heutiger Sicht plausibel, die Ausführung jedoch nicht. Der Vergleich des menschlichen Geistes mit einer Maschine hat in dem Jahrhundert seit Descartes nicht an Plausibilität gewonnen. Auch sonst hat La Mettrie keine überzeugenden Erklärungen anzubieten, und zwar ganz egal ob man die heutigen Maßstäbe oder die seiner eigenen Zeit anlegt. Er selbst gibt dies freimütig zu: Weder könne er erklären, wie aus bloßer Materie ein lebendiger Organismus entstehe, noch vermöge er zu sagen, wie sich das Empfindungs- und Denkvermögen aus physischen Prozessen entwickle. Sonderlich gestört hat ihn dies offenbar nicht:

»Ich bin also darüber, dass ich nicht weiß, wie die Materie sich aus einer einfachen und trägen in eine tätige und aus Organen zusammengesetzte verwandelt, ebenso beruhigt wie darüber, daß ich die Sonne nur durch rotes Glas betrachten kann. Ich finde mich auch

mit den anderen unbegreiflichen Wundern der Natur ab, nament-
lich mit der Erzeugung des Empfindungs- und Denkvermögens in
einem Wesen, das einst in unseren beschränkten Augen nur ein
wenig Schlamm zu sein schien.«[90]

La Mettrie mag sich damit abgefunden haben; seine Kritiker haben
hierin – ich meine, aus verständlichen Gründen – eine *prinzipielle*
Grenze des Naturalismus und damit einen Beweis für die Unzuläng-
lichkeit dieser Position gesehen. Angesichts des wissenschaftlichen
Kenntnisstandes in der Mitte des 18. Jahrhunderts war dieser Eindruck praktisch unvermeidlich: Es fehlten nicht nur die konkreten
Erklärungen für kognitive Funktionen, vielmehr gab es auch kein
angemessenes Modell, an dem man sich bei der Suche nach solchen Erklärungen hätte orientieren können. Die Gleichsetzung des
Geistes mit einem mechanischen System war hierzu offenbar nicht
geeignet.

Wenn La Mettrie unter diesen Bedingungen dennoch auf einer
naturalistischen Erklärung geistiger Funktionen insistiert, dann pro-
voziert er damit fast zwangsläufig das naturalistische Missverständnis: Auf die Formel vom Menschen als einer Maschine scheint man
sich nur einlassen zu können um den Preis der Infragestellung zentraler menschlicher Vermögen. Wenn wir wirklich bloße Maschinen
sind, dann müssten wir unser Selbstverständnis sicherlich ganz fundamental revidieren. Hält man dagegen an den substantiellen Inhalten unseres Selbstverständnisses fest, dann muss man den Vergleich
von Mensch und Maschine zurückweisen.

Der Maschinenvergleich

Anhand des Maschinenvergleichs lässt sich noch einmal zeigen,
warum wir es hier in der Tat mit einem naturalistischen *Missverständnis* und nicht etwa mit einem fundamentalen Problem des
Naturalismus insgesamt zu tun haben.

Der Vergleich ist nämlich nicht nur irreführend, vielmehr verstößt
er gegen die Prinzipien des Naturalismus selbst. Dies wird besonders

evident, wenn man den Vergleich auf die Maschinen bezieht, die La Mettrie im Blick gehabt haben dürfte, etwa auf die Vaucansonschen Automaten. Zu diesen zählte ein mechanischer Flötenspieler, der zwölf Lieder beherrschte, oder eine mechanische Ente, die dank eines Uhrwerks aus 400 Einzelteilen mit den Flügeln schlagen, schnattern und sogar die von ihr aufgepickten Körner »verdauen« konnte. Doch so beeindruckend die technische Leistung Jacques de Vaucansons zweifellos war: Mehr als die Simulation einiger Verhaltensweisen kann man hier schwerlich entdecken. Selbst von den ungleich komplexeren technischen Systemen, über die wir heute verfügen, würde niemand sagen, dass sie denken können. Umso weniger gilt dies von den Maschinen, die das 17. oder 18. Jahrhundert kannte.

All das schließt nicht prinzipiell die Möglichkeit von künstlichen Systemen aus, denen man zu Recht die erforderlichen Fähigkeiten zuschreiben könnte – wobei ich sehr daran zweifle, dass die Menschheit wirklich einmal ihre begrenzten Ressourcen für ein solches Projekt einsetzen wird. Doch wenn es solche Systeme gäbe, dann hätten sie nur noch sehr wenig mit unseren heutigen Maschinen zu tun – ganz zu schweigen von denen des 18. Jahrhunderts.

Halten wir also fest: Maschinen, so wie wir sie heute kennen, kann man offenbar kein Bewusstsein und keine Verantwortung zuschreiben. Von Systemen, bei denen eine solche Zuschreibung gerechtfertigt sein könnte, haben wir keine konkrete Vorstellung, wir können sie daher auch nicht im Blick haben, wenn wir Menschen und Maschinen vergleichen; es ist zudem mehr als zweifelhaft, ob wir solche Systeme noch als Maschinen bezeichnen würden. Insofern ist der Vergleich von Mensch und Maschine nicht geeignet, uns zu den Erklärungen zu führen, die eine naturalistische Theorie der für Menschen zentralen Fähigkeiten erbringen muss. Damit aber verstößt er gegen die Prinzipien des Naturalismus, so wie sie oben erläutert wurden.

Kant und die Idealisten

Nicht nur in der öffentlichen Wahrnehmung, sondern auch nach Meinung vieler Philosophen diskreditieren die prinzipiellen Differenzen zwischen mechanischen Systemen und Organismen neben dem Maschinenvergleich auch den Naturalismus selbst. Es ist daher kein Wunder, wenn der Naturalismus bei Kant ebenso wie bei Fichte, Schelling und Hegel auf wenig Gegenliebe stößt. Gleichzeitig erkennen die Autoren aber auch die Schwächen des Cartesianischen Dualismus. Obwohl vor allem Kant in der Auseinandersetzung mit diesem Problem wichtige Einsichten gewinnt, gelangt weder er noch Hegel und Fichte zu einer Lösung, die auch außerhalb der eigenen philosophischen Systeme tragfähig wäre. Die einzige Ausnahme ist Schelling, der im Anschluss an Spinoza Ansätze zu einer – nicht-naturalistischen – Identitätstheorie entwickelt.

Für Kant steht außer Frage, dass der Vergleich von Mensch und Maschine völlig abwegig ist. Das zentrale Argument liefert der drohende Verlust von moralischer Verantwortlichkeit: Wenn Menschen Maschinen wären, dann wäre moralische Verantwortung prinzipiell ausgeschlossen.[91] Auch der Idee einer physiologischen Erklärung geistiger Funktionen steht Kant skeptisch gegenüber, wie sich insbesondere an seiner Auseinandersetzung mit Samuel Thomas Soemmerring zeigt, der die Flüssigkeit in den Hohlräumen (Ventrikeln) des Gehirns als den Sitz der Seele erkannt zu haben glaubte – ich werde auf diese Theorie unten noch kurz eingehen. Gleichzeitig übt Kant jedoch im Anschluss an Locke und Hume scharfe Kritik an dem substantialistischen Seelenbegriff Cartesianischer Prägung und bereitet damit den Boden für die »Psychologie ohne Seele« in der zweiten Hälfte des 19. Jahrhunderts.[92]

Zwar greift auch Kant auf die Cartesianische Formel des »Ich denke« zurück, diese dient bei ihm jedoch nicht mehr dazu, Erkenntnisse über eine Seelen-Substanz zu gewinnen. Vielmehr steht die Formel nur für unsere Fähigkeit, alle unsere Gedanken *als* unsere Gedanken zu begreifen, also uns bewusst zu machen, dass wir es sind, die diese Gedanken denken. So habe ich nicht nur die Möglichkeit, einfach an den nächsten Urlaub zu denken, vielmehr kann ich mir auch durch den Zusatz des »Ich denke« bewusst machen, dass *ich* es bin, der an seinen nächsten Urlaub denkt. Es leuchtet ein, dass ich damit nichts weiter über mich erfahre. Zu wirklicher Selbsterkenntnis bedarf es vielmehr konkreter Erfahrung:

> »Es bleibt uns nichts übrig, als unsere Seele an dem Leitfaden der Erfahrung zu studiren und uns in den Schranken der Fragen zu halten, die nicht weiter gehen, als mögliche innere Erfahrung ihren Inhalt darlegen kann.«[93]

Kant akzeptiert also weder einen materialistischem Monismus noch den Substanzdualismus, ja er glaubt, dass es sich hier um eine falsche Alternative handelt. Zentral für die Zurückweisung dieser Alternative ist seine Unterscheidung zwischen der Welt der Erscheinung und dem Ding an sich. Die Welt der Erscheinung ist die Welt von Raum, Zeit und Kausalität, in der wir uns im Alltag und in den Wissenschaften immer bewegen; sie ist also Gegenstand unserer Wahrnehmung und unserer wissenschaftlichen Erkenntnisse. Die Welt des Dinges an sich liegt dieser Alltagswelt zugrunde, entzieht sich aber prinzipiell unserer Erkenntnis.

Entscheidend ist nun, dass wir auch mit unseren Untersuchungen über Geist und Gehirn immer im Bereich der Erscheinung bleiben. Wie Geist und Gehirn »an sich« beschaffen sind, ist für uns unerkennbar. Auch die Materie ist in Kants Augen »bloß äußere Erscheinung, deren Substratum durch gar keine anzugebende Prädicate erkannt wird«.[94] Die dualistische Entgegensetzung von materieller und geistiger Substanz sei daher ebenso verfehlt wie die monistische Behauptung, es gebe *nur* materielle oder *nur* geistige Substanzen: Da wir keinen Zugang zu den Dingen haben, wie sie an sich sind, verbiete sich eine Antwort auf diese Frage.[95]

So plausibel Kants Aussage auf den ersten Blick erscheinen mag – man kann an ihr mit Fug und Recht zweifeln. Natürlich ist es völlig richtig, wenn Kant in seiner Auseinandersetzung mit dem Materialismus darauf besteht, dass uns auch die Naturwissenschaften die

Welt nicht so zeigen, wie sie »an sich ist« – jeglicher Anspruch auf einen prinzipiellen Primat der Naturwissenschaften gegenüber anderen Zugangsweisen zur Wirklichkeit ist von vornherein verfehlt. Erkannt worden sind die wichtigen Konsequenzen dieses Gedankens vor allem von dem Neukantianer Friedrich Albert Lange, auf den ich weiter unten noch etwas ausführlicher eingehen werde.

Doch heißt dies bereits, dass Kant eine tragfähige Alternative zu den bisherigen Lösungsvorschlägen entwickelt hat? Hat er wirklich gezeigt, dass geistige Prozesse weder Gehirnprozesse sind noch Prozesse, die zusätzlich zu den Gehirnprozessen stattfinden? Ich glaube nicht. Würde man Kants Überlegungen akzeptieren, dann hätte man lediglich einen guten Grund, sich der Entscheidung zwischen den bisherigen Lösungsvorschlägen zu entziehen. Man könnte darauf beharren, dass wir niemals herausfinden würden, ob geistige Prozesse zusätzlich zu materiellen Hirnprozessen existieren oder ob sie dies nicht tun.

Ich glaube jedoch, dass Kants Argumentation selbst dann nicht wirklich überzeugend ist, wenn man seine Unterscheidung zwischen Ding an sich und Erscheinung akzeptiert. Auch innerhalb der Welt der Erscheinungen stellt sich nämlich die Frage nach dem Verhältnis zwischen den neuronalen Phänomenen, die uns die Hirnforschung aus der Perspektive der dritten Person beschreibt, und den Erfahrungen, die uns der innere Sinn in der Perspektive der ersten Person präsentiert: Haben wir es hier grundsätzlich mit Erscheinungen unterschiedlichen Typs zu tun, die unabhängig voneinander auftauchen könnten und wechselseitig aufeinander einwirken? Oder sprechen wir letztlich über dieselben Vorgänge, die wir nur aus unterschiedlichen Perspektiven erfassen? Kants Position ist unklar: Neben Passagen mit einer eindeutig dualistischen Tendenz[96] finden sich Textstellen, an denen er die Identitätshypothese erwägt.[97]

Vertreten wird die Identitätshypothese später von Schelling, der damit wesentliche Ideen des sogenannten Psychophysischen Parallelismus vorwegnimmt. Letzterer ist gegen Ende des 19. Jahrhunderts die dominierende Theorie unter Philosophen und Naturwissenschaftlern:

»Die ausgedehnte und die denkende Substanz wie es Spinosa ausdrückt, sind nicht zwei verschiedene, sondern die ausgedehnte Substanz ist auch die denkende selbst, so wie die denkende die ausgedehnte.«[98]

Ähnlich wie Kant wenden sich auch Fichte, Schelling und Hegel gegen die Vorstellung einer immateriellen Seelensubstanz. Fichte zum Beispiel erkennt einen solchen verdinglichenden Seelenbegriff noch in Leibniz' Monadenlehre. Diese müsse unterstellen, ein »Atom, das als Dunst aus der Kaffeetasse aufsteige, sei durch glückliche Umstände fähig, sich zur Seele zu entwickeln«.[99] Schelling steht solchen substantialistischen Vorstellungen schon wegen seiner Sympathien mit der Identitätstheorie und der damit verbundenen Ablehnung des Dualismus kritisch gegenüber: »Alle wahre Wissenschaft des Menschen«, so bemerkt Schelling 1803 in den »Vorlesungen über die Methode des akademischen Studiums«, könne »nur in der wesentlichen und absoluten Einheit der Seele und des Leibes ... gesucht werden.«[100]

Es muss nicht eigens erwähnt werden, dass Schellings idealistische Interpretation der Identitätstheorie nicht mit den heutigen physikalistischen Varianten zu verwechseln ist; insbesondere die Vorstellung eines Primats der Materie, wie man sie bei vielen materialistischen Identitätstheoretikern finden kann, ist Schelling völlig fremd. Die Seele bezeichnet Schelling als das »Ideal des Leibes«[101] und weist damit dem Seelenbegriff eine vermittelnde Funktion zwischen Ratio und Körper zu, die charakteristisch für den Gebrauch dieses Begriffs im weiteren Verlauf des 19. Jahrhunderts ist.

Schellings Äußerung zeigt gleichzeitig, dass die Kritik an substantialistischen Seelenvorstellungen nicht zu einem vollständigen Verzicht auf den Seelenbegriff führen muss; vielfach kommt es hier nur zu einer Uminterpretation. Das lässt sich auch bei Hegel beobachten, bei dem die Seele vor allem für ein frühes Entwicklungsstadium des Geistes steht, eine »bewusst- und verstandeslose Individualität«[102] in der sich der Geist noch im »Zustande des Schlafes befindet«.[103]

Das Leib-Seele-Problem bezeichnet Hegel als reines Scheinproblem. Auch seinen Lösungsvorschlag wird man allenfalls dann akzeptieren können, wenn man sich gleichzeitig die Voraussetzungen des Hegelschen Systems zu eigen macht. Entscheidend ist dabei die idealistische Annahme, dass es keinen kategorialen Gegensatz von Geist und Materie gibt. Nach idealistischer Lesart ist die physische Wirklichkeit nicht der Gegensatz, sondern – ebenso wie das individuelle Bewusstsein – nur eine Erscheinungsform des absoluten Geistes selbst.[104] Einen Dualismus von Geist und Materie kann man daher nur solange vertreten, wie man diese übergreifende Gemeinsamkeit außer Acht lässt. Immerhin glaubt Hegel den traditionellen Vertretern des Dualismus zugute halten zu können, dass sie nicht nur den Primat des Geistes akzeptieren, sondern darüber hinaus Ansatzpunkte zu Hegels eigener Lösung erkennen lassen – auch wenn bei ihnen Gott und nicht der absolute Geist für die übergreifende Gemeinsamkeit steht. Völlig inakzeptabel ist in seinen Augen jedoch der Materialismus, schließlich stelle dieser das Verhältnis von Geist und Materie auf den Kopf, indem er den Geist zum Produkt der Materie mache.[105]

Hat man Zweifel an der idealistischen Annahme, dass die Wirklichkeit eine Erscheinungsform des Geistes ist, dann wird man Hegels Lösung nicht akzeptieren wollen. Doch selbst wenn man sich diese Annahme zu eigen macht, bleiben gewisse Zweifel. Auch in einer Natur, die eine Erscheinungsform des absoluten Geistes ist, kann man nämlich eine Erklärung dafür verlangen, dass individuelles Bewusstsein entsteht oder »emergiert«.[106] Man kann sogar fragen, ob eine solche Erklärung sich naturwissenschaftlicher Verfahren bedienen kann oder ob dies prinzipiell unmöglich ist – das Leib-Seele-Problem bliebe also in alter Frische erhalten.

Das Gehirn als »Organ der Seele«

Zusammenfassend lässt sich festhalten, dass die Idealisten zwar einerseits die prinzipiellen Schwächen des Substanzdualismus Cartesianischer Prägung erkennen, dass sie auf der anderen Seite aber mit Ausnahme Schellings noch nicht über wirklich tragfähige Alternativen zur traditionellen Seelenkonzeption verfügen. Dies ist angesichts der Entwicklung in den Wissenschaften auch nicht weiter verwunderlich – zu unplausibel erschien angesichts des zeitgenössischen Wissensstandes die Vorstellung, dass geistige Prozesse physische Prozesse sein sollen.

Auch wenn sich einzelne Einsichten der Idealisten als äußerst fruchtbar für die weitere Diskussion erwiesen haben, so bleibt vor allem den Vorschlägen von Kant und Hegel eine durchschlagende Wirkung auf die weitere Diskussion versagt. Nach wie vor spielt der Cartesianische Dualismus eine wichtige Rolle, und zwar nicht zuletzt unter den empirischen Wissenschaftlern. Sichtbar wird diese Dominanz vor allem an der bereits erwähnten Lehre vom Gehirn als dem »Organ der Seele,« die sich, wie der Wissenschaftshistoriker Michael Hagner gezeigt hat, bis weit ins 19. Jahrhundert hinein erhält. Diese auf Descartes zurückgehende Vorstellung betrachtet das Gehirn als reine Vermittlungsinstanz zwischen Körper und Geist. Für die Erklärung einzelner psychischer Funktionen oder Erkrankungen kommt dem Gehirn daher bestenfalls eine untergeordnete Rolle zu:

> »Aus diesem Grund konnte das Seelenorgan kein probates Medium sein, um Krankheiten, Verletzungen, Lähmungen, psychische Alterationen und die Komplexität der seelischen Erscheinungen, insbesondere das Feld der Emotionen, Leidenschaften und Träume, genauer zu erklären.«[107]

Die Vorstellung, dass konkrete kognitive Fähigkeiten an bestimmten Stellen des Gehirns lokalisiert sind, sowie die unmittelbar damit verbundene Auffassung, dass die einzelnen Hirnareale auch jeweils spezifische Funktionen haben, vermag sich erst um die Mitte des 19. Jahrhunderts durchzusetzen. Keineswegs steht dahinter ein blinder Traditionalismus, der sich vor der Entwicklung der empirischen Forschung verschließt. In Wirklichkeit gab es einfach bis zur Mitte des 19. Jahrhunderts keine tragfähige empirische Basis für die Lokalisierung geistiger Funktionen. Versuche eines experimentellen Nachweises solcher funktionalen Differenzierungen scheiterten bis zur Mitte des 19. Jahrhunderts regelmäßig.

Der Verweis auf eine immaterielle Seele konnte daher mit Recht als die beste Erklärung für das Auftreten psychischer Prozesse erscheinen. Tatsächlich ist bei einigen Autoren direkt zu beobachten, wie das Postulat einer immateriellen Seele einfach deshalb bemüht werden muss, weil die naturwissenschaftlichen Theorien noch keine zureichenden Erklärungen liefern. So beruft sich beispielsweise der englische Anatom Thomas Willis (1621–1675) auf die Seele, weil es ihm mit anatomischen Erkenntnissen alleine nicht gelingt, den Unterschied zwischen Mensch und Tier zu erklären.[108] Ganz ähnlich verweist der Mediziner und Zoologe Edward Tyson (1650–1708) 1699 auf die Seele, um den Unterschied zwischen den kognitiven Eigenschaften des Menschen und denen von Tieren zu erklären. Die geistigen Fähigkeiten des Menschen könne die »belebte Materie ... niemals hervorrufen«.[109] Auch in der Folgezeit betonen Autoren wie John Ray, John Edwards, Pietro Moscati und insbesondere Georges Buffon (1707–1788), dass die Unterschiede zwischen Mensch und Tier nur durch eine immaterielle Seele zu erklären seien:

»Physisch gehört der Mensch zu den Tieren, doch seine Sonderstellung ergibt sich durch seine andere, seelische Natur. An der Doppelnatur des Menschen als *homme physique* und *homme moral* erweist sich der kategoriale, unüberbrückbare Unterschied zum Tier.«[110]

Soemmerring

In Deutschland ist Samuel Thomas Soemmerring (1755–1830) einer der letzten wichtigen Vertreter der Vorstellung vom Gehirn als einem »Organ der Seele«. Soemmerring, einer der bekanntesten Anatomen seiner Zeit, hatte im Anschluss an mittelalterliche Ansätze sowie an zeitgenössische Theorien der Lebenskraft[111] die Flüssigkeit in den Hohlräumen (Ventrikeln) des Gehirns – wie oben schon kurz angedeutet – als das Organ der Seele identifiziert.

Soemmerring stützt sich dabei nur zu einem kleinen Teil auf empirische Beobachtungen. Entscheidend sind vielmehr *theoreti-*

sche Überlegungen, die gelegentlich durch Zitate von Autoritäten der Philosophiegeschichte gestützt werden.[112] So sei die Entstehung von Bewegung in einer festen Substanz schlechterdings nicht vorstellbar; als Ursprung einer Körperbewegung komme die Seele nur in Betracht, wenn sie sich in einer Flüssigkeit verorten lasse.[113] Diese Hypothese biete zudem einen Ansatz für die Erklärung mentaler Zustände. Während es nicht einzusehen sei, wie die mehr oder minder homogene Bewegung in einem Nerv von einem Sinnesorgan bis ins Gehirn so etwas wie Bewusstsein hervorbringen könne, lasse sich die Entstehung bewusster Empfindungen sehr wohl verstehen, wenn die Bewegung des Nervs in die Bewegung einer Flüssigkeit übergehe.[114] Soemmerrings Rhetorik bleibt immer vorsichtig, dennoch lässt er keinen Zweifel daran, dass das Organ der Seele nur in der Flüssigkeit der Ventrikel des Gehirns zu finden sein könne:

> »Warum soll also nachher noch eine dem Anscheine nach homogene Feuchtigkeit unsern Geist nicht enthalten, ihm nicht als Organ dienen können?«[115]

Soemmerring trifft mit seiner These auf großen Widerstand. Schon Kant, dem die Schrift gewidmet war, hatte sich in seinem Nachwort kritisch mit Soemmerrings zentraler These auseinandergesetzt. Zwar sei es möglich, dass die Ventrikelflüssigkeit aufgrund ihrer komplexen chemischen Zusammensetzung die notwendigen Voraussetzungen für die Repräsentation der unterschiedlichen mentalen Inhalte biete.[116] Die Idee, dem Bewusstsein einen Ort zuzuweisen, erscheint Kant jedoch widersinnig. Dazu müsse man nämlich das Bewusstsein auf dieselbe Weise wahrnehmen wie die räumlichen Bezugsgrößen, durch die man den Ort eines Körpers bestimme, doch das sei offensichtlich unmöglich: Entweder ich betrachte mich aus der Perspektive der dritten Person, dann kann ich mich zwar räumlich verorten, aber nur, weil ich mich in diesem Moment als Körper unter Körpern betrachte. In diesem Sinne kann ich zum Beispiel sagen, dass ich hinter meinem Schreibtisch sitze. Sehe ich dagegen aus der Perspektive der ersten Person, dann habe ich Zugang zu meinem Bewusstsein, kann jedoch keinen Bezug zu anderen Körpern herstellen, um den Ort des Bewusstseins festzulegen:[117] Schon die Frage, ob sich meine Erinnerung an das letzte Semester vor oder hinter meinem Schreibtisch befindet, ist absurd.

Auch die meisten anderen Leser äußern sich kritisch. Soemmerring selbst scheint seinen Ansatz stillschweigend fallen gelassen zu haben.[118] Andere Autoren dagegen versuchen, die Theorie in den folgenden Jahren weiter zu entwickeln. So glaubt beispielsweise der Physiologe Georg Friedrich Hildebrandt, ein wichtiger Einwand gegen Soemmerring lasse sich ausräumen, wenn man statt der Flüssigkeit ein in den Ventrikeln befindliches Gas als das Organ der Seele betrachte; dabei beruft er sich auf das antike Pneuma.[119] Ganz ähnlich postuliert auch Soemmerrings Schüler Jacob Fidelis Ackermann einen »thierischen Dunst«, der die Hohlräume des Gehirns ausfülle, und wendet sich dabei gleichzeitig gegen den Versuch, die zentralen kognitiven Funktionen im Kortex zu lokalisieren. Noch 1806 behauptet Ackermann, dass die Hirnrinde lediglich eine Vermittlungsfunktion zwischen Blutgefäßen und Nerven besitze.

Eine wichtige Rolle spielt dabei auch die Vorstellung, das Gehirn sei hierarchisch und nicht etwa funktional gegliedert. Die Annahme ist solange weit verbreitet, wie sich die Gliederung der einzelnen Areale nach ihren unterschiedlichen Funktionen noch nicht durchgesetzt hatte. In der hierarchischen Ordnung stand das Zentrum des Gehirns in der Regel höher als die Peripherie, also die Hirnrinde; das Gehirn insgesamt höher als der restliche Körper:

»Der Anatom in der Tradition des 18. Jahrhunderts hatte es mit einem edlen Organ zu tun [nämlich dem Gehirn; M. P.]. Es gab ein Ordnungssystem, das die Physiologisierung der Seele und die materialistischen Anklänge in Schach hielt und akzeptabel machte. Es gab ein Zentrum und eine Peripherie: das Seelenorgan, geschützt gelegen in der Mitte und Tiefe des Gehirns, umgeben von weniger edlem Gewebe. Es gab ein Oben und ein Unten: die höheren und die niederen Seelenkräfte, die einen an das Gehirn gebunden, die anderen an das vegetative Nervensystem.«[120]

Solche hierarchischen Vorstellungen spielen auch in der Romantik noch eine wichtige Rolle. Ein gutes Beispiel dafür liefert Joseph Görres (1776–1848), der ähnlich wie Ackermann die Seele zunächst im Dunst der Ventrikel verortet,[121] außerdem aber eine hierarchische Gliederung behauptet, an deren Spitze die Zirbeldrüse, also das Organ der Seele, stehe: Sie ist »die erste und hoechste Stelle in der Hierarchie der organischen Gestalten; ... die Centralsonne des Microcosm's. ... Da im Mittelpunct des ganzen organischen Gewebes, das sich der Natur entgegenbreitet, ruht sie auf den Ausflüssen ihrer eigenen Substanz, und gebietet von oben herab den untergebenen Formationen.«[122]

Gall

Den wichtigsten Gegenentwurf zu diesen traditionalistischen Vorstellungen am Beginn des 19. Jahrhunderts liefert die Phrenologie Franz Joseph Galls (1758–1828). Gall tritt ein für eine funktionale Gliederung des Gehirns, er ordnet also bestimmten Hirnarealen konkrete geistige Fähigkeiten zu. Ziel ist dabei die physiologische Erklärung individueller Verhaltensweisen. Auch wenn er selbst beteuert, dass seine Theorie mit den tradierten Vorstellungen vereinbar sei – faktisch entzieht er der überkommenen Seelenlehre damit den Boden:[123] »Diese Unternehmung [d.h. die physiologische Erklärung individuellen Verhaltens; M. P.] gelingt ihm jedoch so vollständig, daß für das Ich, die unteilbare und freie Seele des Menschen, kein Platz mehr bleibt.«[124]

Ob man wirklich von einem »Gelingen« des Gallschen Vorhabens sprechen kann, erscheint mir mehr als fraglich – zu abwegig ist Galls Annahme, man könne Eigenschaften wie Vorsicht, Farbsinn oder poetisches Talent kurzerhand bestimmten Hirnarealen zuordnen. Wie in den letzten Jahren mehrfach gezeigt worden ist,[125] verstößt Gall damit jedoch keineswegs gegen die wissenschaftlichen Standards seiner Zeit. So erkennt er im Gegensatz zu vielen seiner Zeitgenossen die besondere Bedeutung der Hirnrinde für die höheren kognitiven Funktionen und versucht zu zeigen, dass unterschiedliche geistige Fähigkeiten »ihren Sitz in verschiedenen und unabhängigen Theilen des Hirns haben«.[126] Wichtiger noch, dass seine Annahmen über die Lokalisation kognitiver Funktionen im Gehirn keineswegs spekulativ sind; vielmehr stützen sie sich auf eine Reihe von empirischen Befunden. Hierzu gehören Zusammenhänge zwischen Hirnverletzungen und dem Ausfall bestimmter geistiger Fähigkeiten; vor allem aber ist es die Verknüpfung bestimmter Regionen der Rinde mit spezifischen Nervensträngen, aus der Gall Rückschlüsse auf die Funktion der jeweiligen Areale zieht. Von einer Verletzung zeitgenössischer wissenschaftlicher Standards kann daher keine Rede sein – ganz im Gegenteil:

>»Im Vergleich mit den … Aussagen der seinerzeitigen Neuroanatomie zeigt Gall eine sehr differenzierte Sicht, die, ausgehend von einer detaillierten Beschreibung der Hirnanatomie, funktionsmorphologische Aussagen zu gewinnen sucht.«[127]

Diese Erkenntnisse liefern Gall die Basis seiner Phrenologie, die aus der Schädelform Rückschlüsse auf die Ausprägung geistiger Eigenschaften abzuleiten sucht. Grundlage ist die Annahme, dass die Form des Schädels »ein getreuer Abdruck der äussern Hirnfläche ist«.[128] Gall scheint dabei zu unterstellen, dass sich besonders stark entwickelte Areale des Gehirns ähnlich wie ein Muskel ausdehnen. Man könne daher an den Vertiefungen und Ausbuchtungen des Schädels erkennen, wie stark die an der entsprechenden Stelle im Gehirn lokalisierte Fähigkeit ausgeprägt ist. Gall stützt sich auch hier auf empirische Beobachtungen über den Zusammenhang zwischen Schädelform und psychologischen Eigenschaften.[129]

Lokalisation

Die Phrenologie begründet zwar Galls Bekanntheit, im gegenwärtigen Zusammenhang ist jedoch das Schicksal von Galls zukunftsweisenden Thesen über die funktionelle Differenzierung des Gehirns von wesentlich größerer Bedeutung. Diese Behauptungen treffen unter den zeitgenössischen Wissenschaftlern vor allem deshalb auf

Skepsis, weil ihre empirische Basis zu schwach ist. Die Untersuchungen von Pierre Flourens (1794–1867) schienen sogar zu zeigen, dass Galls Annahmen einfach falsch sind.[130]

Es kam hinzu, dass auch Versuche, durch die elektrische Stimulation einzelner Hirnareale Aufschluss über deren Funktion zu erlangen, zunächst nicht die gewünschten Ergebnisse brachten. Zwar wurden dabei zum Teil aufsehenerregende Effekte erzielt: So gelang es, durch elektrische Impulse an den Schädeln der hingerichteten Mitglieder der Schinderhannes-Bande 1803 Bewegungen der Gesichtsmuskulatur hervorzurufen; zu wissenschaftlich verwertbaren Erkenntnissen kam man auf diese Weise jedoch ebenso wenig[131] wie durch systematische Experimente mit der Stimulation einzelner Hirnareale:

»Nachdem Flourens die Mitteilungen von Rolando über eine Muskelbewegung nach galvanischer Reizung des Gehirns vollständig auseinandergenommen hat, versuchen eine ganze Reihe von Physiologen – neben Magendie und Longet auch Moritz Schiff, Julius Budge, Eduard Weber und Carlo Matteucci – die Erregbarkeit des Gehirns nachzuweisen. Doch auch in diesem Fall bleiben alle Anstrengungen umsonst. Weder elektrische Stimulation noch chemische Ätzung oder Quetschung des Großhirns evozieren irgendein Muskelzucken.«[132]

Erschwert wurde die Situation zusätzlich durch den Fehlschlag von Versuchen, eine systematische Verbindung zwischen einzelnen psychiatrischen Erkrankungen und genau umschriebenen Hirnschädigungen herzustellen. In Ermangelung genauerer Kenntnisse führte man ganz allgemeine Ursachen wie die Erweichung oder Verhärtung des Gehirns, ein Zuviel oder Zuwenig von Flüssigkeit als Ursache für psychiatrische Erkrankungen an,[133] doch auch die immaterielle Seele spielte bis weit ins 19. Jahrhundert hinein eine wichtige Rolle. Vertreten wurde eine solche Position insbesondere von den so genannten »Psychikern«. Sie führten psychiatrische Erkrankungen auf die Seele zurück, konkreter auf deren Laster und Sünden.[134] Erst um die Mitte des 19. Jahrhunderts kann sich die Vorstellung etablieren, dass psychiatrische Erkrankungen ihren Ursprung in pathologischen Veränderungen bestimmter Bereiche des Gehirns haben.

Ein anschauliches Beispiel liefert hier die Progressive Paralyse, eine Erkrankung, an der gegen Ende des 19. Jahrhunderts zwanzig Prozent der Patienten in psychiatrischen Anstalten litten. Erst zu Beginn der 1820er Jahre wird die physiologische Basis dieser Erkrankung entdeckt, nämlich eine Entzündung der Hirnhäute; bis 1857 dauert es dann, ehe die Mediziner Friedrich Esmarch und Peter Willers Jessen erkennen, dass die Syphilis die Ursache dieser Entzündung ist.[135]

Es gibt somit zwei Gründe dafür, dass sich die tradierten Seelenlehren und damit die Widerstände gegen naturalistische Erklärungen solange halten konnten: Aufgrund der Erfolglosigkeit der empirischen Untersuchungen war es nicht nur faktisch unmöglich, bestimmte geistige Funktionen durch Theorien über das Gehirn zu erklären. Vor allem war es angesichts der Unkenntnis der komplexen neuronalen Struktur der Hirnrinde einfach unplausibel anzunehmen, dass solche Erklärungen irgendwann einmal verfügbar sein würden. Außerdem schienen naturalistische Hypothesen einen Bruch mit tiefverwurzelten Annahmen über das transzendente Wesen der Seele, die Basis von Freiheit und Verantwortung sowie die besondere Rolle des Menschen innerhalb der Schöpfung zu implizieren. Warum sollte man die entsprechenden Annahmen aufgeben, wenn es noch nicht einmal eine zureichende empirische Grundlage hierfür gab?

Der entscheidende Punkt ist dabei nicht, dass bestimmte naturalistische Erklärungen geistiger Funktionen zu einer bestimmten Zeit faktisch nicht akzeptiert werden. Dies wäre ein Schicksal, das viele andere Wissenschaften mit der Hirnforschung teilen. Entscheidend ist vielmehr, dass es lange Zeit so aussah, als bestehe hier eine *prinzipielle* Grenze für naturalistische Erklärungen, eine Grenze also, die ganz unabhängig vom Verlauf des wissenschaftlichen Fortschritts bestehen bleiben müsse. Hieraus kann sich dann das naturalistische Missverständnis ergeben: Wer sich unter diesen Voraussetzungen auf naturalistische Erklärungen beschränkt und damit zum Beispiel die Existenz einer immateriellen Seele bestreitet, der scheint die Realität geistiger Prozesse aufs Spiel zu setzen.

Der Streit um Seele, Lebenskraft und Darwinismus

Besonders deutlich zeigt sich dieses Missverständnis bei den teilweise lautstarken Auseinandersetzungen, die den Verzicht auf die Lebenskraft, die Etablierung des Darwinismus, vor allem aber den Abschied von der Seelensubstanz im 19. Jahrhundert begleiten. Diese Entwicklung bietet gleichzeitig einen Anlass, noch einmal auf die These Nietzsches, Freuds und Carnaps von den Kränkungen der menschlichen Größensucht durch die Wissenschaften zurückzukommen. Freud zufolge bildet die Widerlegung des menschlichen Schöpfungsvorrechts durch die biologische Forschung den zweiten wichtigen Schritt in der Geschichte der Kränkungen, bevor dann Freud selbst diese Geschichte vollendet.

Freud hat insofern Recht, als im 19. Jahrhundert neben der Vorstellung einer Seelensubstanz auch andere zentrale Kennzeichen in Frage gestellt werden, an denen man ursprünglich die besondere Rolle des Menschen in der Ordnung der Dinge festgemacht hatte. Dies gilt für die Lebenskraft, die den Unterschied zwischen der belebten und der unbelebten Natur markieren sollte, und es gilt für die Vorstellung, dass der Mensch das Produkt eines eigenen, göttlichen Schöpfungsaktes sei. Der Gedanke liegt nahe, dass ein Verzicht auf diese Merkmale auch zu einem Verlust der Sonderrolle des Menschen führen müsse.

Der Materialismusstreit

Genau dies ist die dominierende Auffassung im sogenannten Materialismusstreit: Sowohl die Befürworter wie die Kritiker des Materialismus gehen davon aus, dass der naturwissenschaftliche Fortschritt unvereinbar sei mit substantiellen Bestandteilen des geltenden Menschenbildes. Unterschiede zwischen beiden Seiten bestehen nur bei der Frage, wie diese Entwicklung zu beurteilen sei und ob ihr eine prinzipielle Grenze gesetzt ist.

Ausgangspunkt ist eine Debatte zwischen dem Zoologen Carl Vogt (1817–1895) und dem Physiologen Rudolph Wagner (1805–1864). Sie erreicht ihren Höhepunkt mit einem Vortrag Wagners vor der 31. Versammlung deutscher Naturforscher und Ärzte 1854 in Göttingen und mit Vogts im folgenden Jahr erschienener Replik »Köhlerglaube und Wissenschaft«.[136] Neben Vogt nehmen auf Seiten der Materialisten vor allem Jacob Moleschott (1822–1893) und Ludwig Büchner (1824–1899) teil. Die Debatte erregt großes Aufsehen; auch die Schriften der Materialisten, insbesondere Büchners »Kraft und Stoff«, erreichen in diesem Zusammenhang hohe Auflagen. Die Diskussion ist von Anfang an stark polarisiert: Während Vogt, Büchner und Moleschott die materialistische Position mit aller Konsequenz verfechten, vertritt Wagner eine stark traditionalistische Auffassung, die auf einer fast wörtlichen Interpretation der Bibel basiert.

So verteidigt Wagner die von der Bibel behauptete und – vor der Publikation der Theorien von Darwin und Wallace – unter den Zeitgenossen noch weitverbreitete Vorstellung, die gesamte Menschheit stamme ab von einem ursprünglichen, von Gott geschaffenen Paar. Er beruft sich auf eine Reihe von empirischen Befunden, um zu zeigen, »dass durchaus kein naturhistorischer Grund gegen die Annahme einer Abstammung aller Völker von einer gemeinschaftlichen Stamm-Rasse« vorliegt.[137] Sein zentrales Argument leitet er jedoch ab aus den gravierenden Konsequenzen, die bei einer Ablehnung der biblischen Lehre drohten: Damit werde nicht nur »das ganze Gebäude unserer kirchlichen Lehrbegriffe« in sich zusammenstürzen,[138] vielmehr drohe ein solcher Akt auch »die sittlichen Grundlagen der gesellschaftlichen Ordnung völlig zu zerstören«.[139] Wolle man diese Konsequenzen vermeiden, dann müsse man insbesondere an der Unsterblichkeit der Seele festhalten. Zustimmend zitiert Wagner einen nicht genannten »Freund«, demzufolge »die Fortdauer nach dem Tode zur Gewissheit aller« erhoben werden müsse, wenn man »in unserer Zeit eine Grundlage der Moral, Religion und Politik für die entchristeten Massen schaffen will«.[140] Die Vermutung, dass der moralische Appell hier an die Stelle des empirischen Befunds tritt, wird bestätigt, wenn Wagner eingesteht, dass er auf verlorenem Posten steht, weil der »Glaube an eine substantielle Seele«[141] mehr und mehr von naturalistischen Theorien verdrängt werde, andererseits die Wissenschaftler an ihre Verpflichtungen gegenüber der Nation erinnert: »Unsere Nachkommen werden uns darüber Rechenschaft abfordern.«[142]

Vogt dagegen behauptet, dass die empirische Forschung den Wagnerschen »Köhlerglauben« längst durch konkrete Befunde widerlegt habe. So sei angesichts der gravierenden Unterschiede zwischen den einzelnen Menschenrassen die Abstammung von einem ursprünglichen Paar unmöglich.[143] Abgesehen davon könne Leben ohne einen göttlichen Eingriff entstehen; die Materie selbst habe das Potential, Leben hervorzubringen.

Vogt behauptet dabei nicht nur, dass die Entstehung des Lebens auf der Basis naturwissenschaftlicher Theorien prinzipiell *erklärbar* sei, seine These lautet vielmehr, dass die fragliche Erklärung *bereits vorliege*. Den Schlüssel liefert ihm die – auf Aristoteles zurückgehende – Theorie der Urzeugung. Dieser Lehre zufolge kann Leben unter bestimmten Bedingungen spontan, also ohne den von Wagner unterstellten göttlichen Eingriff, aus Materie hervorgehen. So wurde etwa die Entstehung von Läusen aus Schweiß, von Ratten aus Abfall, von Schlangen und Mäusen aus Aas oder von Maden aus faulendem Käse[144] angenommen.

Die Theorie hielt sich bis zu ihrer Widerlegung durch Louis Pasteur (1822–1895), der nachweisen konnte, dass in erhitzten organischen Substanzen unter Luftabschluss kein Leben entsteht. Zwar wurden seine Experimente« erst 1864,[145] also zehn Jahre nach dem Materialismusstreit, veröffentlicht, doch auch zum Zeitpunkt der Auseinandersetzung zwischen Vogt und Wagner gab es ausreichend Indizien gegen die Theorie der Urzeugung, so zum Beispiel die Versuche von Francesco Redi (1626–1697) und von Lazzaro Spallanzani (1729–1799).

Vogt behandelt die Urzeugung dennoch wie eine wissenschaftlich erwiesene Tatsache.[146] Dabei geht es ihm nicht nur um die ursprüngliche Entstehung einfachster Lebensformen, vielmehr glaubt er, dass auch höhere Arten spontan entstanden sein könnten. Zwar bildeten sich in der Gegenwart keine neuen höheren Lebewesen mehr, keineswegs ausgeschlossen sei jedoch die Entstehung einfacher Tiere. So lohne es sich beispielsweise zu untersuchen, ob Milben nicht durch elektrische Funken erzeugt werden können.[147] In jedem Falle sieht Vogt einen Beweis für die Möglichkeit eines Übergangs zwischen der organischen und der anorganischen Welt in der zwei Jahrzehnte zuvor von Friedrich Wöhler (1800–1882) entwickelten Harnstoffsynthese, bei der der Harnstoff, also eine organische Substanz, synthetisch aus anorganischen Grundstoffen hergestellt wurde.[148]

Zentrale Streitpunkte sind allerdings Freiheit und Verantwortung, vor allem aber die Frage nach der Seele beziehungsweise den materiellen Grundlagen des Geistes. Vogt bezeichnet die Vorstellung einer Seele als »reinen Unsinn«,[149] das Bewusstsein sei eine bloße Gehirnfunktion. Trotz seines kritischen Verhältnisses zur Phrenologie[150] betrachtet er das Gehirn als ein funktional differenziertes System, das bestimmte geistige Fähigkeiten jeweils durch Aktivität in unterschiedlichen Bereichen realisiert. Es könne nicht bestritten werden, dass

»das Gehirn das Organ aller verschiedenen sogenannten Seelenfunktionen ist, daß diese Funktionen an gewisse Teile und Orte des Gehirnes gebunden sind und nur von diesem Organe geübt, von keinem anderen ersetzt werden können«.[151]

In diesem Zusammenhang bringt Vogt den berüchtigten Vergleich des Verhältnisses von Gehirn und Bewusstsein mit dem von Nieren und Urin – ein Vergleich übrigens, der nicht auf ihn selbst, sondern auf den französischen Physiologen Pierre-Jean-Georges Cabanis (1757–1808) zurückgeht.

Anders als es dieser Vergleich suggeriert, ist Vogt allerdings nicht der Ansicht, dass das Verhältnis von Gehirn und Bewusstsein bereits verstanden ist, vielmehr gibt er ganz offen zu, dass es »uns vorderhand unmöglich gewesen« sei zu bestimmen, »in welcher Weise dort [im Gehirn; M. P.] die Räder der Maschine ineinander greifen«.[152] Ganz ähnlich wie La Mettrie einhundert Jahre zuvor lässt er sich durch das Fehlen konkreter empirischer Befunde nicht weiter irritieren; Zweifel an der materiellen Realisierung des Bewusstseins seien nicht erlaubt: »Diese Wahrheit ist eine ebenso tatsächlich unumstößliche wie die, daß 2 mal 2 vier ist.«[153]

Für Vogt ergibt sich hieraus eine ebenso weitreichende wie direkte Abhängigkeit des menschlichen Denkens und Verhaltens von seiner materiellen Grundlage. Er weist nicht nur die Idee der Unsterblichkeit zurück, sondern behauptet auch, dass die Nahrung sich ganz unmittelbar auf das Denken auswirke: »Denn da der Glaube nur eine Eigenschaft der Körperatome ist, so hängt eine Veränderung des Glaubens nur von der Art und Weise der Ersetzung der Körperatome ab.«[154] So seien die Teltower Bauern deshalb »so verstockt stabil, weil sie ihre Körperatome stets wieder durch Steckrübenatome ersetzen.«[155] Vogt glaubt deswegen nicht nur die Willensfreiheit abstreiten zu können, vielmehr setzt er den Menschen kurzerhand mit Tieren, ja mit Maschinen gleich:

> »Der freie Wille existirt nicht und mit ihm nicht eine Verantwortlichkeit und eine Zurechnungsfähigkeit, wie sie die Moral und die Strafrechtspflege und Gott weiß wer noch uns auferlegen wollen. … Somit wäre denn dem einfachen Materialismus Thür und Thor geöffnet – der Mensch so gut wie das Thier nur eine Maschine, sein Denken das Resultat einer bestimmten Organisation.«[156]

Zwar tut Vogts Gegner Wagner sich schwer, die wissenschaftlichen Grundlagen für sein Festhalten an der Seelenvorstellung plausibel zu machen. Um so leichter fällt es ihm jedoch angesichts der provokanten Äußerungen Vogts, die verderblichen Konsequenzen des Materialismus zu illustrieren. Dieser degradiere die Menschen zu »mechanische[n], mit zwei Armen und Beinen herumlaufende[n] Apparate[n],« die »zuletzt prasselnd als Todtengerippe übereinander stürzen, sich in chemische Atome auflösen, welche sich wieder von Neuem zu Menschengestalten zusammenfügen, um den alten gedankenlosen Kreislauf ihrer Thätigkeit von Neuem zu beginnen,

dem Tanze Wahnsinniger in einem Irrenhause vergleichbar, ... ohne
sittliche Basis, ohne Vertrauen auf eine moralische Weltordnung«.[157]
Der Materialismusstreit erweist sich gleich aus zwei Gründen als
bedeutsam für die hier verfolgte Entwicklung. Zum einen zeigt die
Resonanz, die die Materialisten fanden, dass in der Mitte des 19. Jahrhunderts – offenbar unter dem Eindruck neuer Erkenntnisse von
Biologie und Hirnforschung – Erklärungen akzeptabel wurden, die
eine Generation früher fast einhellig verworfen worden waren. Zum
anderen wird deutlich, dass sowohl Traditionalisten wie Materialisten den Eindruck eines prinzipiellen Konfliktes zwischen Naturalismus und Menschenbild heraufbeschwören. Wagner als Traditionalist
trägt dazu bei, indem er unser Menschenbild kompromisslos an die
tradierten, religiös geprägten Erklärungen bindet, so dass fast jeder
wissenschaftliche Erkenntnisgewinn zum Konfliktfall wird. Will
man die von Wagner prognostizierten katastrophalen Konsequenzen
vermeiden, dann bleibt im Grunde genommen nur eine Art freiwil-
liger Selbstbeschränkung der Forschung – genau darauf zielt letztlich
auch Wagners dramatischer Schlussappell ab.

Im Gegensatz dazu fachen die Materialisten das Feuer an, indem
sie unangemessene Modellvorstellungen wie etwa den Urin-Ver-
gleich oder aber die Gleichsetzung von Mensch und Maschine in
Umlauf bringen. Darüberhinaus verletzen sie die Grenzen seriöser
wissenschaftlicher Theoriebildung an vielen Stellen ganz massiv: Dies
gilt für Behauptungen über die Entstehung des Lebens und natürlich
für Vogts krude Ansichten über den Zusammenhang zwischen Nah-
rungsaufnahme und Handlungsmotivation. Gleichzeitig erweisen sie
sich in ihrem Menschenbild aller Fortschrittsrhetorik zum Trotz als
hoffnungslose Traditionalisten.

Vermeidet man diese Ungereimtheiten, dann entschärft sich
der Konflikt. Insofern ist es kein Wunder, wenn schon viele Zeitgenossen erkennen, dass es sich um ein Scheindilemma handelt,
eine Auffassung, die durch die weitere Entwicklung bestätigt wird:
Viele der Streitpunkte sind mittlerweile ausgeräumt, der wissenschaftliche Erkenntnisgewinn hat sich noch beschleunigt, die dra-
matischen Konsequenzen sind jedoch nicht eingetreten. Dualisten

und Monisten sind sich heute in der Zurückweisung eines wörtlichen Verständnisses der biblischen Schöpfungslehre ebenso einig wie in der Annahme, dass unsere Fähigkeit zu verantwortlichem Handeln nicht von der Existenz einer unsterblichen Seelensubstanz abhängt. Umgekehrt haben Materialisten heute keinen Anlass mehr abzustreiten, dass es prinzipielle Unterschiede zwischen Menschen einerseits und Tieren sowie Maschinen andererseits gibt, und natürlich muss kein Materialist den Vogtschen Vergleich von Gehirn und Geist mit dem der Nieren zum Urin akzeptieren. Den grundlegenden Fehler hatte schon Ludwig Büchner, einer der engsten Mitstreiter Vogts, erkannt: Er findet den Vergleich »unpassend gewählt«,[158] da er einen Unterschied zwischen dem Gehirn als dem produzierenden Organ und dem Gedanken als dem Produkt suggeriert. Natürlich ist eine Drüse nicht identisch mit dem Sekret, das sie produziert. Schon allein deshalb kann und sollte ein Materialist diesen Vergleich ablehnen.

Lebenskraft

Dennoch setzt sich der Streit um die Seele noch bis zum Ende des Jahrhunderts fort; einige der in diesem Zusammenhang diskutierten Probleme sind bis heute ungeklärt. In anderen Bereichen können sich naturalistische Erklärungen wesentlich schneller durchsetzen; dies gilt insbesondere für die hier schon mehrfach zitierte Lebenskraft.

Die Vertreter dieser Theorie berufen sich häufig auf die Aristotelische Seelenlehre, deren Verfasser später als »der erste Vertreter eines wissenschaftlichen Vitalismus« apostrophiert wird.[159] Frühe Anhänger sind William Harvey (1578–1657) und Georg Ernst Stahl (1660–1734);[160] besondere Bedeutung gewinnt die Idee der Lebenskraft im 18. und 19. Jahrhundert. Im Mittelpunkt steht die Annahme, dass organische Prozesse, anders als es Descartes und La Mettrie postulierten, nicht einfach auf die Prinzipien zurückgeführt werden können, die in der unbelebten Natur gelten. Trotz der zwischenzeitlich erreichten Fortschritte konnte diese Annahme den Zeitgenossen angesichts des vorhandenen Wissens über mechanische Prozesse immer noch als bestens nachvollziehbar erscheinen. Insofern lag es auch nicht fern, die besonderen Eigenschaften von Organismen durch das Postulat einer von den physikalischen Kräften prinzipiell unterschiedenen Lebenskraft zu erklären. Der Anatom Johann Friedrich Blumenbach (1752–1840) spricht zum Beispiel von einem den Organismen eigenen »Bildungstrieb«, der unter anderem für die Ernährung, aber auch für die Heilungsprozesse nach Verletzungen verantwortlich sei,[161] Gottfried Reinhold Treviranus (1776–1837) führt vor allem die Fähigkeit von Organismen, innere Stabilität auch unter völlig unterschiedlichen äußeren Bedingungen zu erhalten, auf die Lebenskraft zurück. Diese gilt ihm als der »Damm, ... woran sich die Wellen des Universums brechen, um die lebende Natur in den allgemeinen Strudel nicht mit hereinzuziehen«.[162] Entscheidend ist auch hier die Annahme, dass zentrale Lebensfunktionen prinzipiell nicht auf die Prozesse und Gesetzmäßigkeiten zurückgeführt werden können, die in der unbelebten Natur gelten: Das Leben, so heißt es bei Treviranus, »ist also etwas der Materie durchaus Fremdes«,[163] die Lebenskraft sei ein »hyperphysisches Wesen«.[164]

Die Theorie der Lebenskraft gewann unter Ärzten, Physiologen und auch Philosophen zunächst schnell an Popularität.[165] Schon um die Mitte des 19. Jahrhunderts wird sie jedoch von maßgeblichen Wissenschaftlern wie Hermann von Helmholtz oder Emil Du Bois-Reymond verworfen, nachdem die Fortschritte der Biologie, wie etwa die Entdeckung der Zelltheorie durch Matthias Jacob Schleiden (1804–1881) und Theodor Schwann (1810–1882), eine adäquate Erklärung vitaler Prozesse auf der Basis des allgemeinen Wissens über die Natur vorstellbar machte. In diesem Sinne wendet sich Du Bois-Reymond gegen die Lebenskraft: »Es kommen in den Organismen den Stoffteilchen keine neuen Kräfte zu, keine Kräfte, welche den Namen von Lebenskräften verdienen. Die Scheidung zwischen der sogenannten organischen und der unorganischen Natur ist eine ganz willkürliche.«[166]

Unnötig zu erwähnen, dass diese Entwicklung nicht zu der Annahme führt, es gebe keine belebten Organismen, vielmehr treten die biologischen Erklärungen an die Stelle des Postulats einer Lebenskraft, und sie füllen diese Stelle mit wesentlich informativeren Erklärungen – von einer Kränkung kann hier also sicherlich keine Rede sein.

Darwin

Ähnliches gilt auch für die Etablierung der Evolutionstheorie. Freud hat Recht, dass der Darwinismus die weitverbreitete Vorstellung eines menschlichen Schöpfungsvorrechts verdrängt, also die Idee, dass die menschliche Gattung vor anderen Lebewesen durch die Entstehung aus einem eigenen göttlichen Schöpfungsakt ausgezeichnet sei. So beruft sich noch Kant im »Mutmasslichen Anfang der Menschengeschichte« auf die biblische Genesis, als eine »heilige Urkunde«, die er bei seiner Unternehmung »als Karte« nutzen wolle, und fährt dann fort:

> »Will man nicht in Mutmaßungen schwärmen, so muß der Anfang [der Menschengeschichte; M.P.] von dem gemacht werden, was keiner Ableitung aus vorhergehenden Naturursachen durch menschliche Vernunft fähig ist, also: mit der Existenz des Menschen; und zwar in seiner ausgebildeten Größe … Der erste Mensch konnte also *stehen* und *gehen*, er konnte *sprechen*, … *ja reden*, d.i. nach zusammenhängenden Begriffen sprechen, … mithin *denken*.«[167]

Wie oben gesehen, liegt diese Vorstellung auch der Argumentation Wagners im Materialismusstreit zugrunde. Die Darwinsche Evolutionstheorie zwang zum Verzicht auf dieses Schöpfungsvorrecht; gleichzeitig brachte sie die kaum weniger wichtige Vorstellung in Gefahr, dass dem Menschen in diesem Schöpfungsakt eine immaterielle Seele verliehen worden sei.[168] Damit entfiel zunächst eine bislang weitverbreitete Erklärung für die Unterschiede zwischen Menschen und anderen Lebewesen und damit auch eine Begründung für die besondere Würde des Menschen.

Es ist daher kein Wunder, wenn der Darwinismus zunächst massive Befürchtungen auslöste, der Unterschied zwischen Mensch und Tier werde relativiert.[169] Zum Ausdruck kommen diese Ängste zum Beispiel in der denkwürdigen Auseinandersetzung zwischen dem Bischof Wilberforce und T. H. Huxley auf der Versammlung der *British Association for the Advancement of Science* im Sommer 1860, in der Wilberforce mit seiner Polemik den Eindruck zu erwecken versucht, als würde der Darwinismus den Unterschied zwischen Menschen und Affen beseitigen.[170] Der Rückblick zeigt auch hier, dass die Befürchtungen unbegründet waren: An den Unterschieden zwischen Menschen und Affen hat sich genauso wenig geändert wie an unseren Überzeugungen von der besonderen Würde des Menschen. Statt die Differenz von Mensch und Tier zu nivellieren, hat der Darwinismus und mit ihm die Biologie dazu geführt, dass wir mittlerweile wesentlich besser verstehen, auf welchen konkreten Eigenschaften dieser Unterschied basiert und wie er zustande gekommen ist.

Weitere Entwicklung im 19. Jahrhundert,
Durchsetzung der Lokalisationshypothese

Parallel dazu läuft die Entwicklung in der Hirnforschung in der zweiten Hälfte des 19. Jahrhunderts weiter. So vermag Paul Broca 1861 den Nachweis zu erbringen, dass eng umschriebene Zerstörungen von kortikalem Gewebe im Frontallappen zu genau beschreibbaren Ausfällen der sprachlichen Artikulation führen.[171] Einen besonders wichtigen Schritt markieren die Stimulationsexperimente von Eduard Hitzig (1838–1907) und Gustav Fritsch (1838–1927), denen es erstmals gelingt, Körperbewegungen durch die elektrische Reizung bestimmter Hirnareale zu erzeugen.[172]

Von großer Bedeutung ist schließlich die Entdeckung der zellulären Struktur des Hirngewebes. Noch zu Beginn des 19. Jahrhunderts wurde das Gehirn häufig als bloße unstrukturierte Masse betrachtet, der Kortex als Übergang zwischen Nervensystem und Blutgefäßen. Nun aber wird erkennbar, wie komplex der Aufbau vor allem des Kortex ist. Damit wird ein weiteres Hindernis für eine naturalistische Erklärung geistiger Eigenschaften aus dem Weg geräumt. Vorangetrieben wird die Entwicklung durch Paul Flechsigs (1847–1929) Unterscheidung zwischen Sinnes- und Assoziationsarealen sowie durch Albert von Köllikers (1817–1905) Erkenntnis, dass Nervenfasern ihren Ursprung in Nervenzellen haben. Wichtig sind schließlich zwei weitere wissenschaftliche Fortschritte: Camillo Golgis (1843–1926) Entwicklung von Methoden, einzelne Neurone anzufärben, und Santiago Ramón y Cajals (1852–1934) Theorie der Verschaltung von Nervenzellen in den 1890er Jahren.[173]

Du Bois-Reymond, Lange und Fechner

Die Etablierung des Darwinismus, die Überwindung der Lebenskrafttheorie, vor allem aber die Fortschritte in der Hirnforschung führen dazu, dass sich naturalistische Erklärungen auch für geistige Prozesse in der zweiten Hälfte des 19. Jahrhunderts immer weiter durchsetzen: Naturalistische Positionen sind keine Randerscheinung mehr, vielmehr werden sie nunmehr von maßgeblichen Wissenschaftlern vertreten. Unter den Philosophen ist hier vor allem der Neukantianer Friedrich Albert Lange (1828–1875) zu nennen, der 1866[174] die erste Fassung seiner »Geschichte des Materialismus« publiziert; bei den Naturwissenschaftlern spielen Rudolf Virchow (1821–1903) und – vor allem – der Berliner Physiologe Emil Du Bois-Reymond (1815–1896) eine entscheidende Rolle.

Du Bois-Reymond

Du Bois-Reymond, der »allgewaltige Sekretär und Diktator der Berliner Akademie der Wissenschaften«,[175] stellt das Problem einer Naturalisierung des Geistes 1872 in den Mittelpunkt seiner berühmten Ignorabimus-Rede vor der 45. Versammlung deutscher Naturforscher und Ärzte in Leipzig und macht es damit »zu einem der meistbesprochenen Gegenstände in der modernen ›Welträtsel-Diskussion‹«.[176] Interessant ist zunächst, dass Du Bois-Reymond als den Ort seiner Rede eben die Versammlung wählt, auf der auch Wagner achtzehn Jahre zuvor über »Menschenschöpfung und Seelensubstanz« gesprochen hatte. Inhaltlich könnten die Gegensätze kaum größer sein: Während Wagner an einer konsequent christlich-traditionalistischen Position festhält, vertritt Du Bois-Reymond vor demselben Publikum nun einen weitreichenden Optimismus in Bezug auf das naturalistische Forschungsprogramm: Im Prinzip seien die Naturwissenschaften, die er mit einem »Welteroberer der alten Zeit« vergleicht, zu einer vollständigen Erklärung und Prognose sämtlicher Veränderungen auf unserer Welt imstande. Bei genauer Kenntnis der Ausgangsbedingungen und der relevanten Gesetze sei es im Prinzip denkbar, Lage und Position sämtlicher Materieteilchen zu einem beliebigen späteren Zeitpunkt zu bestimmen.

Dies schließt in seinen Augen eine naturalistische Antwort auf das Leib-Seele-Problem ein. Dualistische Vorstellungen, wie sie Wagner vertreten hatte, sind »in den Augen der neueren Naturforschung entwertet und der Wirkung auf die heutigen Ansichten beraubt«.[177] Du Bois-Reymond schlägt sich ganz ausdrücklich auf die Seite des Materialisten Vogt und seiner Auffassung, »daß ... die Seelentätigkeit ... Erzeugnis der materiellen Bedingungen im Gehirn« sei.[178]

Dennoch gibt es seiner Ansicht nach zwei prinzipielle Grenzen des naturalistischen Forschungsprogramms: Zum einen werde es uns niemals gelingen, das »Wesen« von Materie und Kraft zu enthüllen, zum anderen sei es grundsätzlich ausgeschlossen zu erklären, warum Bewusstsein aus Materie entsteht. Dabei zweifelt Du Bois-Reymond wie gesagt nicht an, dass geistige Prozesse faktisch physische Prozesse sind. Doch was auch immer wir über diese Prozesse in Erfahrung bringen werden, es wird uns niemals *verständlich* machen, warum diese physischen Prozesse gleichzeitig aus der Perspektive der ersten Person als Bewusstseinsprozesse erlebt werden können:

»Die astronomische Kenntnis des Gehirnes, die höchste, die wir davon erlangen können, enthüllt uns darin nichts als bewegte Materie. Durch keine zu ersinnende Anordnung oder Bewegung materieller Teilchen aber läßt sich eine Brücke ins Reich des Bewußtseins schlagen. ... Die neben den materiellen Vorgängen im Gehirn einhergehenden geistigen Vorgänge entbehren also für unseren Verstand des zureichenden Grundes. Sie stehen außerhalb des Kausalgesetztes, und schon darum sind sie nicht zu verstehen, so wenig, wie ein *mobile perpetuum* es wäre. Aber auch sonst sind sie unbegreiflich.«[179]

Du Bois-Reymonds Beispiele zeigen, dass er hier insbesondere die qualitativen Bewusstseinserfahrungen im Blick hat, die heute im Allgemeinen als »Qualia« bezeichnet werden:

»Welche denkbare Verbindung besteht zwischen bestimmten Bewegungen bestimmter Atome in meinem Gehirn einerseits, andererseits den für mich ursprünglichen, nicht weiter definierbaren, nicht wegzuleugnenden Tatsachen: ›Ich fühle Schmerz, fühle Lust; ich schmecke Süßes, rieche Rosenduft, höre Orgelton, sehe Rot.‹«[180]

Mit seiner Konzentration auf die qualitativen Bewusstseinserfahrungen nimmt Du Bois-Reymond einen wesentlichen Aspekt der heutigen Debatte über die Erklärbarkeit von Bewusstsein vorweg, in deren Mittelpunkt ja ebenfalls die Frage steht, ob die phänomenalen Bewusstseinseigenschaften in naturalistischen Theorien erfassbar sind. Dies gilt unbeschadet der Tatsache, dass die Unterscheidung zwischen dem phänomenalen »Bewusstsein, *wie* es ist«, zum Beispiel einen Schmerz zu empfinden, und dem kognitiven »Bewusstsein, *dass*« irgendetwas der Fall ist, bei Du Bois-Reymond noch längst nicht so klar herausgearbeitet ist, wie dies heute geschehen ist.

Lange und Fechner

Das Problem, von dem Du Bois-Reymond hier spricht, war wenige Jahre zuvor bereits von dem Neukantianer Friedrich Albert Lange in seiner »Geschichte des Materialismus« behandelt worden. Lange akzeptiert das naturalistische Programm in seinen Grundzügen. Er wendet sich gegen das dualistische »Seelengespenst«, das »auf den Trümmern der Scholastik« spuke[181], und propagiert eine »Psychologie ohne Seele«,[182] also eine wissenschaftliche Auseinandersetzung mit geistigen Phänomenen, die nicht davon ausgeht, dass es jenseits der empirisch feststellbaren Fakten noch ein transzendentes Etwas gibt.

Lange wahrt jedoch eine kritische Distanz gegenüber weltanschaulichen Ansprüchen des Materialismus, ja er bemüht sich, das naturalistische Forschungsprogramm in eine philosophische Gesamtkonzeption zu integrieren, die an den zentralen Grundzügen der Philosophie Kants festhält. Lange entgeht dabei nicht nur dem naturalistischen Missverständnis, vielmehr liefert seine Theorie auch Hinweise dafür, wie sich dieses Missverständnis auflösen lässt.

Lange ist also weit entfernt davon, naturalistische Alleinvertretungsansprüche zu akzeptieren. Während etwa der Materialist Moleschott, ein Mitstreiter Vogts, behauptet, dass die Naturwissenschaften uns das »Wesen der Dinge«[183] zeigten und dabei die »Scheidewand ... zwischen dem Ding für uns und dem Ding an sich« durchbrechen,[184] erkennt Lange, dass uns das naturalistische Programm nur einen von mehreren Aspekten der Wirklichkeit[185] zu erschließen vermag. Andere Zugänge und Theorien, so kann man folgern, verlieren damit nicht ihre Berechtigung.

Sichtbar werden die Konsequenzen dieser Auffassung an Langes Antwort auf das Leib-Seele-Problem. Für die Beschreibung geistiger Prozesse sind in seinen Augen nämlich zwei unterschiedliche Perspektiven zentral: zum einen die Perspektive der ersten Person, also die subjektive Ebene, so wie wir sie direkt erleben und wissenschaftlich mit Hilfe der Psychologie erfassen können, zum anderen die Perspektive der dritten Person, also die objektive Ebene, so wie sie beispielsweise der Neurobiologie zugänglich ist. Entscheidend ist dabei, dass sich beide auf ein und denselben Prozess beziehen, daher sei »eben der subjektive Zustand des empfindenden Individuums zugleich für die äussere Beobachtung ein objektiver, eine Molekularbewegung«.[186] Lange gibt sich damit als Vertreter des »psychophysischen Parallelismus« zu erkennen. Die Theorie lässt sich im Prinzip auf Spinoza zurückführen, sie hat eine gewisse Verwandtschaft mit dem von Schelling vertretenen Monismus und wurde dann vor allem durch Gustav Theodor Fechner (1801–1887) propagiert.

Fechner zufolge sind geistige Prozesse faktisch identisch mit physischen Prozessen; der Unterschied zwischen der geistigen und der physischen Ebene betrifft nur die Art und Weise des Zugangs beziehungsweise der Beschreibung. Doch beide Beschreibungen beziehen sich jeweils auf ein und denselben Prozess. In diesem Sinne heißt es bei Fechner:

> »Körper und Geist oder Leib und Seele oder Materielles und Ideelles oder Physisches und Psychisches … sind nicht im letzten Grund und Wesen, sondern nur nach dem Standpunkt der Auffassung oder Betrachtung verschieden. Was sich selbst auf innerm Standpunkt als geistig, psychisch erscheint, vermag einem Gegenüberstehenden vermöge dessen dagegen äußern Standpunkts nur in anderer Form, welche eben die des leiblich materiellen Ausdrucks ist, zu erscheinen. Die Verschiedenheit der Erscheinung hängt an der Verschiedenheit des Standpuncts der Betrachtung und der darauf Stehenden. In sofern hat dasselbe Wesen zwei Seiten, eine geistige, psychische, sofern es sich selber, eine materielle, leibliche, sofern es einem anderen als sich selbst in anderer Form zu erscheinen vermag, nicht aber haften etwa Körper und Geist oder Leib und Seele als zwei grundwesentlich verschiedene Wesen an einander.«[187]

Fechner entwickelt damit einen Ansatz, der – wie Michael Heidelberger nachgewiesen hat[188] – vermittelt über eine Reihe von Zwischenstationen die Basis der Identitätstheorie bildet, wie sie in den 1950er Jahren in Amerika und Australien entwickelt wird.

Anders als Materialisten wie Vogt, Büchner und Moleschott ist sich Fechner offenbar darüber im Klaren, dass die bloße Feststellung der Identität von geistigen und physischen Prozessen uns noch kein *Verständnis* dieses Zusammenhangs liefert. Mit seiner Unterscheidung zwischen der Innen- und der Außenperspektive macht er zumindest den Versuch, ein solches Verständnis zu erlangen. Es ist jedoch offensichtlich, dass Fechners einfaches Bild vom Wechsel zwischen der Innen- und der Außenperspektive nicht zu der erhofften Lösung führt: Das Bild liefert bestenfalls eine Beschreibung des Problems, nicht jedoch die geforderte Erklärung des Zusammenhangs von Gehirn und Bewusstsein. Fechner zeigt, *dass* hier irgendein Unterschied vorhanden sein muss, er erklärt jedoch nicht, *warum* genau *dieser* Unterschied auftritt, warum bewusste Prozesse also so erfahren werden, wie sie erfahren werden.

Lange dagegen erkennt dieses Problem, das bis heute eine zentrale Rolle in der Diskussion über eine naturalistische Erklärung geistiger Eigenschaften spielt. Es wurde jedoch nicht von ihm, sondern erst durch den sechs Jahre später gehaltenen Vortrag von Du Bois-Reymond ins öffentliche Bewusstsein gebracht. Wenn es Ziel des naturalistischen Forschungsprogramms ist, alle wesentlichen Eigenschaften und Ereignisse durch Rückführung auf natürliche Prozesse und Gesetzmäßigkeiten zu erklären, dann muss es auch möglich sein, die qualitativ vielfältigen Bewusstseinserfahrungen, die wir aus der Perspektive der ersten Person machen, auf neuronale Aktivitäten im menschlichen Gehirn zurückzuführen. Genau dies scheint jedoch schwer vorstellbar.

Lange zweifelt wie gesagt nicht am naturalistischen Forschungsprogramm, soweit es darum geht, die physischen Aktivitäten des Gehirns aufzuklären. Genauso wenig stellt er die Annahme in Frage, dass geistige Prozesse physische Prozesse sind. Prinzipiell unverständlich bleibt in seinen Augen jedoch, *warum* dies so ist. Es sei der Wissenschaft »auf ewig verschlossen, eine Brücke zu finden, zwischen dem, was der einfachste Klang *als Empfindung eines Subjek-*

tes, als *meine* Empfindung ist und den Zerstreuungsprozessen im Gehirn, welche die Wissenschaft annehmen muß, um diese nämliche Schallempfindung als einen Vorgang in der Welt der Objekte zu erklären«.[189]

Langes Distanz zum weltanschaulichen Materialismus, wie ihn Vogt, Büchner und Moleschott vertreten hatten, kommt auch in seiner Position zur Willensfreiheit zum Ausdruck: Anders als Vogt leitet Lange aus der Möglichkeit wissenschaftlicher Erklärungen von Verhalten und Gehirnprozessen keine Widerlegung der Willensfreiheit ab: »Zwischen der Freiheit als Form des subjectiven Bewusstseins und der Nothwendigkeit als Thatsache objectiver Forschung kann so wenig ein Widerspruch sein, wie zwischen einer Farbe und einem Ton.«[190]

Langes Vorbehalt gegenüber materialistischen Schnellschüssen gegen die Willensfreiheit ist zweifellos gerechtfertigt, sein eigener Lösungsvorschlag allerdings klingt nicht sonderlich überzeugend. Im Prinzip sucht er die Lösung auch hier wieder in der Unterscheidung zwischen der Perspektive der ersten und der Perspektive der dritten Person: Freiheit wird dabei im Wesentlichen als subjektives Erleben eines Freiheitsgefühls verstanden, nicht jedoch als eine objektive und halbwegs präzise bestimmbare Eigenschaft menschlicher Handlungen.

Dies ist jedoch nicht nur aus heutiger Sicht unzureichend: Das subjektive Empfinden von Freiheit ist offenbar kein geeignetes Kriterium, wenn es darum geht, ob wir eine Person für ihre Handlungen verantwortlich machen können. Eine Person kann sich frei fühlen, obwohl sie faktisch abhängig ist, und sie kann sich unfrei fühlen, obwohl sie faktisch die Verantwortung trägt. Offenbar benötigen wir objektive Kriterien, wenn wir Personen mit Recht für ihre freien Handlungen verantwortlich machen wollen – wie auch immer diese Kriterien aussehen mögen. Man kann daher an der Tragfähigkeit von Langes Vorschlag zweifeln. Dennoch illustriert er das Bemühen des Autors, den naturwissenschaftlichen Erkenntnissen gerecht zu werden, ohne gleich auch die überzogenen Konsequenzen zu akzeptieren, die die Materialisten gezogen hatten.

Bedeutung für die gegenwärtige Auseinandersetzung

Lange bestätigt damit noch einmal die These, dass der wissenschaftliche Fortschritt und die damit verbundene Naturalisierung zentraler menschlicher Fähigkeiten *nicht* zu einer Degradierung des Menschen führen müssen. Doch welche Bedeutung haben solche historischen Befunde für die gegenwärtige Auseinandersetzung? Kann man wirklich davon ausgehen, dass sich auch die heutigen Konflikte von Naturalismus und Menschenbild früher oder später auflösen werden, oder sind wir hier doch an einer unüberwindbaren Grenze angelangt?

Im Prinzip muss diese Frage mit systematischen Argumenten beantwortet werden – dies wird im zweiten Teil dieses Buches geschehen. Aber die Frage hat auch einen historischen Aspekt. Man könnte nämlich meinen, dass sich die unterschiedlichen Positionen seit der Zeit von Lange und Du Bois-Reymond unverändert gegenüberstehen. Dies könnte als Indiz dafür gelesen werden, dass wir tatsächlich an einer endgültigen Grenze angelangt sind. Der wissenschaftliche Fortschritt scheint sich heute nicht mehr auf unsere Vorstellungen davon auszuwirken, was prinzipiell erklärbar ist und was nicht.

Bei der Beantwortung dieser Frage sollte man sich vor Augen halten, dass sich Veränderungen in diesen Bereichen in der Regel eher unspektakulär vollziehen. Selbst wenn keine massiven Veränderungen auffallen, heißt dies nicht, dass sich überhaupt nichts tun würde. Ich möchte im Folgenden einige Indizien dafür vorbringen, dass es bis in unsere eigene Gegenwart solche Veränderungen gegeben hat, ja dass es zumindest prinzipielle Anzeichen dafür gibt, dass wir auch in Zukunft mit solchen Veränderungen rechnen können.

Sprache

Meine erste Beobachtung betrifft das Problem der Sprache. Während kognitive Prozesse für Descartes Aktivitäten der »denkenden Substanz« darstellen, sind sich die meisten Dualisten heute mit den Vertretern des Naturalismus einig, dass kognitive Prozesse auf Hirnvorgänge zurückzuführen sind. Dies schließt unsere sprachlichen Fähigkeiten ein, auch wenn deren physiologische Grundlagen auch heute noch längst nicht vollständig verstanden sind.

Für Descartes dagegen gehörte die Sprachfähigkeit, insbesondere die sprachliche Kreativität, zu den auszeichnenden Merkmalen des Menschen.[191] Sprache galt ihm als »das einzige sichere Zeichen für einen im Körper versteckten Gedanken«.[192] Die Idee, dass sich die Seele des Körpers nur als eines Instruments bedient, gehörte bis weit ins 19. Jahrhundert hinein zu den zentralen Annahmen des Dualismus. Moses Mendelssohn etwa geht davon aus, dass Sprechen ebenso wie andere willkürliche Handlungen als eine körperliche Wirkung des Geistes aufzufassen sei.[193] Noch 1871 bezeichnet der Sprachwissenschaftler Heymann Steinthal (1823–1899) in seiner »Einleitung in die Psychologie und Sprachwissenschaft« die »Sprachwerkzeuge« als ein Instrument, auf dem der Geist »spielt«.[194]

Entscheidend ist nun, dass diese dualistische Differenzierung zwischen dem Geist und seinem Instrument in dem Moment revidiert wird, wo die Hirnforschung zumindest Ansätze zu naturalistischen Theorien für die sprachlichen Fähigkeiten des Menschen vorlegen kann. Schon Paul Brocas (1824–1880) Untersuchungen der neuronalen Grundlagen bestimmter Sprachstörungen hatten die Frage aufgeworfen, ob mit den Zerstörungen der Sprachzentren wirklich nur das *Instrument* der eigentlich geistigen Sprachfähigkeiten in Mitleidenschaft gezogen sei oder nicht vielmehr die – neuronal realisierte – Sprachfähigkeit *selbst*. Carl Wernickes (1848–1905) Entdeckung der sensorischen Sprachareale, die zentral sind für das sprachliche Verstehen, stützt die naturalistische Hypothese dann ganz entscheidend: Zerstörungen im sogenannten Wernicke-Areal haben tiefgreifende Beeinträchtigungen der semantischen Fähigkeiten zur Folge. Michael

Hagner hat gezeigt, wie sich diese Entdeckungen auf die Auseinandersetzungen auswirken, die Dualisten und Naturalisten in Paris und Berlin über das Problem der Sprache führen.[195] Zwar haben sich viele naturalistische Theorien der Sprachproduktion zwischenzeitlich als zu einfach erwiesen, die grundsätzliche Frage, ob die Sprachproduktion naturalistisch erklärbar ist, scheint jedoch entschieden. Auch die meisten Dualisten haben heute keinen Zweifel mehr daran, dass die Sprachvermögen physisch realisiert sind. Zumindest in diesem Punkt haben sich die Grenzen dessen, was als erklärbar gilt, seit dem späten 19. Jahrhundert noch einmal verändert.

Einheitlichkeit des Bewusstseins

Allerdings findet dieser Prozess noch innerhalb des 19. Jahrhunderts statt – man könnte also argumentieren, dass er noch vor dem Erreichen der endgültigen Grenze stattgefunden habe. Tatsächlich ist die Entwicklung damit noch nicht zu Ende; eine weitere charakteristische Veränderung betrifft ein Merkmal des Geistes, das schon für die Begründung des Cartesianischen Dualismus eine wichtig Rolle gespielt hatte, nämlich die Einheitlichkeit des Bewusstseins: Sie entzieht sich nach Meinung vieler Autoren prinzipiell einer naturalistischen Erklärung. Descartes selbst hat hierauf seine Behauptung gestützt, dass die Zirbeldrüse, also eine der wenigen Strukturen, die nur einmal im Gehirn vorhanden sind, der Sitz der Seele sein müsse:

>»Damit wir also nur einen einzigen und einfachen Gedanken von der gleichen Sache und zur gleichen Zeit haben, ist es notwendig, daß es eine Stelle gibt, wo die zwei Bilder, die von den Augen kommen oder zwei andere Eindrücke, die von einem einzigen Gegenstand durch die doppelten Organe der anderen Sinne kommen, sich zu einem verbinden können, bevor sie zur Seele gelangen.«[196]

Während Descartes dem Gehirn offenbar noch einen gewissen Anteil an dem Zustandekommen der Einheitlichkeit unserer Bewusstseinserfahrung zuzugestehen scheint, sind spätere dualistische Ansätze davon ausgegangen, dass dieser Prozess einer naturalistischen Erklärung prinzipiell entzogen sei. So behauptet zum Beispiel Eccles, »daß das Zusammensetzen des wahrgenommenen Bildes ein Akt bewußten Geistes ist, der die Elemente der Merkmalerkennung der Sehzentren abtastet und die geeigneten herausliest. Das vollständig zusammengesetzte Bild wird so bewußt wahrgenommen.«[197] Ähnlich argumentiert Benjamin Libet in seiner dualistischen Theorie des Geistes: Der einheitliche Charakter von Bewusstseinserfahrungen müsse für einen naturalistischen Ansatz schlichtweg mysteriös und unverständlich bleiben, schließlich finden wir im Gehirn nur eine unübersehbare Vielfalt neuronaler Prozesse vor.[198] Jeder zusätzliche neuronale Prozess, den man zur Vereinheitlichung postulieren mag, so kann man ergänzen, hätte letztlich nur eine Vergrößerung dieser Vielfalt zur Folge; die Einheitlichkeit der Bewusstseinserfahrung scheint daher für eine naturalistische Theorie einfach mysteriös zu bleiben.

Wie fast alle Argumente, die zugunsten traditioneller Theorien des Geistes angeführt werden, erscheint auch dieses zunächst äußerst plausibel. Bei näherer Betrachtung ergeben sich allerdings gravierende Einwände: Wenn man die Vielfalt neuronaler Prozesse als Problem für das Verständnis der Einheitlichkeit der bewussten Erfahrung betrachtet, dann unterstellt man, dass sich die Schwierigkeiten in Abwesenheit dieser Vielfalt zumindest verringern würde. Diese Unterstellung ist jedoch offensichtlich wenig sinnvoll: Neuronale Aktivitäten, die aus der Perspektive der ersten Person als einheitlich erfahren werden, müssen aus der neurowissenschaftlichen Perspektive der dritten Person genausowenig einheitlich sein wie Neurone, die eine rote Farbempfindung repräsentieren, von außen betrachtet rot sein müssen.

Man kann dies dadurch verdeutlichen, dass man sich ein einheitliches neuronales Areal vorstellt, dessen Aktivität auch aus der Perspektive der ersten Person als einheitlich erfahren wird. Wenn die betreffenden Neurone anschließend über das Gehirn verteilt würden, ohne dass sich an ihren Aktivitäten sowie den zwischen ihnen bestehenden Verbindungen etwas ändern würde, dann wäre zwar der Eindruck der Einheitlichkeit aus der Außenperspektive der dritten Person aufgehoben, doch warum sollte sich damit die Einheitlichkeit der subjektiven Erfahrung ändern? Diese wird nach allem, was wir wissen, von der Lage der Neurone genausowenig beeinflusst wie von ihrer Farbe.

Doch wenn die Einheitlichkeit der neuronalen Prozesse keine Erklärung für die Einheitlichkeit der Bewusstseinserfahrung liefert, dann kann die Vielfalt neuronaler Prozesse diese Erklärung nicht erschweren. Es kommt hinzu, dass der Verweis auf eine immaterielle Seele selbst keine zusätzlichen Erklärungsmöglichkeiten eröffnet – im Gegenteil. Dazu müssten Dualisten nämlich auf allgemeine Gesetzmäßigkeiten oder Mechanismen immaterieller geistiger Prozesse zurückgreifen können, die die Entstehung des Eindruckes von Einheitlichkeit verständlich machen würden. Solche Gesetzmäßigkeiten und Mechanismen kennen wir jedoch nicht, und es ist schwer zu sehen, wie wir sie jemals in Erfahrung bringen sollten. Es kommt hinzu, dass der Geist in dualistischen Theorien in der Regel durch seine Bewusstheit definiert ist. Doch warum sind uns dann gerade die durch den Geist vollzogenen Integrationsprozesse nicht bewusst, sondern nur deren Ergebnis?

All dies zeigt, dass der Verweis auf einen immateriellen Geist das Problem nur verlagert; der Verweis trägt in keiner Weise zu einer Lösung des Problems bei, ja es scheint, dass er die Lösung erschwert.

Umgekehrt kann ein naturalistischer Ansatz, selbst wenn er noch nicht über die Lösung verfügt, bei solchen allgemeinen Kenntnissen über Mechanismen und Gesetzmäßigkeiten ansetzen. Immerhin besitzen wir mittlerweile ein recht ausgedehntes Wissen über materielle Prozesse und Gesetzmäßigkeiten. Was uns fehlt, ist die Verbindung zwischen diesem Wissen und unseren Beobachtungen geistiger Prozesse: Wir wissen in vielen Fällen einfach nicht, wie das Verhalten von Neuronen zu den geistigen Phänomenen beiträgt, die wir aus der Perspektive der ersten Person beobachten und erfahren.

Dies gilt offenbar auch für die Einheitlichkeit unserer bewussten Erfahrung; auch hier scheinen wir es mit einer unverrückbaren

Grenze naturalistischer Erklärungen zu tun zu haben. Dieser Eindruck ist jedoch falsch. Mittlerweile gibt es nämlich einen naturalistischen Ansatz zur Erklärung der Einheitlichkeit unserer Bewusstseinserfahrung – im Allgemeinen spricht man heute vom »Bindungsproblem«. Die Arbeitsgruppe um den Hirnforscher Wolf Singer hat gute Belege für die Annahme vorgebracht, dass die Erfahrung von Einheitlichkeit dadurch zustande kommt, dass die entsprechenden Neuronenverbände synchron feuern.[199] Wenn also zwei Neuronenverbände zum Beispiel Farbe und Form *eines* Objektes repräsentieren, dann feuern sie in einem gemeinsamen Rhythmus; Neuronenverbände, die Aspekte *unterschiedlicher* Objekte verarbeiten, feuern dagegen in unterschiedlichen Rhythmen: Auf diese Weise wird klargestellt, welche Merkmale zu einem gemeinsamen, einheitlichen Bild gehören und welche nicht.

Zweifellos stellt auch diese Theorie nur einen Anfang dar, doch sie zeigt, dass eine naturalistische Erklärung der Einheitlichkeit unseres Bewusstseins zumindest prinzipiell möglich ist. Diese Entwicklung belegt, dass sich die Grenzen des Naturalismus auch in der Gegenwart weiter verschieben. Eine indirekte Anerkennung dieser Tatsache findet sich bei Eccles, der versucht, die skizzierte Erklärung in seine dualistische Theorie zu integrieren.[200] Die offenkundige Schwierigkeit, dass er damit eine naturalistische Erklärung eines Phänomens akzeptieren müsste, das doch eigentlich dem Geist vorbehalten bleiben soll, umgeht er damit, dass er – ohne weitere Argumente – dem Geist die »eigentliche« Arbeit der Integration vorbehält.[201]

Phänomenales Bewusstsein

Ein letztes Indiz dafür, dass die scheinbar unverrückbaren Grenzen naturalistischer Erklärungen auch heute noch neu gezogen werden könnten, ergibt sich im Zusammenhang mit dem bereits von Lange und Du Bois-Reymond für prinzipiell unlösbar erklärten Problem der phänomenalen Bewusstseinseigenschaften. Die Schwierigkeiten resultieren aus der scheinbar unüberwindbaren Kluft zwischen unseren vielfältigen und qualitativ ausdifferenzierten Erfahrungen, zu denen wir einen unmittelbaren Zugang aus der Perspektive der ersten Person haben, und den quantitativen Beschreibungen prinzipiell gleichförmiger neuronaler Prozesse, so wie sie uns aus der neurobiologischen Perspektive der dritten Person zugänglich sind. Es sieht einfach so aus, als könnte nichts von dem, was über neuronale Prozesse in Erfahrung zu bringen ist, uns eine Erklärung dafür geben, warum sich Schmerzen oder Farbempfindungen so anfühlen, wie sie es nun einmal tun.

Sollte es dennoch zu einer Lösung kommen, dann wäre dazu eine tiefgreifende Veränderung unserer Vorstellungen von phänomenalen Eigenschaften erforderlich. Eine naturalistische Erklärung dieser Eigenschaften erscheint uns genauso unvorstellbar, wie Descartes und seinen Zeitgenossen die Zurückführung von Denkprozessen auf die Maschine des Gehirns erscheinen musste. Noch einmal: Aus der Tatsache, dass sich dieser Aspekt des Cartesianismus mittlerweile als unzutreffend herausgestellt hat, folgt nicht, dass vergleichbare heutige Vorstellungen falsch sein *müssen*. Aufgeworfen wird damit aber die Frage, ob sich die Grenzen unseres eigenen Vorstellungsvermögens nicht eines Tages als genauso veränderlich erweisen könnten wie die Grenzen des Vorstellungsvermögens früherer Generationen. Es scheint hier jedoch einen grundsätzlichen Einwand zu geben: Wir haben nämlich zu unseren Schmerzen oder Farbempfindungen einen ganz unmittelbaren Zugang aus der Perspektive der ersten Person. Diese Erfahrungen, aber auch die Vorstellungen, die wir in Bezug auf ihre Erklärbarkeit haben, scheinen einfach immun gegen jede Veränderung zu sein.

Doch so unwahrscheinlich dies klingen mag: Es gibt mittlerweile gute Belege dafür, dass sich die Vorstellungen von unseren eigenen Bewusstseinserfahrungen unter äußeren Einflüssen verändern können. So hat offenbar die Dominanz von Schwarz-Weiß-Abbildungen in den visuellen Medien um die Mitte des vergangenen Jahrhunderts zu der Auffassung geführt, dass auch Träume schwarz-weiß seien. Seit dem Vordringen farbiger Medien hat sich diese Auffassung wieder verändert: Heute geben Versuchspersonen auf den gleichen Fragebögen mehrheitlich an, sie würden farbig träumen. Offenbar stehen unsere Überzeugungen bezüglich unserer phänomenalen Bewusstseinserfahrungen unter dem Einfluss äußerer Entwicklungen. Das aber spricht für die Annahme, dass sich auch unsere Überzeugungen bezüglich der Erklärbarkeit dieser Erfahrungen unter dem Einfluss neuer wissenschaftlicher Entdeckungen verändern könnten. Neue Erkenntnisse über die Ursachen und Wirkungen zum Beispiel von Emotionen könnten somit Einfluss auch auf unsere Überzeugungen darüber haben, wie wir diese Zustände erleben. Und dies könnte die Türe öffnen für Veränderungen unseres Vorstellungsvermögens und damit die noch ausstehenden Erklärungen ermöglichen. Dabei ist nicht zu erwarten, dass eine einzige Erklärung mit einem Schlage alle Probleme löst. Viel realistischer ist die Erwartung, dass in einem länger anhaltenden Prozess so viele Einzelfragen beantwortet werden, dass die verbleibenden Schwierigkeiten irgendwann einmal als uninteressant betrachtet werden. Natürlich können wir uns diese Erklärungen heute noch nicht einmal vorstellen, doch wie gesagt: Viele von den Erklärungen, die wir heute ohne weiteres akzeptieren, konnten sich frühere Generationen eben auch nicht vorstellen.

Fazit

Die Geschichte der Auseinandersetzung mit dem Leib-Seele-Problem zeigt, dass unsere Vorstellungen und Intuitionen offenbar sehr unzuverlässig Auskunft über die Grenzen des Naturerkennens geben – zu oft haben sich innerhalb der Wissenschaftsgeschichte die Vorstellungen davon verändert, welche menschlichen Eigenschaften prinzipiell erklärbar sind und welche nicht.

Entscheidend ist hier nicht die bloße Anerkennung des faktischen Fortschritts naturwissenschaftlicher Erklärungen: Dieser wird in der Regel nur sehr selten bestritten. Entscheidend ist vielmehr, dass auch die *prinzipielle* Bereitschaft, geistige Prozesse als natürliche Prozesse zu betrachten, beziehungsweise die Vorstellung einer grundlegenden Grenze bei diesen Versuchen vom Fortschritt der wissenschaftlichen Erkenntnis abzuhängen scheint. Dabei kommt es offenbar nicht darauf an, dass bereits konkrete Lösungen verfügbar sind. Entscheidend ist vielmehr offenbar die Existenz von Modellen, die zeigen, wie eine natürliche Realisierung geistiger Eigenschaften aussehen könnte – auch wenn die konkreten Erklärungen selbst noch ausstehen. Fehlen solche Modelle, dann ist die Rückführung auf natürliche Eigenschaften nur schwer vorstellbar – die Berufung auf einen übernatürlichen Ursprung liegt dann sehr nahe. Dies gilt insbesondere in solchen historischen Phasen, in denen der Glaube an einen göttlichen Schöpfer unumstritten und die Berufung auf ihn auch im wissenschaftlichen Diskurs akzeptiert ist.

Damit wird verständlich, warum die Vorstellung einer vom Körper unabhängigen Seele, die auf den intentionalen Schöpfungsakt höherer Mächte zurückgeführt wurde, über lange Zeit eine so wichtige Rolle spielen konnte: Diese Vorstellung lieferte einfach die beste Erklärung in einer Zeit, in der die entwicklungsgeschichtlichen Prozesse ebenso wie die wesentlichen vegetativen und geistigen Vorgänge noch unverstanden waren. Es kam hinzu, dass die Berufung auf einen transzendenten Ursprung der Seele auch die herausgehobene Rolle des Menschen in der Schöpfungshierarchie leicht verständlich machen konnte: Gott selbst schien den Menschen vor allen anderen Lebewesen ausgezeichnet zu haben, indem er ihn nicht nur nach seinem eigenen Bilde schuf, sondern ihm auch seinen eigenen Atem einhauchte.

Damit war gleichzeitig die Grundlage für das naturalistische Missverständnis geschaffen: Naturalistische Erklärungen konkurrierten offenbar nicht nur mit nicht-naturalistischen Erklärungen, so wie es wissenschaftliche Erklärungen ständig tun. Vielmehr schienen sie die Würde des Menschen und seine prinzipielle Differenz gegenüber einfacheren Lebewesen in Frage zu stellen, weil sie die Existenz genau der Merkmale bestritten, auf denen diese Würde basierte.

Aus der zeitgenössischen Perspektive gibt es also erstens prinzipielle Grenzen naturalistischer Erklärungen, zweitens muss es so aussehen, als würde eine Überschreitung dieser Grenzen das menschliche Selbstverständnis fundamental in Frage stellen. Der historische Rückblick zeigt jedoch erstens, dass naturalistische Erklärungen seit Descartes immer weiter vorgedrungen sind und dabei immer wieder die Veränderlichkeit der Grenzen naturalistischer Erklärungen demonstriert haben. Zweitens zeigt er, dass das menschliche Selbstverständnis bislang in seinen Grundlagen stabil geblieben ist, obwohl der skizzierte Prozess eine Vielzahl der Merkmale in Frage gestellt hat, die ursprünglich als konstitutiv für dieses Selbstverständnis betrachtet wurden – auch dies steht im Gegensatz zu Annahmen, die aus der zeitgenössischen Perspektive geradezu zwingend erscheinen müssen.

Die erste wichtige Station dieser Entwicklung bildet die Theorie von Descartes, die die vegetativen Funktionen auf die »Maschine« des Körpers zurückführt. Neuere Erkenntnisse über den menschlichen Organismus, insbesondere Harveys Entdeckung des Blutkreislaufs, sorgten dafür, dass eine physiologische Erklärung vegetativer Prozesse in Reichweite zu rücken schien. Die Grenze verschob sich, doch sie wurde nicht aufgehoben: Für Descartes und die meisten seiner Zeitgenossen war es nämlich einfach unvorstellbar, dass natürliche Strukturen und Prozesse, so wie sie damals bekannt waren, geistige Prozesse hervorbringen sollten. Der als Maschine begriffene Körper einschließlich des Gehirns schien als Kandidat für die Realisierung geistiger Fähigkeiten von vornherein auszuscheiden: Dem Gehirn blieb nur die Rolle eines »Organs der Seele«. Bestätigt wurde diese Auffassung in der Folgezeit vor allem durch die fast zwei Jahrhunderte anhaltenden Fehlschläge bei dem Versuch, einen zumindest rudimentären Zusammenhang zwischen Geist und Gehirn herzustellen, um so zum Beispiel die Unterschiede zwischen Mensch und Tier verständlich zu machen. Es ist daher nur zu gut verständlich, dass der Dualismus bis weit in die erste Hälfte des 19. Jahrhunderts die dominierende Position in der Leib-Seele-Debatte darstellt.

Dies ändert sich erst in dem Moment, in dem die empirische Wissenschaft plausiblere Modelle und Erklärungsansätze für die natürliche Realisierung geistiger Eigenschaften zu liefern vermag. Eine zentrale Voraussetzung dafür ist die Erkenntnis, dass das Gehirn und insbesondere die Großhirnrinde keine homogene Masse ist, sondern eine komplexe zelluläre Struktur besitzt. Damit ergibt sich ein erster Ansatzpunkt für die Vorstellung, dass hier die Basis komplexer kognitiver Operationen zu finden sein könnte. Eine zweite wichtige Voraussetzung war die Erkenntnis der funktionalen Ausdifferenzierung des Gehirns durch die Lokalisierung kognitiver Fähigkeiten. Erst sie erlaubt es, einzelne geistige und neuronale Prozesse einander zuzuordnen und ermöglicht damit eine merkliche Konkretisierung der Erklärungsansätze.

Diese Entwicklung führt bis zur zweiten Hälfte des 19. Jahrhunderts zu weiteren Grenzverschiebungen. Das Modell des Gehirns als eines komplexen neuronalen Systems liefert nämlich den Ansatzpunkt für eine plausible Erklärung der kognitiven Fähigkeiten des menschlichen Geistes. Solche Entwicklungen engen den Raum für die Seele soweit ein, dass es schließlich zu einem Verzicht auf die Vorstellung einer immateriellen Seelensubstanz im Rahmen wissenschaftlicher Theorien kommt.

Die Grenze zwischen erklärbaren und nicht erklärbaren Eigenschaften wird damit verschoben, aber nicht beseitigt: Als nicht absehbar gilt bei vielen Autoren nunmehr, wie eine Erklärung der *qualitativen* Aspekte von Bewusstseinszuständen aussehen sollte. Die Vorstellung, dass hier eine prinzipielle Grenze besteht, wird vor allem durch Du Bois-Reymond populär gemacht; bis heute spielt sie eine zentrale Rolle in der Diskussion über das Leib-Seele-Problem. Tatsächlich haben jedoch die abschließenden Beobachtungen zum Problem der Sprache, zum Bindungsproblem und zum phänomenalen Bewusstsein gezeigt, dass die Grenze nach wie vor in Bewegung ist.

Die Konsequenzen dieser Befunde für die heutige Situation liegen auf der Hand. Wenn sich die Ansichten darüber, was prinzipiell unerklärbar ist, bislang verändert haben, dann wäre es naiv, weitere Veränderungen für die Zukunft auszuschließen. Es ist also zumindest prinzipiell möglich, dass zukünftige Generationen auch diejenigen Grenzen revidieren werden, die uns heute als unüberwindlich erscheinen. Dies aber würde bedeuten, dass sich an diesen Stellen auch das naturalistische Dilemma auflösen würde.

Genauso naiv wäre es allerdings, wollte man aus diesen Überlegungen die *Gewissheit* ableiten, dass unser Verständnis der geistigen Fähigkeiten des Menschen niemals auf irgendwelche Grenzen treffen wird. Selbstverständlich ist es *nicht* ausgeschlossen, dass sich die von Du Bois-Reymond und Lange eher intuitiv erfasste Kluft zwischen der Perspektive der ersten Person und der Perspektive der dritten Person als unüberwindbar erweisen wird. Die bisherigen Überlegungen zeigen allerdings, dass die bloße Unfähigkeit, uns eine solche Erklärung vorzustellen, keinen Beweis für diese Behauptung liefert. Genauso wie wir heute über Erklärungen verfügen, die sich frühere Generationen nicht vorstellen konnten, ja die sie vermutlich auch dann nicht akzeptiert hätten, wenn man sie ihnen erläutert hätte, genauso müssen wir damit rechnen, dass auch in Zukunft Erklärungen entwickelt werden, die über unseren heutigen Horizont hinausgehen. Der obige Rückblick sollte gezeigt haben, dass dies insbesondere für die Erklärung unserer geistigen Eigenschaften gilt.

Die zweite wichtige Konsequenz betrifft die Folgen solcher Erklärungen für das menschliche Selbstverständnis. Solche Folgen ergeben sich vor allem deshalb, weil die fraglichen Grenzverschiebungen diejenigen Merkmale betreffen, die jeweils zum Kern des menschlichen Wesens gezählt werden: Das gilt insbesondere für die transzendente Seele, die im Verlauf der skizzierten Entwicklung einen massiven Bedeutungsverlust erleidet. Die neuen Entwicklungen scheinen daher immer auch das tradierte Selbstverständnis in Frage zu stellen. Umgekehrt lässt sich das Bestehen auf der jeweiligen Tradition stets als Verteidigung der menschlichen Würde begründen, schließlich bestimmte diese Tradition die Maßstäbe, nach denen über diese Würde geurteilt wurde.

Die obigen Beobachtungen zeigen jedoch, dass es bislang nicht zu einer fundamentalen Revision unseres Menschenbildes gekommen ist, obwohl sehr viele der Kriterien, an denen die Wesensmerkmale des Menschen ursprünglich festgemacht wurden, längst zurückgewiesen wurden. Dies gilt für die Lebenskraft, es gilt für den göttlichen Schöpfungsakt, und es gilt auch für die Idee einer immateriellen Seelensubstanz. Verständlich wird diese Entwicklung, wenn man sich vor Augen hält, dass die skizzierten Grenzverschiebungen angemessene naturalistische Erklärungen für die fraglichen Eigenschaften ermöglichten: Biologische Theorien treten an die Stelle der Berufung auf die Lebenskraft, den göttlichen Schöpfungsakt und die Seelensubstanz, oder es ergibt sich doch zumindest die realistische Perspektive, dass naturalistische Theorien diese Aufgabe übernehmen können. Insofern gab es keinen Grund mehr, diese Eigenschaften zugunsten des Naturalismus in Frage zu stellen.

Zweifellos führt der Verzicht auf übernatürliche Merkmale dazu, dass kategoriale Grenzen durch graduelle Übergänge ersetzt werden. Auf den ersten Blick bildet die Lebenskraft ein viel klareres Abgrenzungskriterium zwischen der belebten und der unbelebten Natur als die heute verfügbaren biologischen Theorien, und auch der Unterschied zwischen Mensch und Tier scheint wesentlich eindeutiger, wenn der Mensch über das Privileg einer immateriellen Seelensubstanz verfügt, die sich bei Tieren nicht finden lässt. Der Verweis auf kognitive Fähigkeiten, die Menschen einfach nur in höherem Maße besitzen als Tiere, scheint die Unterschiede zu verwischen. Dies gilt nicht zuletzt deshalb, weil die biologischen Theorien nicht einfach auf ein direktes Analogon zum Beispiel zur Lebenskraft verweisen können; an ihre Stelle tritt vielmehr eine Vielzahl von Theorien, die die unterschiedlichen Aspekte von Lebensprozessen erklären. Es gibt daher auch keine klare Grenze, ab der man von einer adäquaten Erklärung sprechen könnte, vielmehr stellt sich von einem bestimmten Punkt des Erklärungsfortschrittes der Eindruck ein, dass auch die verbleibenden Fragen prinzipiell lösbar oder vielleicht auch einfach nicht mehr unbedingt lösungsbedürftig sind.

Dies bedeutet jedoch nicht, dass beispielsweise die Unterschiede zwischen der belebten und der unbelebten Natur nivelliert würden. Genauso wie biologische Theorien wesentlich informativer sind als der Verweis auf die Lebenskraft, wenn es um ein Verständnis des Unterschieds zwischen der belebten und der unbelebten Natur geht, genauso sagt uns eine präzise Bestimmung der kognitiven Unterschiede zwischen Mensch und Tier sehr viel mehr über die Differenzen zwischen diesen Lebewesen als der Verweis auf eine unsterbliche Seele. Dieser Erkenntnisgewinn hat nicht nur zur Folge, dass wir uns wesentlich besser in die Perspektive von Tieren hinein versetzen können, vielmehr werden so auch Differenzen zwischen den geistigen Fähigkeiten unterschiedlicher Tiere erkennbar.

Abermals bleibt zu betonen, dass sich aus diesen Überlegungen keine unmittelbaren Folgerungen für die heutige Diskussion über die neurowissenschaftliche Forschung und ihre Konsequenzen für das menschliche Selbstverständnis ableiten lassen. Auch wenn sich bestimmte Befürchtungen früher als ungerechtfertigt herausgestellt haben, so könnten vergleichbare Äußerungen heute durchaus zutreffen. Die Kenntnis der historischen Entwicklung sollte uns jedoch veranlassen, solche Befürchtungen genauer zu untersuchen. Genau dies möchte ich im Folgenden tun.

Zweiter Teil

Systematische Fragen

Vorbemerkung

Die bisherige Wissenschaftsgeschichte spricht also ganz entschieden gegen die Annahme, dass die Fortschritte der Neurowissenschaften zu einer umfassenden Revision unseres Menschenbildes führen werden. Bislang hat sich unser Menschenbild in seinen zentralen Inhalten als erstaunlich stabil erwiesen. Die Vorstellung eines Konflikts von Hirnforschung und Menschenbild schien dagegen einem prinzipiellen Missverständnis zu entspringen, nämlich der Idee, dass letzteres abhängig sei von den Befunden der ersteren. Im Gegensatz dazu hatte sich herausgestellt, dass unser Menschenbild zumindest in seinen Grundzügen auf konkrete Erfahrungen zurückgeht, die wir im Alltag machen.

Doch so wichtig solche historischen Beobachtungen und die aus ihnen abzuleitenden grundsätzlichen Überlegungen auch sein mögen: Natürlich kann damit ein Konflikt zwischen wissenschaftlichen Erkenntnissen und unserem Menschenbild nicht ausgeschlossen werden. Tatsächlich gibt es eine ganze Reihe von klaren systematischen Argumenten, die einen solchen Konflikt zu belegen scheinen. Dies betrifft zum einen die Unvereinbarkeit von Naturalismus und Willensfreiheit, aber es betrifft auch grundlegende Probleme von Subjektivität und phänomenalem Bewusstsein. Hier scheint wiederum das naturalistische Dilemma aufzutreten: Erweist sich der Naturalismus als erfolgreich, dann müssen wir unser Menschenbild grundsätzlich revidieren, wollen wir dagegen an unserem Menschenbild festhalten, dann müssen wir erwarten, dass die Wissenschaft irgendwo an ihre Grenzen stößt. Letztlich bedeutet dies, dass zentrale menschliche Fähigkeiten sich einer wissenschaftlichen Erklärung entziehen und damit rätselhaft bleiben müssten.

Es dürfte einleuchten, dass man diesen Argumenten nicht durch einen Verweis auf den bisherigen historischen Verlauf begegnen kann. Gezeigt werden muss vielmehr, dass diese Argumente von der Sache her verfehlt sind; nur dann ist die hier vertretene These gerechtfertigt, dass auch ein vollständiger Erfolg des naturalistischen Forschungsprogramms nicht zu einem Konflikt mit unserem Selbstverständnis führen müsste.

Im Wesentlichen geht es also um eine Verständigung darüber, was man sinnvollerweise unter phänomenalem Bewusstsein, Subjektivität und Willensfreiheit verstehen kann. Auf den ersten Blick könnte man meinen, dass die Vereinbarkeit mit dem Naturalismus dabei durch einen faulen Kompromiss erkauft werden soll: Wenn man sich mit einem hinreichend schwachen Begriff von Willensfreiheit begnügt, dann – so der Verdacht – kann man sich über Freiheit auch in einer determinierten Welt freuen. Es wird sich jedoch herausstellen, dass derartige Kompromisse nicht erforderlich sind. Gerade dann, wenn man sich um eine konsequente und möglichst anspruchsvolle Konzeption der fraglichen Fähigkeiten bemüht, löst sich der vermeintliche Widerspruch zu naturalistischen Erklärungen auf. Es wird sich also herausstellen, dass die vermeintliche Unvereinbarkeit von Naturalismus und Menschenbild das Produkt unklarer und zum Teil widersprüchlicher Vorstellungen zum Beispiel von Willensfreiheit, Subjektivität und Bewusstsein ist. Überwindet man diese Unklarheiten, dann entfällt auch der vermeintliche Gegensatz.

Aufbau

Ich werde mich im Folgenden zunächst auf die drei genannten Problemkreise konzentrieren. Beginnen werde ich mit Problemen des Bewusstseins und insbesondere des phänomenalen Bewusstseins, danach werde ich auf das Thema Subjektivität und Selbstbewusstsein eingehen, schließlich werde ich mich mit der Frage von Willensfreiheit und Verantwortung befassen. Dabei möchte ich nicht nur zeigen, dass es keinen Gegensatz von Naturalismus und Menschenbild gibt, vielmehr wird sich auch herausstellen, dass es keinen

Primat naturwissenschaftlicher Verfahren gegenüber den traditionellen Methoden der Geistes- und Sozialwissenschaften gibt. Diese These wird ganz entschieden gestützt durch Erkenntnisse über den Zusammenhang von sozialen Faktoren und Hirnentwicklung, die ich zum Abschluss präsentieren werde. Dabei zeigt sich, dass sowohl die Entstehung höherer kognitiver Fähigkeiten in der Entwicklungsgeschichte höherer Lebewesen insgesamt wie auch die Entwicklung dieser Fähigkeiten in der Lebensgeschichte jedes einzelnen Individuums direkt an bestimmte soziale Faktoren gebunden ist: Eine Erklärung dieser Prozesse ist überhaupt nicht möglich ohne die entsprechenden sozialwissenschaftlichen Erkenntnisse. Das bestätigt noch einmal die zentrale These dieses Buches: Es gibt keinen Gegensatz von Naturalismus und Menschenbild, und es gibt ebenso wenig einen Gegensatz zwischen naturwissenschaftlichen und sozialwissenschaftlichen Ansätzen bei der Erklärung der zentralen menschlichen Fähigkeiten. Ein einigermaßen angemessenes Bild ist nur möglich, wenn man sich sowohl naturwissenschaftlicher als auch sozial- und geisteswissenschaftlicher Erkenntnisse bedient.

Das Problem des Bewusstseins

Wie oben gezeigt, ist es in der Wissenschaftsgeschichte zu einer starken Ausdifferenzierung insbesondere des Seelenbegriffs gekommen. Ursprünglich umfasste der Seelenbegriff praktisch sämtliche Fähigkeiten, die als zentral für das menschliche Selbstverständnis gelten können, also neben den geistigen auch die volitionalen Fähigkeiten, das »Ich« oder Selbstbewusstsein und schließlich auch die vitalen Fähigkeiten des Menschen. Mittlerweile verfügen wir – wie bereits diese Aufzählung zeigt – über ein sehr viel differenzierteres Vokabular für diese Vermögen. Soweit es um die aus der Perspektive der ersten Person direkt zugänglichen geistigen Eigenschaften geht, sprechen wir heute in der Regel von Geist oder – vor allem – von »Bewusstsein«.

Welche Fragen stellen sich?

Identität und Erklärung

Aus der Sicht des naturalistischen Forschungsprogramms stellen sich damit zwei Fragen: Zum einen ist zu untersuchen, ob auch bewusste geistige Prozesse rein physische Prozesse sind oder ob wir nur dadurch Bewusstsein erlangen können, dass zu den physischen Prozessen etwas Nichtphysisches hinzutritt. Dies ist im Prinzip immer noch das traditionelle Leib-Seele-Problem; es geht also um ein Problem, das ganz unmittelbar die Dinge in unserer Welt betrifft. Zum zweiten stellt sich allerdings auch eine Frage, die unser *Wissen über* diese Dinge betrifft: Unklar ist nämlich, ob wir eine hinreichend enge Verbindung herstellen können zwischen unseren Erkenntnissen über geistige und denen über bestimmte neuronale Prozesse, so dass wir Fragen, die bezüglich der geistigen Prozesse auftreten, mit unseren Theorien über physische Prozesse beantworten können. Offensichtlich haben wir es hier mit zwei unterschiedlichen Fragen zu tun; eine bestimmte Antwort auf die eine Frage legt nicht zwangsläufig die Antwort auf die andere Frage fest. So könnte es zum Beispiel sein, dass geistige Prozesse tatsächlich rein physische Prozesse sind und wir dennoch erkennen müssen, dass es keine hinreichend enge Verbindung zwischen unseren psychologischen und unseren neurobiologischen Theorien gibt.

Trotz dieses Unterschieds sind beide Fragen nicht völlig unabhängig voneinander: Wenn wir wirklich prinzipiell außerstande wären, den Zusammenhang zwischen der psychologischen und der neurobiologischen Ebene verständlich zu machen, dann würde sich die Frage stellen, ob geistige Prozesse wirklich neuronale Prozesse sind. Das gilt nicht nur im Bereich des Bewusstseins: Wenn Theorien über H_2O uns grundsätzlich nicht verständlich machen könnten, warum Wasser bei null Grad Celsius friert und bei hundert Grad Celsius kocht, dann würde sich eben auch die Frage stellen, ob Wasser einfach nur H_2O ist. Genauso würde der Verdacht aufkommen, dass sich unsere neurobiologischen Theorien eben doch auf andere Prozesse beziehen als unsere psychologischen Theorien, sollten die neurobiologischen Theorien keine umfassende Auskunft über psychische Zustände geben.

Kleine Phänomenologie des Bewusstseins

Schwierigkeiten einer Definition

Es leuchtet ein, dass jeder Erklärungsversuch sich zunächst einmal Gewissheit über den Gegenstand der Erklärung verschaffen muss. Wenn es um die Erklärung von Bewusstseinseigenschaften geht, ist dies von besonderer Bedeutung: Zum einen verfügen wir einfach über keinen allgemeinverbindlichen Begriff von Bewusstsein, ja, es wird sich herausstellen, dass sich Bewusstsein nicht einfach anhand von hinreichenden und notwendigen Kriterien definieren lässt. Zum anderen ist die Verständigung über diesen Begriff gerade aus Sicht des naturalistischen Forschungsprogramms von besonderer Bedeutung, weil hier immer wieder der Verdacht im Raum steht, naturalistische Ansätze seien »reduktionistisch« und würden den Kern bewusster Eigenschaften verfehlen.

So wichtig eine Verständigung hier sein mag – es ist mehr als fraglich, ob es realistische Aussichten gibt, zu einer solchen Verständigung zu kommen. Diese Schwierigkeiten könnten zu dem Schluss führen, dass man besser erst gar keinen Versuch unternehmen sollte, dieses rätselhafte Phänomen irgendwie zu erfassen. So heißt es etwa bei R. J. Joynt: »Bewusstsein ist wie die Dreifaltigkeit. Wenn sie so erklärt wird, dass man sie versteht, dann ist sie nicht richtig erklärt worden.«[202]

Der Grund liegt letztlich darin, dass Bewusstsein eine völlig singuläre Erscheinung ist. Bewusstsein ist die Basis von allem, was wir über die Wirklichkeit wissen, eine Art Tor, das sämtliche Erfahrungen und Wahrnehmungen passieren müssen, damit sie zum Gegenstand unseres Wissens werden können. Das Bewusstsein hat also in der Tat eine einzigartige Funktion. Das erklärt unser Interesse an diesem Phänomen, dürfte aber gleichzeitig für die Schwierigkeiten verantwortlich sein, die auftreten, wenn wir das Phänomen erfassen wollen.

Wir können dabei nicht auf die Kenntnis von Phänomenen bauen, aus denen sich das Bewusstsein zusammensetzt – so wie man jemandem, der Bäume kennt, erklären kann, was ein Wald ist. Genausowenig können wir auf ein allgemeines Vorverständnis einer bestimmten Klasse von Phänomenen bauen, aus der wir das Bewusstsein nur noch mit Hilfe einiger charakteristischer Merkmale ganz einfach ausgrenzen könnten – so wie man den Begriff des Autos durch die Abgrenzung gegenüber anderen Fahrzeugen bestimmen kann. Es gibt nichts, was dem Bewusstsein vergleichsweise ähnlich ist und sich von ihm nur noch durch einige problemlos beschreibbare Merkmale unterscheidet.

Ansatzpunkte für eine Verständigung

All dies sollte jedoch kein Grund zur Resignation sein. Immerhin gehen wir trotz der skizzierten Schwierigkeiten davon aus, dass wir sehr wohl wissen, was mit »Bewusstsein« gemeint ist und dass wir uns im Großen und Ganzen auch ein Bild von den Bewusstseinszuständen anderer Personen machen können – nur deshalb gibt es ja ein gemeinsames Interesse an Problemen des Bewusstseins. Auch im Alltag glauben wir zu wissen, was andere Personen meinen, wenn sie sich als fröhlich oder traurig beschreiben, wenn sie von ihren Schmerzen reden oder davon, dass sie im Moment etwas Rotes sehen. Natürlich sagen uns alle diese Beschreibungen nur deshalb etwas, weil wir selbst die entsprechenden Erfahrungen und Zustände aus der Perspektive der ersten Person kennen. Trotz aller Schwierigkeiten haben wir zumindest für die alltägliche Kommunikation eine hinreichend genaue Vorstellung davon, was mit Bewusstsein gemeint ist. Doch wie lässt sich diese Vorstellung soweit konkretisieren, dass sie hinreichend präzise auch für die Verständigung über wissenschaftliche Erkenntnisse ist?

Bewusstsein als Substanz?

Ein erster wichtiger Punkt, der in der Geschichte immer wieder eine bedeutende Rolle spielt, betrifft die Frage, ob Bewusstsein eine eigenständige Substanz ist oder eher eine Eigenschaft, die an unterschiedlichen Trägern auftreten kann. Ein typisches Beispiel für die erste Variante ist die traditionelle Seelenvorstellung. Sie geht aus von einem einzelnen Objekt, das in Gestalt eines Menschen oder eines Vogels abgebildet werden kann. Weil die Seele unabhängig von unserem Körper existieren kann, vermag sie auch die Grundlage unserer Unsterblichkeitshoffnungen zu bilden.

Wie in vielen anderen Fällen ist die traditionelle Vorstellung hier auf den ersten Blick sehr plausibel und unproblematisch: Eine Seele kann man sich sehr leicht vorstellen, zumal dann, wenn sie die Gestalt eines Vogels oder eines Menschen hat. Dies mag erklären, warum man auch heute immer wieder einen Rückfall in diese Vorstellung beobachten kann; besonders beliebt ist dabei der Rekurs auf das »Ich«. Hat man sich einmal auf eine derartige Ich-Substanz festgelegt, dann braucht man nur noch zu zeigen, dass es in unserem Gehirn eine solche merkwürdige Substanz nicht gibt, und schon ist der Beweis erbracht, dass unser Ich eine bloße Illusion ist. Natürlich ist damit gar nichts bewiesen; der vermeintliche Beweis illustriert nur, dass ein substantialistischer Seelenbegriff verfehlt ist. Gibt man diese falsche Festlegung auf, dann entfällt auch der vermeintliche Beweis. Soweit es hier um das Selbstbewusstsein geht, werde ich darauf weiter unten noch eingehen. Eine weitere Schwierigkeit ergibt sich daraus, dass Menschen zuweilen traumlos schlafen oder aus anderen Gründen bewusstlos sind. Es fällt schwer, sich vorzustellen, was in dieser Zeit mit einer Substanz passieren soll, die ihrem Wesen nach bewusst ist: Verschwindet sie für eine Weile, um dann plötzlich wieder zurückzukommen? Und wer oder was sorgt dafür, dass dies geschieht?

Bewusstsein als Eigenschaft

Alle diese Schwierigkeiten umgeht man, wenn man Bewusstsein als eine Eigenschaft auffasst, deren Träger Personen oder – besser noch – Wahrnehmungen, Empfindungen und Gedanken dieser Personen sein können. Diese Vorstellung liegt uns nicht ganz so nahe; doch sie vermeidet eine Reihe der Schwierigkeiten, die die traditionelle Konzeption aufwirft. Genauso wie Fernsehapparate, Ampeln oder die Köpfe von Menschen manchmal rot, manchmal aber auch nicht rot sind, genauso sind unsere Schmerzen, Empfindungen und Gedanken uns zuweilen bewusst, bei anderen Gelegenheiten aber unbewusst. Die Existenz einer immateriellen Seele wird damit natürlich nicht ausgeschlossen – auch sie kommt als Trägerin dieser Eigenschaft in Frage –, doch wir sind nicht schon durch die bloße Wahl unserer Begriffe und Vorstellungen auf sie festgelegt, sondern können die empirischen Befunde abwarten, und da spricht in der Tat sehr wenig für eine immaterielle Seele.

Dieses Verständnis stimmt übrigens auch gut mit dem Wortsinn von »Bewusstsein« überein: Gemeint ist offenbar die Eigenschaft des Bewusst-Seins. Diese Vorstellung liegt wohl schon bei der Einführung des Begriffs im deutschen Sprachraum am Beginn des 18. Jahrhunderts in Christian Wolffs »Vernünfftigen Gedancken von Gott, der Welt und der Seele des Menschen« zugrunde:

»Das erste ist, so wir von unserer Seele wahrnehmen, wenn wir auf sie acht haben, nehmlich, daß wir uns vieler Dinge als ausser uns bewust sind. Indem dieses geschiehet, sagen wir, dass wir *gedencken* und nennen demnach die *Gedancken* Veränderungen der Seele, deren sie sich bewust ist. ... Solchergestalt setzen wir das Bewust seyn als ein Merckmahl, daraus wir erkennen, daß wir gedencken.«[203]

Zwar betrachtet Wolff das Bewusstsein noch als eine Eigenschaft der Seele, doch er entwickelt damit das begriffliche Instrumentarium für den oben skizzierten Ausdifferenzierungsprozess, an dessen Ende der Verzicht auf einen substantialistischen Seelenbegriff zumindest in den Wissenschaften steht.

Wolffs Formulierung weist noch auf einen zweiten wichtigen Punkt hin: Bewusstsein tritt niemals als reines Bewusstsein auf. Bewusstsein ist ein »Bewusstsein von ...«; es hat also immer einen Gegenstand, und zwar den mentalen Zustand, dessen Eigenschaft es ist: Wir können uns also unserer Schmerzen, unserer Überlegungen, unserer Wahrnehmungen, unserer Stimmungen und unserer Gefühle bewusst sein. Die Rede von »dem« Bewusstsein – so praktisch sie auch sein mag – suggeriert dagegen selbst schon wieder eine substantialistische Sichtweise, so als gäbe es Bewusstsein schlechthin, so wie es Seelen, Autos und Bauklötze gibt. Das aber ist falsch. Bewusstsein tritt nur auf als das Bewusstsein einer Wahrnehmung, einer Empfindung, einer Stimmung oder eines Gedankens.

Privilegierter Zugang: Ein Merkmal des Bewusstseins

Trotz der oben skizzierten Schwierigkeiten ist eine weitere Verständigung zu erreichen. Zwar wird sich eine Definition sicherlich auf Dauer als unmöglich erweisen, dennoch gibt es zumindest *ein* Merkmal, durch das sich die Eigenschaft des Bewusstseins von allen anderen Eigenschaften und Dingen in unserer Welt unterscheiden lässt: Zu unseren eigenen Bewusstseinszuständen haben wir nämlich einen Zugang, der keiner anderen Person offen steht. Dieser Zugang verschafft mir eine Erfahrung von diesen Zuständen, die keine andere Person hat: Mein Zugang zu meinem eigenen Bewusstsein ist daher privilegiert. Auf diese Weise gewinne ich auch die Möglichkeit, über diese Zustände zu berichten oder mich nachher an sie zu erinnern.

Von einem Privileg ist hier nicht etwa deshalb die Rede, weil wir uns hinsichtlich unserer Bewusstseinszustände niemals täuschen würden: So erscheint uns unser visuelles Wahrnehmungsfeld im Allgemeinen als vollständig, obwohl es in Wirklichkeit den berühmten blinden Fleck enthält. Von einem privilegierten Zugang kann hier vielmehr deshalb die Rede sein, weil nur das bewusste Subjekt selbst ohne weitere externe Wahrnehmungen oder Schlussfolgerungen Zugang zu den Inhalten seines Bewusstseins hat. Natürlich müssen meine Schmerzen anderen Personen nicht verborgen bleiben, doch diese erfahren davon nur indirekt, zum Beispiel indem sie Rückschlüsse aus meinem Verhalten ziehen.

Wahrnehmungen und Empfindungen *können* bewusst sein, sie müssen es aber nicht: Zustände, für die das gilt, bezeichnet man sinnvollerweise als geistige oder mentale Zustände. Dazu gehören auch Gedanken oder Erinnerungen, nicht aber beispielsweise die regulatorischen Prozesse, die unsere Atmung oder unsere Schlaf-Wach-Zyklen kontrollieren. Da sie nicht bewusst werden können, bezeichnen wir sie nicht als mentale oder geistige Zustände.

Zur Funktion von Bewusstsein

Charakteristisch für Bewusstseinszustände ist, dass sie jeweils unter ganz bestimmten Bedingungen auftreten. Typischerweise geschieht dies dann, wenn wir mit einem wichtigen Problem konfrontiert sind, für das wir noch keine fest erlernte Lösungsstrategie besitzen. Komplexe Tätigkeiten können wir in der Regel auch automatisch, also ohne ein konkretes Bewusstsein der einzelnen Handlungsschritte ausführen. So denken wir an etwas ganz anderes, während wir zur Arbeit fahren, und auch die meisten Bewegungsabläufe beim Spielen eines Instrumentes geschehen unbewusst. Vielfach ist es sogar so, dass das Dazwischentreten bewusster Zustände den Ablauf stören würde.

Bewusstsein wird dann erforderlich, wenn wir mit den bisherigen Verhaltensweisen an eine Grenze stoßen und daher nach neuen Lösungen suchen müssen. Wenn also auf dem Weg zur Arbeit plötzlich eine Baustelle eingerichtet wird, dann müssen wir bewusst nach einem neuen Weg suchen. In der Regel geschieht dies dadurch, dass wir die unterschiedlichen Optionen im Bewusstsein »durchspielen« – ein unübersehbarer Vorteil gegenüber realen Handlungsversuchen. Bewusstsein gibt uns also nicht nur Zugang zu Lösungsmöglichkeiten, die über das bisherige Repertoire hinausgehen, sondern es verschafft uns diese Möglichkeiten auch auf eine besonders »ökonomische« Art und Weise.

Unterschiedliche Arten von Bewusstsein

Eine weitere Klärung lässt sich durch eine systematische Differenzierung zwischen verschiedenen Arten von Bewusstsein erreichen. Generell kommen zumindest vier Formen in Betracht: Erstens kann man Bewusstsein als bloße *Wachheit* verstehen, wenn man deutlich machen will, dass sich eine Person nicht im Koma befindet. Gemeint ist damit nur, dass man sich überhaupt irgendwelcher Inhalte bewusst ist, es bleibt offen, welche Inhalte dies konkret sind. Wesentlich spezifischer ist zweitens das *kognitive Bewusstsein*. Hier geht es um das

Bewusstsein bestimmter gedanklicher Inhalte, die man in der Regel in Dass-Sätze fassen kann. Solche Sätze können zum Beispiel lauten »dass Rom eine schöne Stadt« ist oder »dass Don Giovanni Mozarts beste Oper ist«. Typischerweise leiten wir solche Dass-Sätze mit einer genaueren Angabe unserer Einstellung zu diesen Behauptungen ein: Wir sagen also, dass wir »glauben« oder »bestreiten«, »hoffen« oder »befürchten«, dass Rom eine schöne Stadt oder Don Giovanni die beste Oper Mozarts ist. Drittens hat Bewusstsein aber in der Regel eine bestimmte Qualität. Es fühlt sich einfach auf eine bestimmte Weise an, einen Schmerz zu spüren, verliebt zu sein oder eine Rotempfindung zu haben. Üblicherweise sprechen wir hier vom *phänomenalen Bewusstsein* oder den berühmten *Qualia*. Sie sind in einem besonderen Maße charakteristisch für das Erleben bewusster Zustände, doch gerade sie lassen sich schwer in Worte fassen. Dies behindert nicht nur unsere Verständigung über diese Zustände, sondern erschwert auch jede wissenschaftliche Auseinandersetzung. Das ist einer der wesentlichen Gründe für die weitverbreiteten Zweifel an der wissenschaftlichen Erklärbarkeit dieser Zustände. Viertens sprechen wir von *Selbstbewusstsein,* also von einem Bewusstsein, das eine Person von sich selbst hat. Gemeint ist damit nicht nur, dass eine Person oder ein Lebewesen Bewusstsein von sich selbst hat. Vielmehr muss die Person auch wissen, dass sie selbst es ist, auf die sie sich dabei bezieht.

Selbstverständlich können die genannten Bewusstseinseigenschaften zusammen auftreten. Das gilt schon allein deshalb, weil Bewusstsein in der ersten Form, also als Wachheit, den anderen drei Formen stets zugrunde liegen muss. Aber auch das kognitive Bewusstsein kann mit bestimmten phänomenalen Qualitäten verbunden sein. Ganz offensichtlich ist dies dann, wenn wir befürchten, dass etwas Schreckliches passiert. Auf der einen Seite haben wir es mit einem klaren kognitiven Gehalt zu tun, auf der anderen Seite ist der fragliche Gedanke offensichtlich auch mit einer ganz bestimmten qualitativen Empfindung verbunden.

Die natürlichen Grundlagen von Bewusstsein

Die Verständigung über den Begriff des Bewusstseins ist nicht mehr als eine *Voraussetzung* dafür, die beiden zentralen Fragen anzugehen: Ist es *de facto* wahr, dass Bewusstsein ein physischer Prozess ist? Und könnten wir gegebenenfalls *verständlich machen,* warum dies so ist? Naturalisten behaupten, dass das so ist, Dualisten bestreiten dies: Zwar geben auch Dualisten heute im Allgemeinen zu, dass die neuronalen Prozesse in unserem Gehirn eine notwendige Bedingung für unsere geistigen Aktivitäten darstellen, doch sie bestreiten, dass es damit schon getan ist: In ihren Augen muss zu den rein physischen neuronalen Aktivitäten noch etwas hinzu kommen, das selbst nicht physisch ist, nämlich die Eigenschaft des Bewusstseins. Während Naturalisten also glauben, dass sie auch die Eigenschaft des Bewusstseins mit physischen Eigenschaften identifizieren können, bestreiten Dualisten genau dies. Hätten die Dualisten Recht, dann müsste das naturalistische Forschungsprogramm bei der Erklärung von Bewusstsein irgendwo an seine Grenzen stoßen. Insofern ist der Naturalist darauf angewiesen, dass sich die Identifikation von geistigen mit physischen Prozessen verständlich machen lässt.

Dies scheint allerdings nicht ganz einfach zu sein. Zumindest auf den ersten Blick erscheinen solche Identitätsbehauptungen reichlich rätselhaft, ja es ist fraglich, ob es überhaupt sinnvolle Identitätsbehauptungen gibt. Die prägnanteste Formulierung dieses Problems stammt wohl von Wittgenstein:»Von *zwei* Dingen zu sagen, sie seien identisch, ist ein Unsinn, und von *einem* zu sagen, es sei identisch mit sich selbst, sagt gar nichts.«[204] Tatsächlich ist es offenbar widersinnig, etwas mit etwas anderem zu identifizieren. Wenn wir es tatsächlich mit *zwei* Dingen zu tun haben, dann ist eine Identitätsbeziehung von vornherein ausgeschlossen. Wie sehr ich mich auch bemühe, selbst mit größter Raffinesse wird es mir nicht gelingen, meinen Schreibtisch mit einem *anderen* Schreibtisch zu identifizieren. Doch auch der umgekehrte Fall scheint dem Identitätstheoretiker wenig Trost zu bieten: Wenn ich es nur mit *einem* Ding zu tun habe, gibt es nichts zu identifizieren. Dass mein Schreibtisch identisch mit sich selbst ist, wusste ich auch schon, bevor ich mich auf intensive philosophische Erörterungen eingelassen habe.

Doch heißt dies wirklich, dass es keine sinnvollen Identitätsbehauptungen gibt? Das ist nicht der Fall. Stellen wir uns vor, ich hätte meine Wohnung während einer längeren Reise vermietet und fände meinen Schreibtisch bei der Rückkehr stark verändert vor, so dass ich mich frage, ob hier wirklich noch mein Schreibtisch steht. Unter diesen Voraussetzungen wäre die Identitätsbehauptung sehr sinnvoll. Wer sie vertritt, wäre der Ansicht, dass der Schreibtisch, der nun in meinem Zimmer steht, identisch ist mit demjenigen, den ich bei meiner Abreise zurückgelassen habe. Ganz ähnlich könnte es mir gehen, wenn ich viele Jahre nach meinem Abitur eine Person treffe, die einem alten Schulfreund ähnelt: Ist die Person identisch mit meinem Schulfreund oder ist sie es nicht? Offensichtlich wird in diesen Beispielen nicht etwa die kühne Behauptung aufgestellt, zwei Dinge seien eins, behauptet wird vielmehr, dass es sich bei zwei *scheinbar unterschiedlichen Dingen in Wirklichkeit* nur um eins handelt. Interessant ist diese Behauptung natürlich nur dann, wenn zuvor zumindest der gegenteilige Anschein entstanden ist. In der Regel wird dies daran liegen, dass wir das fragliche Objekt bei zwei unterschiedlichen Gelegenheiten oder aus zwei unterschiedlichen Perspektiven kennen gelernt haben. Und natürlich kann sich die Frage stellen, ob sich die beiden Perspektiven auf *ein* Objekt beziehen oder nicht. So kann sich etwa die Kritik einer Opernaufführung, die wir in der Zeitung lesen, auf dasselbe Ereignis beziehen, das wir vor zwei Tagen selbst erlebt haben – dass man in der Zeitung nicht viel hört, irritiert einen geübten Zeitungsleser wenig. Der offenbar recht unterschiedliche subjektive Eindruck ändert nichts daran, dass die Aufführung, auf die sich die Kritik bezieht, identisch ist mit der Aufführung, an die wir uns erinnern.

Es ist nicht schwer zu sehen, dass sich die Behauptung, geistige Prozesse seien physische Prozesse, ganz ähnlich verstehen lässt. Auch hier können zwei unterschiedliche Perspektiven vorliegen: Die Perspektive der ersten Person, die uns einen unmittelbaren Zugang zu geistigen Prozessen ermöglicht, und die Perspektive der dritten

Person, in der wir einen über die Wahrnehmung, häufig aber auch zusätzlich über bestimmte Geräte vermittelten Zugang zu neuronalen Prozessen haben. Identitätstheoretiker behaupten, dass die geistigen Prozesse, die wir aus der Perspektive der ersten Person erfahren, identisch sind mit neuronalen Prozessen, die uns aus der Perspektive der dritten Person zugänglich sind. Man kann auch sagen, dass die neuronalen Prozesse die geistigen Prozesse »realisieren«. Oft wird angenommen, dass die Unterschiede in den Zugängen eine hinreichende Erklärung für die zu beobachtenden Differenzen liefern – ein Beispiel hierfür liefert der oben bereits diskutierte psychophysische Parallelismus Fechners. Tatsächlich ist zu erwarten, dass ein und derselbe Prozess uns anders erscheint, wenn wir zu ihm einmal einen durch Wahrnehmung und technische Geräte vermittelten Zugang haben, in einem anderen Falle diese Vermittlung jedoch entfällt. Es wird sich jedoch herausstellen, dass hier ein ernsthaftes Problem steckt, das mit diesen Überlegungen alleine nicht zu lösen ist.

Wenn wir es hier mit *zwei* zutreffenden Beschreibungen zu tun haben, die sich auf *ein* Ereignis beziehen, dann ist offensichtlich jede Rede davon, dass das Ereignis »in Wirklichkeit« so gewesen sei, wie es in der einen, und nicht so, wie es in der anderen Perspektive beschrieben wird, schon im Ansatz falsch. Dies gilt einfach deshalb, weil wir ja überhaupt keinen objektiven Maßstab haben, an dem wir messen könnten, welche der zur Verfügung stehenden Perspektiven der »wahren Beschaffenheit« des fraglichen Ereignisses am nächsten kommt. Alternativ können wir immer wieder nur auf andere Beschreibungen zurückgreifen, für die sich dann wiederum dieselbe Frage stellt.

Auch dies gilt ohne Einschränkungen für psychophysische Identitätsbehauptungen. Die der Identitätstheorie unterstellte Annahme, sie gehe davon aus, dass geistige Prozesse »in Wirklichkeit« so seien, wie sie auf der neurobiologischen Ebene erfasst werden, ist aus der Perspektive der Theorie schon allein deshalb falsch, weil auch der Identitätstheoretiker keinerlei Handhabe hat, eine der genannten Perspektiven der anderen überzuordnen: Nach welchem Maßstab sollte dies geschehen?

Abgesehen davon, gibt es nicht »die« neurobiologische Ebene. Was wir haben, ist eine Vielzahl unterschiedlicher Beschreibungsformen, von der Mikrophysik über die Molekularbiologie bis zu den unterschiedlichen Varianten der kognitiven Neurobiologie mit ihren jeweiligen Untersuchungsmethoden. Natürlich wäre es absurd zu behaupten, neuronale Prozesse seien »in Wirklichkeit« so, wie sie die Molekularbiologie oder die kognitive Neurobiologie beschreiben. Schon im Bereich der Naturwissenschaften muss also unterstellt werden, dass sich verschiedene Verfahren auf ein und dasselbe Objekt beziehungsweise auf ein und denselben Typus von Prozessen beziehen. Anders ausgedrückt: Schon die Naturwissenschaften selbst müssen mit Identitätsannahmen arbeiten. Dies wird auch, soweit ich sehen kann, von niemandem ernsthaft bestritten. Doch wenn solche Annahmen prinzipiell akzeptabel sind, dann ist nicht zu erkennen, warum sie nicht auch für das Verhältnis zwischen der Psychologie und den naturwissenschaftlichen Disziplinen gelten soll.

Festhalten lässt sich also: Wenn wir also unterschiedliche Perspektiven bei der Beschreibung und Erklärung unserer Welt akzeptieren, dann müssen wir auch akzeptieren, dass sich mehrere Beschreibungen auf einen Gegenstand beziehen können. Dies gilt für den menschlichen Geist genauso wie für Bauklötze, Kartoffeln und Opernaufführungen. Und wenn wir von einem Gegenstand oder einem Ereignis zwei Beschreibungen geben können, dann ist es prinzipiell immer möglich, dass sich zwei Beschreibungen auf ein Objekt beziehen können. Das aber bedeutet zunächst einmal nichts anderes, als dass eine naturalistische Beschreibung neuronaler Prozesse die Realität des Bewusstseins unangetastet lässt – auch in diesem Punkt besteht also kein Anlass zur Besorgnis um unser Menschenbild.

Empirische Daten

Es ist eine ganz andere Frage, wie wir uns davon überzeugen, dass sich zwei Beschreibungen tatsächlich auf ein Objekt beziehen. Hier spielt eine Vielzahl unterschiedlicher Regeln eine Rolle, mit deren

Hilfe wir sicherzustellen versuchen, dass wir nicht versehentlich zwei Ereignisse als eines oder ein Ereignis als zwei betrachten.

Eine wichtige Rolle spielt dabei zum einen die Frage, ob die »beiden« Ereignisse am selben Ort und zur selben Zeit stattgefunden haben. Raum-zeitliche Koordinaten sind häufig allerdings nicht genau genug, um die Identität sicherzustellen. Wenn ich zum Beispiel wissen will, ob der Klang, den ich im Moment höre, wirklich von dem Instrument stammt, das ich gleichzeitig sehe, dann dürfte die Feststellung, dass der Klang von genau der Stelle stammt, an der das Instrument steht und auch zeitlich genauestens mit diesem koordiniert ist, für sich genommen nicht ausreichen. Es könnte ja sein, dass der Cellist einen Lautsprecher in sein Instrument eingebaut hat. Der entscheidende Punkt scheint hier zu sein, dass meine ursprüngliche Frage dem Cello eine bestimmte kausale Rolle zugeschrieben hat: Wenn ich wissen will, ob das Instrument, das ich sehe, identisch ist mit dem Instrument, das ich höre, dann will ich wissen, ob das Instrument, das ich sehe, auch die *Ursache* der Klänge ist, die ich höre. Und das wäre sicher nicht der Fall, wenn sich in dem Instrument ein Lautsprecher verbergen würde. Ganz allgemein scheinen solche Kausaleigenschaften ein gutes Kriterium für Identifikation und Unterscheidung zu bilden: Alle unsere Wahrnehmungen und Messungen basieren auf Wirkungen der gemessenen oder wahrgenommenen Objekte. Wenn sich also zwei Objekte oder Ereignisse hinsichtlich ihrer kausalen Rolle nicht unterscheiden, dann können wir auch sonst keine Unterschiede wahrnehmen oder messen – Unterschiede bei unseren Messungen und Wahrnehmungen von Objekten können nur dann auftreten, wenn die Objekte sich in ihren Wirkungen unterscheiden.

Wenn wir uns also die Frage stellen, ob Billy the Kid identisch ist mit William H. Bonney Jr., dann würde der Nachweis, dass Billy the Kid den Mord an Frank Cahill begangen hat, für den William H. Bonney Jr. nicht in Frage kommt, eine positive Antwort ausschließen. Würde man dagegen feststellen, dass William H. Bonney Jr. am gleichen Tag und am gleichen Ort wie Billy the Kid geboren wurde, dass er dieselben Eltern hatte, sich stets am gleichen Ort aufgehalten hat und dass man ihm eben die Morde, Überfälle und anderen Handlungen zuschreiben kann, die üblicherweise Billy the Kid zur Last gelegt werden, schließlich, dass er ebenso wie Billy the Kid am 14. Juli 1881 im Haus von Pete Maxwell in Fort Sumner, New Mexico, von Pat Garrett erschossen wurde, dann würde dies sehr dafür sprechen, dass William H. Bonney Jr. identisch mit Billy the Kid ist. Dies sind jedoch nur allgemeine Betrachtungen. Um einen vergleichbaren Nachweis für die psychophysische Identität zu erbringen, wäre der Nachweis stabiler psychophysischer Korrelationen erforderlich. Dazu müsste gezeigt werden, dass ein bestimmter Typ neuronaler Zustände immer am gleichen Ort und zur gleichen Zeit stattfindet wie ein bestimmter Typ geistiger Prozesse. Zweitens müsste nachgewiesen werden, dass physische Zustände eines bestimmten Typs auch genau die kausale Rolle spielen, die man den geistigen Zuständen des korrespondierenden Typs zuschreibt. Der Naturalist würde erwarten, dass man solche Entsprechungen im Prinzip bei allen Typen von mentalen Zuständen finden kann. Natürlich wird man niemals alle untersuchen, doch wenn solche Entsprechungen in den untersuchten Fällen vorliegen, dann kann man annehmen, dass es sie auch in den nicht untersuchten Fällen gibt. Der interaktionistische Dualist muss natürlich erwarten, dass solche Entsprechungen nicht immer nachweisbar sind: Wenn bewusste Willensakte mit physischen Prozessen interagieren, dann darf es keinen physischen Prozess geben, dessen kausale Rolle der eines bewussten Willensaktes entspricht: Genau deshalb wäre an dieser Stelle eben auch eine Erklärung auf der Basis von neurowissenschaftlichen Theorien nicht möglich.

Gegenwärtige Situation

Die neueren Untersuchungsmethoden, insbesondere die bildgebenden Verfahren, haben zu bemerkenswerten Fortschritten geführt. Weitere Entwicklungen vollziehen sich im Moment vor allem durch Anwendung von computergestützten Auswertungsverfahren, die wesentlich detailliertere Daten liefern.

Festzuhalten bleibt, dass das, was dabei gemessen wird, nach wie vor bloße Korrelationen sind. Es kommt hinzu, dass die neuronalen Aktivitäten mit den heute gängigen Methoden nicht direkt erfassbar sind, ganz zu schweigen von den psychischen Zuständen. Die heute gängigen Methoden können nur indirekte Hinweise auf neuronale Aktivität erfassen; die Ableitung der Aktivität einzelner Zellen ist in der Regel nur im Tierversuch möglich. So werden etwa bei der heute sehr weitverbreiteten funktionalen Magnetresonanztomographie (fMRT) Unterschiede in den magnetischen Eigenschaften des Blutes gemessen, die auftreten, wenn man die Testaufgabe mit einer neutralen Kontrollsituation vergleicht. Grundlage ist die gut belegte, aber noch nicht vollständig verstandene Tatsache,[205] dass neuronale Aktivität mit einer gewissen Verzögerung zu einer Sauerstoffanreicherung des Blutes in dem betreffenden Areal führt. Damit verbunden ist eine Veränderung der magnetischen Eigenschaften des Blutes, und genau die lässt sich im fMRT messen – genauer: Man kann einen Vergleich anstellen zwischen dem Sauerstoffgehalt des Blutes im Normalzustand und bei einer Testaufgabe. Mit komplizierten mathematischen Methoden kann man dann die Areale identifizieren, die bei dieser Aufgabe besonders aktiv sind. Die bunten Abbildungen, die mittlerweile auch gerne in Zeitungen und Zeitschriften abgedruckt werden, sind die optische aufbereitete Fassung der Ergebnisse dieser Berechnung. Es kommt hinzu, dass das Blut erst mit einer Verzögerung von drei bis acht Sekunden auf den Anstieg der neuronalen Aktivität reagiert – die zuweilen zu hörende Behauptung, man könne»dem Gehirn beim Denken zusehen« oder gar die Gedanken einer Person lesen, ist also allein schon aus diesem Grunde abwegig.[206]

Zwar gibt es in der bisherigen Forschung keinerlei Hinweise, die den Naturalismus zugunsten eines dualistischen Ansatzes in Frage stellen würden. Auf der anderen Seite sind die bislang zur Verfügung stehenden Daten viel zu ungenau, als dass sie Zweifel am Naturalismus wirklich ausräumen könnten. Die obige Skizze stellt jedoch nur eine Momentaufnahme innerhalb eines sich sehr schnell entwickelnden Forschungsfeldes dar. Vor allem die räumliche Auflösung verbessert sich kontinuierlich durch die Verwendung stärkerer Magnetfelder. Hinzu kommt die Verwendung neuer computergestützter Analyseverfahren, die es erlauben, die räumliche Auflösung, die derzeit bei mehreren Millimetern liegt, so zu verbessern, dass Strukturen von einem halben Millimeter erfasst werden können.[207] Damit lassen sich zum Beispiel die Inhalte visueller Wahrnehmungen erfassen, die der Versuchsperson selbst nicht bewusst sind,[208] außerdem können auf diese Weise auch die Inhalte sehr schnell wechselnder bewusster Wahrnehmungen bestimmt werden.[209] Absehbar und zum Teil bereits realisiert sind Verbesserungen der heute noch ungenügenden zeitlichen Auflösung: Dies wird zum einen dadurch erreicht, dass man fMRT mit der Elektroenzephalographie kombiniert, die eine besonders hohe zeitliche Auflösung hat. Denkbar ist aber auch, dass auf die Dauer die Verzögerungen ausgeglichen werden können, die heute noch dadurch entstehen, dass die Sauerstoffanreicherung des Blutes erst verspätet einsetzt.[210] Schließlich gibt es eine Reihe weiterer Verfahren wie zum Beispiel die Transkraniale Magnetstimulation, die es erlaubt, kleinere Areale des Gehirns durch starke magnetische Felder zu aktivieren oder zu deaktivieren: Auf diese Weise kann man in der Tat genauere Angaben über die Funktion der betreffenden Areale machen und damit auch über die bloße Feststellung von Korrelationen hinausgelangen.[211] Auch wenn die Möglichkeiten zur Überprüfung naturalistischer Hypothesen heute noch sehr eingeschränkt sind, so zeigen die skizzierten Entwicklungen doch, dass sich diese Möglichkeiten kontinuierlich verbessern.

Auch eine solche Entwicklung wird uns sicher niemals einen endgültigen Beweis für die Identität psychischer und physischer Prozesse bescheren. Denkbar ist jedoch, dass es angesichts der Vielzahl der Belege und Erklärungen unvernünftig erscheint, an einer dualistischen Position festzuhalten. Schon die bisherige Entwicklung hat gezeigt, dass immer mehr psychische Funktionen, die ursprünglich auf eine immaterielle Seele zurückgeführt wurden, naturalistisch erklärt werden können. Sollte sich diese Entwicklung auch in Zukunft fortsetzen, dann würde der Spielraum für einen immateriellen Geist einfach so weit schrumpfen, dass irgendwann einmal keine wirklich interessanten Eigenschaften mehr übrig bleiben, die man diesem Geist zuschreiben beziehungsweise mit Bezug auf ihn erklären kann. Wie bereits in der Vergangenheit so wird sich diese Entwicklung auch in Zukunft sicher allmählich und kaum merklich vollziehen. Sicherlich wird es nicht »das« eine Experiment geben, das den Naturalismus ein für allemal beweisen wird, vielmehr ist bei einem weiteren Erfolg dieses Programms zu erwarten, dass das Interesse an konkurrierenden Hypothesen zumindest im Bereich der Wissenschaft immer weiter zurückgehen wird. Ob es jemals verschwinden wird, ist schwer zu sagen; auch die Evolutionstheorie hat nach wie vor ihre Gegner.

Der Vorwurf, der Materialismus stelle ungedeckte Wechsel auf die Zukunft aus, wie ihn etwa Popper mit seinem Schlagwort vom »Schuldschein-Materialismus«[212] erhoben hat, erweist sich daher als unbegründet: Die bisherige Entwicklung des naturalistischen Forschungsprogramms zeigt, dass die Erwartung weiterer Forschritte in der Zukunft begründet ist. Wenn das naturalistische Forschungsprogramm bis heute keinen schlüssigen Beweis dafür vorlegen kann, dass geistige Prozesse physische Prozesse sind, so ist das kein Beleg dafür, dass dieses Programm verfehlt ist, vielmehr ist dies angesichts der Komplexität des Forschungsgegenstandes einfach unvermeidlich. Diese Komplexität erklärt nämlich nicht nur, dass die Erforschung des menschlichen Gehirns mehr Zeit und Aufwand benötigt als die Erforschung des Verhaltens von Billardkugeln, fallenden Körpern oder einfachen Lebewesen. Sie erklärt auch, dass gewisse Erkenntnisse einfach nicht erzielt werden können, bevor nicht bestimmte technische Entwicklungen vollzogen worden sind. Genauso wie wesentliche Fortschritte der Astronomie nicht vor der Entwicklung des Fernrohrs möglich waren, genauso waren die komplexen Interaktionen neuronaler *Assemblies* vor der Entwicklung der modernen Computertechnologie einfach undenkbar. Das bedeutet im Umkehrschluss allerdings auch, dass die Hirnforschung von diesen Entwicklungen im besonderen Maße profitiert – auch deshalb ist der Verweis auf zukünftige Entwicklungen keineswegs ein ungedeckter Wechsel. Dies ändert allerdings nichts an dem bereits mehrfach artikulierten Vorbehalt, dass heute noch nicht genau abzusehen ist, ob sich das naturalistische Forschungsprogramm tatsächlich als erfolgreich erweisen wird. Festhalten lässt sich nur, dass es keine schwerwiegenden theoretischen Einwände gegen die Fähigkeit des Naturalismus gibt, die physische Realisierung geistiger Eigenschaften mit hinreichend starken Belegen zu stützen.

Können wir Bewusstsein erklären?

Beantwortet ist damit jedoch nur die erste der beiden Fragen, die zu Beginn dieses Abschnitts gestellt wurden, nämlich die, ob geistige Prozesse *tatsächlich* physische Prozesse sind. Offen ist nach wie vor noch die zweite Frage, die sich auf unser *Verständnis* des Verhältnisses zwischen psychischen und physischen Prozessen bezieht. Diese Frage ist ganz offensichtlich unabhängig von dem zuvor diskutierten Problem: Selbst wenn sich herausstellen sollte, dass psychische Prozesse faktisch physische Prozesse sind, heißt dies noch lange nicht, dass wir auch *erklären* können, wie psychische Prozesse auf der Basis physischer Vorgänge entstehen.

Das naturalistische Forschungsprogramm kann diese Frage nicht einfach übergehen, immerhin schließt es ja den Anspruch ein, dass wir beobachtbare Ereignisse und Eigenschaften im Prinzip auch mit Hilfe naturwissenschaftlicher Theorien erklären können. Lösungsbedürftig ist das Erklärungslückenproblem auch deshalb, weil es Zweifel an der Behauptung aufwirft, dass geistige Prozesse tatsächlich physische Prozesse sind. Wenn diese Behauptung zutrifft, dann müssten nämlich die Erklärungen, die wir für das Auftreten eines bestimmten physischen Prozesses geben, auch Erklärungen des damit identifizierten psychischen Prozesses sein – schließlich handelt es sich ja um ein und denselben Prozess. Doch genau dies scheint eben nicht der Fall zu sein: Auch wenn ich alle überhaupt nur denkbaren Erkenntnisse über das menschliche Gehirn besäße, so hätte ich damit offenbar immer noch keine Erklärung dafür, dass sich Schmerzen so anfühlen, wie sie es nun einmal tun. Die Neurobiologie scheint einfach nicht das Wissen liefern zu können, das für eine Erklärung psychischer Prozesse erforderlich ist.

Eine falsche Darstellung

Doch warum erscheint uns das Problem eigentlich so rätselhaft? Einer der Gründe dürfte in einer falschen Darstellung bestehen. Ein besonders interessantes Beispiel findet sich in Leibniz' »Monadologie«. In einem Gedankenexperiment stellt Leibniz das bewusste Gehirn als eine große Maschine dar, die man betreten und in beliebiger Genauigkeit untersuchen kann. Ganz offensichtlich ist jedoch nicht zu erwarten, dass wir dabei irgendwann einmal auf Bewusstsein stoßen werden. Und dies scheint die Annahme zu stützen, dass Bewusstsein ein großes Rätsel ist.

Tatsächlich tritt dieser Eindruck schon deshalb auf, weil Leibniz uns mit seinem Gedankenexperiment von vornherein auf eine ganz falsche Fährte lockt. Sein Modell lässt sich immer noch von der Vorstellung leiten, Bewusstsein sei eine Substanz, die man schon findet, wenn man nur genau genug sucht. Diese Vorstellung ist aber, wie oben gezeigt, prinzipiell verfehlt. Insofern kann man sich nicht weiter darüber wundern, dass Leibniz' Forscher nicht in irgendeiner verschwiegenen Ecke plötzlich auf eine Truhe mit Bewusstsein stößt. Bewusstsein ist ein Aktivitätszustand eines komplexen Systems. Will man auch nur den ersten Schritt zu einer Erklärung tun, dann benötigt man Angaben über den Zustand des gesamten Systems. Die Idee, man könne diesen Zustand erkennen, indem man einzelne Teile eines solchen Systems im Detail untersucht, ist ungefähr genauso plausibel wie die Idee, man könne Konjunkturschwankungen dadurch erkennen, dass man einzelne Konsumenten möglichst genau beobachtet. Leibniz' Versuch, das Bewusstsein im Innern einer Maschine aufzuspüren, erweckt den Eindruck der Unlösbarkeit also allein schon deshalb, weil es Bewusstsein an der völlig falschen Stelle sucht.

Bezeichnenderweise liegt eine solche substantialistische Vorstellung auch einer der klassischen materialistischen Thesen über Bewusstsein zugrunde, die oben bereits vorgestellt wurde, nämlich

Carl Vogts berühmt-berüchtigter Behauptung, das Bewusstsein verhalte sich zum Gehirn wie der Urin zu den Nieren. Auch hier wird Bewusstsein als eine Substanz begriffen, die sich so vom Gehirn unterscheidet wie ein Sekret von einer Drüse. Doch wie produziert das Gehirn diese rätselhafte Substanz? Und wie käme diese mysteriöse Substanz dann zu Bewusstsein? Die Aussichten, diese Fragen zu beantworten, erscheinen mehr als schlecht. Doch wir müssen sie gar nicht beantworten, wenn wir erkennen, dass Bewusstsein keine Substanz ist, die vom Gehirn produziert wird. Bewusstsein ist ein Aktivitätszustand bestimmter Hirnareale, und dieser Zustand kann eintreten, ohne dass hierzu irgendeine zusätzliche Substanz erforderlich wäre.

Eine bessere Beschreibung des Problems

Wenn alle diese Beschreibungen das Problem nur noch rätselhafter machen – wie sieht dann eine Beschreibung aus, die uns den Weg zu einer Lösung nicht von vornherein verbaut? Am sinnvollsten ist der Vergleich mit ähnlichen Fällen, wie sie immer dann vorkommen, wenn wir versuchen, dass Verhalten komplexer Systeme aus Erkenntnissen über die Teile dieser Systeme abzuleiten.

So kann man sich zum Beispiel fragen, ob die aus dem Alltag bekannten Eigenschaften von Wasser auf Erkenntnisse über das Verhalten von H_2O-Molekülen zurückzuführen sind. Der Vergleich ist vor allem deshalb interessant, weil wir es auch hier mit einer Identitätsbeziehung zu tun haben, nämlich mit der von Wasser und H_2O. Auch in diesem Falle würden wir wohl sagen, dass uns diese Beziehung unverständlich bliebe, sollte es sich aus dem Verhalten von H_2O-Molekülen *nicht* erklären lassen, warum Wasser die fraglichen Eigenschaften aufweist. Dies könnte wiederum Zweifel zur Folge haben, ob Wasser wirklich nur aus H_2O Molekülen besteht.

Nun besteht hier ein Problem insofern, als in den mikrophysikalischen Theorien über das Verhalten von H_2O-Molekülen nichts über das Frieren oder Kochen von Wasser ausgesagt wird. Es hat in der Wissenschaftsgeschichte massive Zweifel gegeben, ob es wirk-

lich möglich ist, die Eigenschaften von Wasser aus basalen naturwissenschaftlichen Theorien abzuleiten. Sie finden sich zum Beispiel bei John Locke, der es für prinzipiell ausgeschlossen hielt zu
erklären, warum sich Wasser unter bestimmten Bedingungen in Eis
beziehungsweise Dampf verwandelt. Bezeichnenderweise vergleicht
Locke dieses Problem mit dem der Erklärung von Bewusstsein.[213]

Tatsächlich verfügen wir heute jedoch über die notwendigen
Erklärungen. Erforderlich ist dazu nicht nur ein weitreichendes Verständnis der molekularen Prozesse von H_2O, wie es zu Lockes Zeiten noch nicht einmal in Ansätzen vorlag. Notwendig ist auch eine
Verbindung zwischen der molekularen Ebene und der Ebene der alltäglichen Beobachtungen. Erst diese Verbindung machte es möglich,
das wissenschaftliche Wissen für die Erklärung der Alltagsphänomene zu nutzen. Diese Verbindung, so werde ich im Folgenden zeigen, konnte man allerdings erst herstellen, nachdem die molekularen
Prozesse verstanden waren.

Worin besteht die Verbindung? Joseph Levine[214] und Jaegwon
Kim[215] haben ein Modell entwickelt, demzufolge hier zwei Schritte
erforderlich sind: Entscheidend ist erstens eine Art »Steckbrief«, der
das zu erklärende Alltagsphänomen, also beispielsweise das Frieren von Wasser, in einer Sprache erfasst, die auch auf Moleküle und
Atome anwendbar ist. Dieser Steckbrief würde also die Brücke zwischen unserer Alltagssprache und der mikrophysikalischen Ebene
bilden. Mittlerweile sind die meisten Philosophen der Ansicht, dass es
hierbei auf die typischen Ursachen und Wirkungen ankommt, die wir
an dem Alltagsphänomen beobachten können, schließlich können
wir solche Ursachen und Wirkungen auch bei Atomen oder Molekülen beobachten. So könnte zum Beispiel der Steckbrief für das Frieren
von Wasser neben einer Vielzahl anderer Merkmale erwähnen, dass
dieses Phänomen auftritt, wenn Wasser auf eine Temperatur unter
null Grad Celsius abgekühlt wird, dass es dazu führt, dass Wasser sich
nicht mehr den Wänden von Gefäßen anpasst und eindringenden
Gegenständen einen größeren Widerstand entgegensetzt.

Zweitens kommt es dann darauf an, die Prozesse auf der basalen
Ebene zu finden, die unserer Beschreibung entsprechen. Wenn es sich

also herausstellt, dass dieser Steckbrief auf bestimmte Veränderungen von H_2O-Molekülen zutrifft, dann *muss* es sich bei diesen Veränderungen um das Frieren von Wasser handeln. Tatsächlich bilden sich unterhalb von null Grad Celsius auf der molekularen Ebene Gitterstrukturen zwischen H_2O-Molekülen, die diese Moleküle stärker aneinander binden. Damit werden Verschiebungen zwischen diesen Molekülen erschwert, wie sie erforderlich sind, wenn sich größere Mengen solcher Moleküle den sie umschließenden Gefäßen anpassen oder eindringenden Gegenständen ausweichen müssen.

Wenn unser Streckbrief erfasst, was es heißt, dass eine flüssige Substanz friert, und wenn dieser Steckbrief auf die genannten Veränderungen zutrifft, dann *muss* es sich bei diesen Veränderungen um das Frieren von Wasser handeln. Und das bedeutet, dass eine mikrophysikalische Erklärung dieser Veränderungen uns die gesuchte Erklärung des Frierens von Wasser liefern würde.

Warum die Erklärung so schwer fällt

Einer sehr weit verbreiteten und auch äußerst plausibel erscheinenden Auffassung zufolge sind solche reduktiven Erklärungen bei phänomenalen Bewusstseinseigenschaften prinzipiell unmöglich. Dies liege nicht etwa an den Unzulänglichkeiten unserer derzeitigen wissenschaftlichen Erkenntnisse, vielmehr gehöre es einfach zum Wesen dieser Eigenschaften, dass sie nicht durch ihre Ursachen und Wirkungen, sondern eben nur durch bestimmte qualitative Merkmale erfassbar seien – eben durch die Art und Weise, wie es ist, einen Schmerz zu spüren, einen frisch gebrühten Kaffee zu riechen oder aber eine Rotempfindung zu haben. Dabei wird zugestanden, dass solche Erfahrungen im Allgemeinen durchaus gewisse Ursachen und Wirkungen haben mögen, doch diese Ursachen und Wirkungen bezeichneten nicht das *Wesen* dieser Eigenschaften. Das aber bedeutet, dass es nicht möglich ist, die erforderliche Brücke herzustellen; es wäre damit prinzipiell ausgeschlossen, die gewünschten Erklärungen zu liefern.

Was spricht für die Erklärungslücke?

Die Behauptung, das Wesen phänomenaler Eigenschaften sei nicht über deren Ursachen und Wirkungen zu erfassen, stützt sich in erster Linie auf Gedankenexperimente, in denen die zentralen Momente unserer Vorstellung von diesen Eigenschaften bestimmt werden sollen. Konkret sollen diese Gedankenexperimente demonstrieren, dass massive Variationen phänomenaler Eigenschaften möglich sind, ohne dass es zu irgendwelchen Differenzen der Ursachen und Wirkungen kommt. Solche Variationen wären dann prinzipiell nicht von außen zu erfassen. Das würde nicht nur bedeuten, dass wir solche Variationen *heute* nicht feststellen beziehungsweise ausschließen können, vielmehr sollen die Gedankenexperimente zeigen, dass phänomenale Bewusstseinseigenschaften *prinzipiell* nicht über ihre Ursachen und Wirkungen zu erfassen sind.

Zombies

Eines der bekanntesten Experimente handelt von sogenannten Zombies. Zombies sind Doppelgänger von normalen bewusstseinsfähigen Menschen, mit denen sie in allen physischen Merkmalen vollständig übereinstimmen. Zombies verhalten sich mithin genau so wie normale, bewusste Personen: Sie sprechen von ihrem Bewusstsein, sie scheinen sich an Bewusstseinszustände zu erinnern und natürlich interessieren sie sich auch für philosophische Theorien über das Bewusstsein. Mein Zombie-Doppelgänger könnte in diesem Moment also am Computer sitzen und etwas über Zombie-Gedankenexperimente schreiben.

Auch diese Vorstellung scheint völlig widerspruchsfrei – obwohl natürlich niemand im Ernst davon ausgeht, dass in unserer Welt Zombies existieren. Doch wenn es sie gäbe, hätten wir keine Möglichkeit, sie zu identifizieren, und zwar weder auf der Basis von Alltagserfahrung noch mit den Methoden der empirischen Wissenschaften. Genau das ist bei Wasser offenbar nicht möglich: Weil wir den Zusammenhang zwischen der molekularen Ebene und der

Ebene der Alltagsphänomene verstanden haben, können wir uns nicht vorstellen, dass sich die Alltagseigenschaften von Wasser massiv verändern, *ohne* dass es zu Veränderungen auf der Molekülebene kommt. Der Vergleich stützt die Annahme, dass hier ein prinzipieller Unterschied besteht. Anders als die Alltagseigenschaften von Wasser scheint Bewusstsein dem Zugriff der Forschung prinzipiell entzogen zu sein. Die Art und Weise, wie es sich anfühlt, in einem Bewusstseinszustand zu sein, also der entscheidende Unterschied zwischen einem bewussten Menschen und seinem bewusstlosen Zombie-Doppelgänger, ist in wissenschaftlichen Kategorien offenbar prinzipiell nicht zu erfassen.

Eine Erklärung ist nicht unmöglich

Dies würde wiederum bedeuten, dass wir es hier mit einem grundlegenden Rätsel zu tun hätten: Das phänomenale Bewusstsein wäre prinzipiell nicht so zu erklären, wie wir dies ansonsten von komplexen Systemeigenschaften kennen. Wir hätten es also wiederum mit einer prinzipiellen Grenze des naturalistischen Forschungsprogramms zu tun.

Ich möchte im Folgenden zeigen, dass dieser Eindruck falsch ist. Dabei werde ich mich vor allem gegen die zuletzt skizzierten Gedankenexperimente wenden. Ich werde aber auch zu zeigen versuchen, dass der zugrunde gelegte Maßstab für die Erklärung komplexer Systemeigenschaften unangemessen ist: Auch in anderen Fällen gelingt es nämlich nicht, diese Eigenschaften so abzuleiten, dass keine Zweifel mehr übrigbleiben.

Einwände gegen die Experimente

Schauen wir uns zunächst noch einmal das zuletzt skizzierte Gedankenexperiment an. Ein erster Einwand ergibt sich, wenn man dieses Experiment leicht modifiziert: Man kann sich nämlich an der Stelle der üblichen Vollzeitzombies ohne weiteres auch Teilzeitzombies vorstellen. Teilzeitzombies haben manchmal normale Bewusstseins-zustände so wie jeder andere auch; zu anderen Zeiten sind sie aber ohne Bewusstsein, so wie dies bei Vollzeitzombies immer der Fall ist. Die Vorstellung von Teilzeitzombies basiert auf denselben Voraus-setzungen wie die von Vollzeitzombies. Beide setzten nämlich nur voraus, dass geistige Prozesse prinzipiell unabhängig von physischen Prozessen variieren können.

Stellen wir uns daher vor, der Teilzeitzombie hätte in einer Phase des Bewusstseins eine Schmerzempfindung. Wenig später befinde er sich wieder in dem gleichen physischen Zustand, doch nun ist er in einer Zombie-Phase und spürt daher keine Schmerzen.[216] Schließ-lich gibt es eine dritte Situation, in der er an die beiden vorangegan-genen Situationen zurückdenkt. Die entscheidende Frage ist nun, ob er die Abwesenheit der Schmerzempfindung in der zweiten Situation im Nachhinein bemerken kann.

Wenn es jedoch auf der physischen Ebene keinerlei Unterschiede zwischen beiden Situationen geben darf, dann können auch die Unterschiede zwischen der »schmerzhaften« und der »schmerz-losen« Situation von seinem Gedächtnis nicht registriert werden. Voraussetzungsgemäß arbeitet das Gedächtnis in beiden Situatio-nen exakt gleich und kann daher keine Unterschiede abspeichern. Das aber bedeutet, dass der Teilzeit-Zombie nicht imstande ist, den Ausfall seiner bewussten Schmerzempfindung zu registrieren. In sei-ner subjektiven Erinnerung müsste es ihm so vorkommen, als hätte er auch in dieser Situation ganz normale Schmerzempfindungen gehabt. Mehr noch: Wenn der Teilzeitzombie den Unterschied im Nachhinein gar nicht bemerken *kann*, dann kann er auch nichts über das Ausmaß solcher Ausfälle sagen. Es wäre also theoretisch denk-bar, dass er praktisch sein ganzes bisheriges Leben in der Abwesen-heit bewusster Empfindungen verbracht hat.

Doch woher wissen wir, dass wir keine Teilzeitzombies sind? Da solche Ausfälle bewusster Eigenschaften prinzipiell möglich sind, lässt sich nicht ausschließen, dass auch wir betroffen sind. Und da solche Ausfälle auch von uns prinzipiell nicht zu bemer-ken sind, wäre unser Vertrauen, dass wir faktisch nicht das Opfer solcher Ausfälle sind, völlig unbegründet. Damit wäre unser privilegierter Zugang zu unseren eigenen Bewusstseinszuständen an einem entscheidenden Punkt massiv in Frage gestellt: Wir könnten unter diesen Voraussetzungen nämlich keine zuverlässigen Angaben mehr darüber machen, ob wir zu einem bestimmten Zeitpunkt bei Bewusstsein waren oder nicht.

Natürlich geht niemand davon aus, dass diese absurden Konsequenzen irgendetwas mit unserer Realität zu tun haben. Dann aber sollte man auch philosophische Theorien zurückweisen, die uns solche absurden Konsequenzen einhandeln, insbesondere die Annahme, dass phänomenale Bewusstseinseigenschaften unabhängig von physischen Eigenschaften variieren können. Damit entziehen wir auch einigen der Argumente den Boden, die zugunsten der Erklärungslücke angeführt werden, schließlich steht und fällt das Erklärungslückenargument mit der Möglichkeit, dass geistige Prozesse unabhängig von physischen Prozessen variieren können. Gibt es diese Unabhängigkeit nicht, dann eröffnet sich zumindest im Prinzip die Möglichkeit, phänomenale Eigenschaften über ihre Ursachen und Wirkungen zu erfassen.

Schmerzen

Dies ist nicht nur ein theoretisches Postulat. Vielmehr gehen wir oftmals auch rein intuitiv davon aus, dass es eine Verbindung zwischen unserer subjektiven Erfahrung und den objektiven Konsequenzen eines Bewusstseinszustandes gibt. Eines der beliebtesten Gedankenexperimente der Erklärungslückentheoretiker betrifft die Vertauschung von Farbempfindungen. Tatsächlich können wir uns gut vorstellen, dass zwei Personen physisch völlig gleich sind, dennoch aber entgegengesetzte Farbwahrnehmungen haben: Die eine Person sieht immer dort grün, wo die andere rot sieht und so fort.

Zwar gelten auch hier die obigen Vorbehalte, doch zumindest auf den ersten Blick scheinen diese Beobachtungen für die Unabhängigkeit zwischen subjektiver und objektiver Ebene zu sprechen. Entscheidend ist aber, dass es eine ganze Reihe phänomenaler Zustände gibt, bei denen wir uns eine solche Unabhängigkeit *nicht* vorstellen können: Schmerzen liefern hier das beste Beispiel.

Nehmen wir an, es gebe zwei physisch identische Babys, von denen eines – so wie wir auch – bei Verletzungen Schmerzen empfindet, das andere dagegen in solchen Situationen eine angenehme Empfindung hat und Schmerzen nur dann spürt, wenn es gestreichelt wird. Was würden wir erwarten, wenn die beiden Kinder zum ersten Mal gestreichelt werden? Ich glaube, die Antwort ist klar. Natürlich wird sich das Kind, das die Schmerzempfindung hat, anders verhalten als das Kind, das das angenehme Gefühl hat. Und das bedeutet umgekehrt, dass wir aus der Perspektive der dritten Person zumindest ansatzweise beurteilen können, welches der beiden Kinder Schmerzen spürt – beide Ebenen sind also nicht völlig unabhängig voneinander.

Schmerzen sind kein Einzelfall. Ähnliche Unterschiede im Verhalten wären zu erwarten, wenn wir eine heftige Ekelempfindung dem Gefühl des Angezogenseins gegenüberstellen würden oder wenn das eine Baby Liebe, das andere jedoch Hass gegenüber einer Person empfinden würde. Treffen diese Annahmen zu, dann hätten wir auch in diesen Fällen zumindest einen Ansatzpunkt für eine naturalistische Erklärung phänomenaler Bewusstseinszustände.

Lässt sich dieser Ansatzpunkt noch weiter ausbauen?

Der Weg von diesem Ansatzpunkt zu einer wirklichen Lösung des Problems ist jedoch noch weit. Wären unsere Vorstellungen von phänomenalen Eigenschaften prinzipiell unveränderlich, dann würde es auf Dauer bei bloßen Ansatzpunkten bleiben. Doch warum sollte dies so sein? In der Regel haben sich unsere Vorstellungen von den Dingen in unserer Welt bislang mit dem Fortschritt der Wissenschaften verändert. Dank dieses Fortschritts besitzen wir heute ganz andere Vorstellung zum Beispiel von Wasser oder auch von Wärme als die Menschen des 17. Jahrhunderts. Ohne solche Anpassungsprozesse könnten unsere Begriffe und Vorstellungen kaum Schritt mit der Entwicklung wissenschaftlicher Theorien halten, die uns die erforderlichen Erklärungen beispielsweise über das Verhalten von Wasser oder die Wirkungen von Wärme liefern. Wer an der ursprünglichen Vorstellung von Wärme als einem spezifischen Stoff festgehalten hat, dem müssen die heutigen Erklärungen völlig unverständlich klingen: Ein solcher Stoff kommt in diesen Erklärungen nicht vor, stattdessen spielt die Bewegungsenergie der Moleküle eine zentrale Rolle.

Nun werden unsere Vorstellungen von Schmerzen und Farbempfindungen sicherlich in einem völlig anderen Maße durch unsere subjektive Erfahrung geprägt als dies bei Wasser und Wärme der Fall ist. Es wäre jedoch verfehlt, hieraus eine vollständige Unabhängigkeit zwischen der subjektiven Ebene und der wissenschaftlichen Entwicklung abzuleiten. Dies zeigen schon die tiefgreifenden Umgestaltungen, die unsere Seelenvorstellungen in den letzten Jahrhunderten unter dem Eindruck der empirischen Forschung erfahren haben. Es wäre naiv, auszuschließen, dass sich die Begriffe und Vorstellungen, die mittlerweile an die Stelle des Seelenbegriffs getreten sind, auch in Zukunft unter dem Eindruck der wissenschaftlichen Entwicklung verändern können.

Ich hatte oben bereits gezeigt, dass sich die Vorstellungen von den Grenzen des naturalistischen Forschungsprogramms auch nach dem Verzicht auf die Idee einer immateriellen Seelensubstanz in der zweiten Hälfte des 19. Jahrhunderts weiter verändert haben. Belege dafür sind die noch im 19. Jahrhundert etablierten Erklärungsansätze für unsere sprachlichen Fähigkeiten oder die in den letzten Jahren entwickelten naturalistischen Erklärungen der Einheitlichkeit von bewussten Erfahrungen.

Dass diese Entwicklungen auch unsere Vorstellungen von dem spezifischen qualitativen Charakter bewusster Erfahrung beeinflussen können, zeigen die bereits erwähnten Untersuchungen von Eric Schwitzgebel. Schwitzgebel konnte nachweisen, dass die Umstellung von schwarzweißen auf farbige visuelle Medien seit den fünfziger Jahren offenbar zu einer tiefgreifenden Veränderung unserer Überzeugungen darüber geführt hat, ob wir farbig oder schwarzweiß träumen. Während Versuchspersonen bei Befragungen in den fünfziger Jahren mit großer Mehrheit angaben, ihre Träume seien schwarzweiß, erklären Probanden heute auf denselben Fragebögen, sie würden farbig träumen.[217] Offenbar stehen also Überzeugungen bezüglich unserer eigenen phänomenalen Bewusstseinserfahrungen unter dem Einfluss äußerer Entwicklungen. Dies bestärkt die Annahme, dass neue Erkenntnisse über die funktionale Bedeutung von Bewusstseinsprozessen Einfluss auf unsere Vorstellungen und Intuitionen bezüglich dieser Eigenschaften nehmen. Wenn also die Psychologie und die Neurowissenschaften uns genauere Erkenntnisse zum Beispiel über die Ursachen und Wirkungen von Schmerzen vermitteln, dann dürften diese Erkenntnisse auf die Dauer auch unsere Vorstellung von Schmerzen beeinflussen. Die Idee, angenehme Empfindungen könnten an die Stelle von Schmerzen treten, ohne dass sich das Verhalten oder die physischen Eigenschaften einer Person verändern, dürfte dann noch unplausibler erscheinen, als es heute schon der Fall ist. Mehr noch: Wenn diese Erkenntnisse zum Bestandteil unserer Vorstellung davon werden, was das eigentliche Wesen von Schmerzen ist, dann sollte es auch leichter fallen, Schmerzen anhand ihrer Wirkungen zu charakterisieren. Damit würde es zu einer wesentlichen Verbesserung der Voraussetzungen für die Schließung der Erklärungslücke kommen.

Schließlich ist nicht zu vergessen, dass wir bei mentalen und neuronalen Eigenschaften, anders als zum Beispiel bei Wasser und H_2O heute noch große Zweifel haben, dass hier tatsächlich eine Identitätsbeziehung vorliegt. Diese Zweifel gehen keineswegs auf das Erklärungslückenproblem selbst zurück, sondern sie haben ihren Ursprung auch darin, dass uns einfach die erforderlichen konkreten und spezifischen Korrelationen fehlen. Hätten wir noch Zweifel daran, dass H_2O tatsächlich Wasser ist, dann müssten wir natürlich auch daran zweifeln, dass Theorien über molekulare Prozesse eine Erklärung für bestimmte Alltagseigenschaften von Wasser liefern. Nimmt man an, dass die Entwicklung der Hirnforschung uns konkrete Erkenntnisse über den Zusammenhang zwischen der neuronalen und der mentalen Ebene liefern wird, dann dürfte diese Entwicklung auch die Voraussetzungen für die *Erklärung* geistiger Eigenschaften verbessern.

Doch werden damit wirklich die intuitiven Zweifel daran beseitigt, dass die Hirnforschung irgendwann einmal eine hinreichende
Erklärung geistiger Eigenschaft liefern kann? Ich glaube nicht, dass
dies der Fall ist. Daraus lässt sich jedoch nicht ableiten, dass solche
Erklärungen objektiv unmöglich sind. Solche Zweifel können nämlich einfach das Produkt der Grenzen unseres durch den heutigen
Stand der Wissenschaften geprägten Vorstellungsvermögens sein. Es
wäre einfach naiv auszuschließen, dass unser eigenes Vorstellungsvermögen derartige Grenzen besitzt, wenn wir in der bisherigen Wissenschaftsgeschichte bis in die jüngere Vergangenheit immer wieder
auf solche Grenzen gestoßen sind. Das Argument gilt auch für die
erforderlichen begrifflichen Veränderungen: Natürlich können wir
uns eine substantielle Veränderung unserer Begriffe schwer vorstellen. Doch in der Geschichte der Hirnforschung ist es immer wieder
zu begrifflichen Veränderungen gekommen, die das Vorstellungsvermögen früherer Generationen überstiegen. Mit welchem Recht sollten wir daher ausschließen, dass auch wir selbst von derartigen Einschränkungen betroffen sein könnten?

Ist das Modell reduktiver Erklärung angemessen?

Man kann all dies akzeptieren und dennoch zweifeln, dass es jemals
gelingen wird, phänomenale Eigenschaften aus Erkenntnissen über
neuronale Aktivitäten abzuleiten – so wie es das von Kim und Levine
vertretene Modell reduktiver Erklärungen fordert, das dem Erklärungslückenargument zugrunde liegt.

Doch ist dieses Modell wirklich angemessen? Handelt es sich hier
tatsächlich – so wie von Kim und Levine unterstellt – um das Standardmodell innerhalb der Naturwissenschaften? Und ist es wahr,
dass man üblicherweise höherstufige Eigenschaften wie das Flüssig-
sein von Wasser aus Elementareigenschaften etwa der H_2O-Moleküle
ableiten kann, so wie es dieses Modell postuliert? Tatsächlich herrscht
weder in der Physik noch in der Philosophie Einigkeit über die Kriterien für erfolgreiche reduktive Erklärungen.[218] Bei diesem Modell
handelt es sich also keineswegs um »das« Standardmodell, sondern

um eine Variante, auf die sich vor allem die Vertreter des Erklärungs-
lückenargumentes berufen, und dies vermutlich deshalb, weil sie
deren Intuitionen stützt. Zweitens kommt hinzu, dass es selbst bei
den wenigen Paradebeispielen aus der Physik, nämlich der Erklärung der Alltagseigenschaften von Wasser und Wärme umstritten ist,
ob sie den Kriterien dieses Modells genügen.[219] Selbst die höherstufi-
gen Alltagseigenschaften von Wasser lassen sich also nicht ohne weiteres aus den Elementareigenschaften von H_2O-Molekülen ableiten,
von anderen Fällen ganz zu schweigen.

Es kann daher keine Rede davon sein, dass es sich hier um ein
Standardmodell handelt, dem die Erklärung phänomenaler Eigenschaften gerecht werden muss, weil alle anderen vergleichbaren
naturwissenschaftlichen Erklärungen diesem Modell entsprechen.
Eher schon haben wir es hier mit einem Maximalmodell zu tun, das
sehr hohe Hürden aufstellt. Mit anderen Worten: Selbst wenn es sich
auf die Dauer als unmöglich erweisen wird, phänomenale Eigenschaften aus neurobiologischen Theorien abzuleiten, dann heißt das
nicht, dass wir hier vor einem einmaligen Rätsel stehen. Auch wenn
die Schwierigkeiten ohne Zweifel beachtlich sind, so unterscheiden sie sich doch nicht prinzipiell von denen, die auch in anderen
Bereichen der Wissenschaften aufgetreten und irgendwann einmal
mehr oder minder zufriedenstellend gelöst worden sind. Berücksichtigt man, dass wir in den genannten anderen Bereichen nicht mehr
von einem prinzipiellen Rätsel sprechen, dann scheint die Erwartung nicht unvernünftig, dass sich der Eindruck auch bei den phänomenalen Eigenschaften auf die Dauer auflösen wird. Auch wenn
wir uns also heute beim besten Willen nicht vorstellen können, wie
eine Theorie aussehen sollte, die die Entstehung von Bewusstsein
erklärt – ausschließen können wir diese Theorie nicht, solange wir
nicht den naiven Fehler machen wollen, den historischen Charakter
unserer eigenen Vorstellungen und Intuitionen zu ignorieren.

Die Überlegungen zeigen auch, dass man mit grundsätzlichen
Behauptungen über die Erklärbarkeit oder Nicht-Erklärbarkeit geistiger Eigenschaften in einen merkwürdigen Widerspruch geraten

kann. Auf der einen Seite wollen und müssen wir uns mit solchen allgemeinen Behauptungen von unserer beschränkten historischen Perspektive lösen, ja wir können dies, weil es theoretische und historische Argumente gibt, die solche allgemeinen Behauptungen stützen. Auf der anderen Seite bleiben unser Vorstellungsvermögen und unsere Intuitionen an die gegenwärtige Situation gebunden. Dies erklärt, warum wir intuitive Zweifel an der Möglichkeit von Entwicklungen haben, für die es gute theoretische Argumente gibt.

In genau dieser Situation sind wir im Falle der Erklärung von Bewusstsein: Auf der einen Seite können wir uns eine derartige Erklärung einfach nicht vorstellen, auf der anderen Seite lassen sich die Einwände gegen die Möglichkeit solcher Erklärungen eindeutig zurückweisen. Letztlich wird es daher darauf ankommen, den wissenschaftlichen Fortschritt voranzutreiben und zu sehen, wie weit der Erfolg unserer Bemühungen reichen wird: Eine prinzipielle Grenze ist dabei genausowenig zu erwarten wie ein Konflikt mit unserem Selbst- und Menschenbild; insofern können wir der Entwicklung beruhigt entgegensehen.

Selbst und Selbstbewusstsein

Vorbemerkung

Selbst eine »vollständige« Erklärung aller Bewusstseinsfunktionen – so utopisch sie auch sein mag – wäre nur *ein* wichtiger Schritt in dem großen Projekt einer Erklärung der natürlichen Grundlagen des menschlichen Geistes. Ein weiterer zentraler Punkt betrifft das menschliche Ich oder »Selbst«. Es ist unumstritten, dass menschliche Personen ausgeprägte individuelle Eigenschaften besitzen und sich dessen auch bewusst sind. Wesentlich stärker umstritten ist allerdings die Frage, ob man Menschen auch so etwas wie ein Selbst oder ein Ich zuschreiben kann, vor allem aber, was man sinnvollerweise unter einem solchen Ich verstehen kann.

Dieser Streit ist keineswegs eine Erfindung der letzten Jahrzehnte, vielmehr lässt er sich zumindest bis zu David Hume und seine Kritik am Cartesianischen Ich zurückverfolgen. Im 19. Jahrhundert werden Zweifel an der Vorstellung eines einheitlichen, personalen Ich unter anderem von Schopenhauer und Nietzsche vorgebracht, nachdem bereits Fichte auf einen Denkfehler in den bis dahin üblichen Vorstellungen von der Entstehung des Selbstbewusstseins aufmerksam gemacht hatte.

Gleichwohl hat sich die Diskussion in den letzten Dekaden noch einmal zugespitzt. Der poststrukturalistische Slogan vom »Tod des Subjekts« schien nämlich durch Psychologie und Hirnforschung bestätigt zu werden. So betrachtet der Münchner Psychologe Wolfgang Prinz das Ich »als ein kulturelles Artefakt, das in einem gesellschaftlich gesteuerten Attributionsprozeß zustandekommt,«[220] der Philosoph Daniel Dennett bezeichnet das Ich als eine bloße Fiktion,[221] ja als eine »Illusion ohne Illusionisten«;[222] ganz ähnlich spricht Thomas Metzinger von einer »unhintergehbaren Ich-Illusion, die im

Grunde gar keine ist, weil sie *niemandes* Illusion ist«.[223] Nicht weniger eindeutig ist der Schluss von Werner Siefer und Christian Weber: »Sie sind Niemand! Kein Ich, nirgends.«[224]

Weber und Siefer stützen sich wie viele andere Ich-Skeptiker nicht zuletzt auch auf empirische Befunde. Dies scheint zu zeigen, dass die Überzeugung von der Existenz eines Ich grundsätzlich unvereinbar ist mit dem naturalistischen Forschungsprogramm. Siefer und Weber berufen sich dabei unter anderem auf die Verletzlichkeit unseres Ich, wie sie sich in einer Vielzahl von zum Teil schwerwiegenden Ichstörungen zeigt. Daniel Dennett verweist zudem darauf, dass es keine zentrale Steuerungs- und Überwachungsinstanz in unserem Gehirn gibt, die als natürliche Grundlage unseres Ich fungieren könnte. In Wirklichkeit finden wir auf der neuronalen ebenso wie auf der psychologischen Ebene immer nur eine Vielzahl ganz unterschiedlicher Prozesse vor, nirgendwo ist jedoch ein Zentrum zu erkennen, in dem alle Informationen zusammenlaufen und von dem alle Aktivitäten ausgehen.

Diesen Zweifeln an der Realität des Ich haben jedoch viele Autoren widersprochen. Besonders aufschlussreich in der jüngeren Vergangenheit war dabei die Position der so genannten »Heidelberger Schule« um Dieter Henrich, Manfred Frank und Ulrich Pothast.[225] Diese Autoren beharren auf der Realität des Ich, das sie allerdings auf eine unmittelbare, »präreflexive« Vertrautheit des Subjekts mit sich selbst zurückführen. Diese präreflexive Selbstvertrautheit ist nicht ganz leicht zu explizieren, an eine wissenschaftliche Beschreibung ihrer natürlichen Grundlagen ist jedenfalls in den Augen der Vertreter der Heidelberger Schule nicht zu denken. Daher entsteht auch hier ein Konflikt zwischen naturalistischem Forschungsprogramm und Selbstbewusstsein, doch die Schlussfolgerung ist der von Dennett, Prinz und Metzinger genau entgegengesetzt: Die Vertreter der Heidelberger Schule geben also nicht die Realität des Ich auf, sondern ziehen dem naturalistischen Programm Grenzen. Wollen wir an der Realität des präreflexiven Selbstbewusstseins festhalten, dann müssen wir einfach akzeptieren, dass unsere Erklärungen hier eine prinzipielle Grenze haben. Beide Positionen liefern ein besonders klares Beispiel für das naturalistische Dilemma, also die Vorstellung, dass wir entweder zentrale Bestandteile unseres Selbstverständnisses aufgeben müssen, um an dem naturalistischen Forschungsprogramm festhalten zu können, oder aber gezwungen sind, dem naturalistischen Forschungsprogramm klare Grenzen zu setzen, um vor einer fundamentalen Revision unseres Selbstverständnisses geschützt zu sein.

Was ist eigentlich »das Ich«?

Ich möchte im Folgenden zeigen, dass es einen solchen prinzipiellen Gegensatz zwischen dem naturalistischen Forschungsprogramm und den für unser Selbstverständnis zentralen Vorstellungen von Selbst und Selbstbewusstsein nicht gibt.

Erforderlich dazu ist zunächst einmal die Klärung der nebulösen Vorstellung von »dem Ich«. Diese Redeweise ist etwas ungewöhnlich. Im Alltag benutzen wir das Wörtchen »ich« normalerweise nur als Personalpronomen, nicht jedoch als Substantiv. Wir sagen also »ich habe Hunger«, nicht jedoch »mein Ich hat Hunger«, oder »ich habe über mich nachgedacht«, nicht aber »ich habe über mein Ich nachgedacht.«

Dieser Gebrauch von »ich« als Personalpronomen ist unproblematisch. Gemeint ist damit einfach grundsätzlich die Person, die den Satz ausspricht und auf die sich jeder andere mit dem jeweiligen Eigennamen beziehungsweise den entsprechenden Personalpronomen, also mit »sie«, »er« oder »es«, beziehen kann.[226] Üblicherweise unterstellen wir dabei, dass eine solche Person einen Körper hat, dass sie Bewusstsein, Überzeugungen, Wünsche, Charaktermerkmale und eine Lebensgeschichte besitzt und sich dessen auch bewusst ist: Die Person verfügt also über Selbstbewusstsein und über eine bestimmte Vorstellung von sich selbst, die ich im Folgenden als »Selbstkonzept« bezeichnen werde.

Wenig sinnvoll erscheint dagegen die Rede von »dem Ich«. Zwar ist gegen die Einführung von Fachtermini im Allgemeinen nichts einzuwenden, doch die Rede von einem solchen Ich schafft eigentlich nur Probleme: Zum einen erweckt sie den Eindruck, dass es in uns noch eine Substanz geben müsse, die den eigentlichen Wesenskern einer Person ausmache. Tatsächlich ist die Vorstellung von »dem Ich« historisch aus der Seelenvorstellung entstanden.[227] So heißt es etwa bei Kant: »Wenn ich von der Seele rede; so rede ich von dem Ich *in sensu stricto.*«[228]

Tatsächlich erweckt die Verwandlung des Personalpronomens »ich« in das Substantiv »das Ich« den Eindruck, hier schleiche sich die Vorstellung einer seelenähnlichen Substanz hinterrücks doch wieder in unser Denken ein. Wir sollten daher vorsichtig sein, wenn behauptet wird, es gebe kein Ich oder das Ich sei eine reine Erfindung: Solange damit jene nebulöse Ich-Substanz gemeint ist, kann man dem guten Gewissens zustimmen. Die Bekämpfung solcher begrifflichen Vogelscheuchen lässt sich mit Feuerwerk und künstlichem Nebel gut in Szene setzen; von der Sache her erreicht man damit nicht viel – schließlich behauptet kaum jemand noch die Existenz einer solchen Ich-Substanz.

Natürlich *muss* man nicht solche substantialistischen Vorstellungen im Kopf haben, wenn man von »dem Ich« spricht. Um Missverständnisse zu vermeiden, werde ich jedoch im Folgenden wenn möglich von einem »Selbst« oder von einer »selbstbewussten Person«[229] sprechen. Diese Ausdrücke sollen alle die Merkmale umfassen, die man sinnvollerweise mit der merkwürdigen Formel von »unserem Ich« meinen kann. Sie fungieren damit als Oberbegriffe, die eine Reihe konkreter Merkmale und Fähigkeiten beinhalten, insbesondere das Selbstbewusstsein und Selbstkonzept einer Person, aber auch die Überzeugungen, Wünsche und Charaktermerkmale, die eine Person zu der Person machen, die sie ist.

Selbstbewusste Personen

Welche Fähigkeiten müssen wir also besitzen, um unserem Selbstverständnis und damit unseren vorwissenschaftlichen Vorstellungen von einer selbstbewussten Person zu entsprechen?

Es ist wenig umstritten, dass wir dazu zunächst einmal *aktuales Selbstbewusstsein* benötigen, also ein unmittelbar präsentes Bewusstsein davon, dass unser Körper unser Körper, unsere Überzeugungen unsere Überzeugungen und unsere Handlungen unsere Handlungen sind. Zweitens schließt unsere vorwissenschaftliche Vorstellung von selbstbewussten Personen ein *Selbstkonzept* ein, also ein dauerhaftes Wissen von unseren körperlichen und geistigen Besonderheiten sowie von unserer Biographie. Wichtig ist schließlich drittens, dass sowohl das aktuale Selbstbewusstsein wie auch das Selbstkonzept *einheitlich* und einigermaßen *stabil* sind.

Aktuales Selbstbewusstsein

Was ist damit konkret gemeint? Beginnen wir mit dem *aktualen Selbstbewusstsein*. Ich spreche hier von *aktualem* Selbstbewusstsein, weil dieses ebenso wie das allgemeine Bewusstsein an den aktuellen Vollzug gebunden ist. Während man die Überzeugung, dass Rom eine schöne Stadt ist, auch besitzen kann, wenn man im Moment an etwas völlig anderes denkt, kann man von aktualem Selbstbewusstsein nur im Moment des Vollzugs sprechen, also dann, wenn man sich seiner selbst bewusst ist. Zweitens ist aktuales Selbstbewusstsein eine Form des Bewusstseins, die sich auf den »Inhaber« oder das Subjekt dieses Bewusstseins selbst bezieht. Ich verfüge also über aktuales Selbstbewusstsein, wenn ich in diesem Moment ein Bewusstsein von mir selbst habe.

Dies setzt zunächst voraus, dass ich mich ganz unmittelbar als ein von anderen getrenntes Individuum mit einem eigenen Körper erfahre. In der Psychologie wird diese Fähigkeit häufig als »Kernselbst« bezeichnet.[230] Vermutlich besitzen nicht nur Menschen, sondern auch andere höhere Lebewesen ein solches Kernselbst; es kann sich hier also nur um eine *Voraussetzung* von Selbstbewusstsein handeln.

Die zweite zentrale Voraussetzung für aktuales Selbstbewusstsein im engeren Sinne ist das Bewusstsein des Subjekts, dass *es selbst* und niemand anders Gegenstand des eigenen Bewusstseins ist. Was dies heißt, lässt sich an dem so genannten Spiegeltest illustrieren. Bei diesem Test markiert man die Nase eines Kindes von diesem unbemerkt mit einem auffälligen roten Fleck. Ausgangspunkt ist die Annahme, dass eine selbstbewusstes Kind nach dem Fleck auf der eigenen Nase greifen werde, wenn es sich im Spiegel erkennt. Erkennt es sich dagegen nicht, dann wird es meinen, ein anderes Lebewesen sitze vor ihm; es wird daher nach dem Fleck auf der Nase im Spiegel greifen. Ein solches Kind mag zwar ein Kernselbst und damit ein unmittelbares Empfinden des eigenen Körpers haben, doch es erkennt diesen im Spiegel nicht *als den eigenen Körper*.

Ein illustratives Beispiel für das Fehlen von Selbstbewusstsein liefert ein kleines Kind, das sich die Augen zuhält, um sich zu »verstecken«. Zwar hat das Kind offenbar ein Bewusstsein der eigenen Wahrnehmung, doch ihm fehlt das entsprechende *Selbstbewusstsein*: Es erkennt seine Wahrnehmung also nicht *als seine eigene Wahrnehmung*. Es ignoriert damit den Unterschied zwischen der eigenen Wahrnehmung, die durch das Zuhalten der Augen beeinträchtigt wird, und der Wahrnehmung anderer Personen, die natürlich weiterhin fortbesteht.

Aktuales Selbstbewusstsein bezüglich der eigenen Wahrnehmung gewinnt das Kind also durch die Unterscheidung zwischen der eigenen Wahrnehmungsperspektive und der Wahrnehmungsperspektive anderer. Diese Unterscheidung verschafft ihm einerseits ein Bewusstsein für die Besonderheiten der eigenen Perspektive, zum anderen ist damit die Fähigkeit verbunden, die Perspektive eines anderen zu übernehmen.

Natürlich gibt es solche Unterscheidungen nicht nur bei der Wahrnehmung. Vielmehr kann sich auch meine emotionale Erfahrung einer bestimmten Situation von der Erfahrung einer anderen Person unterscheiden – in dem Maße, wie mir dies bewusst wird, gewinne ich Selbstbewusstsein bezüglich meiner Emotionen. Das gleiche gilt für meine eigenen Überzeugungen: Auch sie unterscheiden sich vielfach von denen anderer Personen, und auch hier gewinne ich Selbstbewusstsein wieder, indem ich mir diese Unterschiede bewusst mache.

Dies zeigt schon, dass Selbstbewusstsein nicht etwas ist, das man entweder besitzt oder nicht besitzt. Zum einen bezieht sich Selbstbewusstsein offenbar auf unterschiedliche Fähigkeiten und Eigenschaften. Es scheint also denkbar, dass ich zwar über Selbstbewusstsein bezüglich meiner Wahrnehmung verfüge, nicht aber über Selbstbewusstsein bezüglich meiner Gedanken. Zum zweiten sieht es so aus, als könnte man Selbstbewusstsein in jedem dieser Fälle auch in unterschiedlichen Graden besitzen: Ich kann also mehr oder weniger gut in der Lage sein, die Unterschiede zwischen meiner Wahrnehmung und derjenigen anderer abzuschätzen beziehungsweise mich in die Perspektive eines anderen zu versetzen.

Wichtig ist, dass diese Fähigkeit zur Unterscheidung zwischen eigenen und fremden Wahrnehmungen einen ersten Ansatzpunkt zur Überwindung der Schwierigkeiten liefert, welche die Theoretiker der Heidelberger Schule zu dem Postulat eines »präreflexiven Ich« geführt haben. Ausgehend von ähnlichen Überlegungen bei Fichte hatten diese Autoren nämlich ganz zu Recht darauf verwiesen, dass Selbstbewusstsein nicht – wie in der philosophischen Tradition oftmals angenommen – durch einen Akt der Reflexion oder der inneren Selbstbeobachtung meiner Gedanken oder Vorstellungen entstehen kann. Das Problem dabei: Woher weiß ich, dass es sich bei den Gedanken oder Vorstellungen um meine Gedanken oder Vorstellungen handelt? Die Antwort kann nur lauten, dass ich bereits eine Vorstellung von mir selbst gehabt haben muss – genauso wie ich mich nur dann im Spiegel erkennen kann, wenn ich bereits weiß, wie ich aussehe. Um meine Gedanken als meine Gedanken zu erkennen, benötige ich also bereits eine Vorstellung von mir selbst. Dieses präreflexive Selbstbewusstsein kann nicht mehr aus einem Akt der Selbsterkenntnis hervorgehen, vielmehr kann es nur noch als eine unmittelbare Vertrautheit mit mir selbst verstanden werden; eine Vertrautheit, die selbst nicht mehr durch irgend etwas anderes zu erklären ist.

Diese Argumentation mag überzeugend erscheinen, doch die zuvor angestellten Überlegungen zeigen einen anderen Weg. Um den Unterschied zwischen meinen Wahrnehmungen und den Wahrnehmungen anderer zu bemerken, muss ich nicht auf ein präreflexives Ich zurückgreifen. Erforderlich ist nur, dass mir irgendwann einmal ein wichtiger Unterschied klar wird. Wenn ich zum Beispiel wiederholt bemerke, dass andere Personen mich finden, obwohl ich mir die Augen zugehalten habe, dann drängt sich mir der Unterschied zwischen meiner Wahrnehmung und der Wahrnehmung anderer ganz offensichtlich auf: Ich habe also meine Wahrnehmung *als meine* Wahrnehmung erkannt.

Dass hier eine echte Erklärung von Selbstbewusstsein vorliegt, wird deutlich, wenn man sich vor Augen hält, dass ich zu mir und meiner eigenen Wahrnehmung von vornherein einen ganz anderen Bezug habe als zu den Wahrnehmungen anderer Personen. Dies liegt zum einen an dem unmittelbaren Zugang zu meiner eigenen Wahrnehmungserfahrung, es liegt aber auch an dem durch das »Kernselbst« hergestellte Bezug zu meinem eigenen Körper: Auf diese Weise lässt sich die »unmittelbare Vertrautheit« erklären, die wir in der Tat zu uns selbst haben, ohne dass man dabei auf das unerklärbare »präreflexive Ich« der Heidelberger Schule zurückgreifen müsste. Damit aber bietet sich auch ein Ansatz, die natürlichen Grundlagen dieser Vertrautheit mit sich selbst zu erklären; zum Teil sind sie sogar bereits erklärt.

Selbstkonzept und autobiographisches Gedächtnis

Selbstbewusste Personen zeichnen sich zweitens durch ein *Selbstkonzept* aus. Ein solches Selbstkonzept gibt Auskunft darüber, welche inneren und äußeren Merkmale wir als charakteristisch für uns selbst halten, und es spielt eine wichtige Rolle bei vielen Selbstzuschreibungen. Ohne ein solches Selbstkonzept hätten wir zum Beispiel keine Möglichkeit, uns im Spiegel wiederzuerkennen, wir wüssten nicht, wo wir geboren sind, welchen Beruf wir haben und was unsere generellen politischen Überzeugungen sind.

Auch wenn Selbstzuschreibungen im Prinzip ohne ein solches Selbstkonzept möglich sind – faktisch haben normale Erwachsene natürlich bereits eine Vorstellung von sich, also ein mehr oder minder klares Selbstkonzept, wenn sie sich eine Eigenschaft zuschreiben oder aber die Perspektive eines anderen einnehmen. Wenn ich mir eine Wahrnehmung oder eine Emotion zuschreibe, dann liegt dieser Zuschreibung in der Regel ein Verständnis der eigenen Person, eben ein solches Selbstkonzept zugrunde. So könnte meine Überzeugung, dass ich besonders lärmempfindlich bin, ins Spiel kommen, wenn ich feststelle, dass ich offenbar der einzige bin, den das Klingeln von Handys im Zug stört.

Wichtig für den integrativen Charakter des Selbstbewusstseins ist schließlich, dass das Individuum auch seine eigene Biographie in dieses Selbstkonzept einbaut und damit *als* seine Biographie begreift. Mit anderen Worten: Gegenstand meines Selbstkonzeptes sind nicht nur meine aktuellen Eigenschaften und Fähigkeiten, Gegenstand ist vielmehr auch ein autobiographisches Gedächtnis meiner individuellen Lebensgeschichte in der ich diese Fähigkeiten erworben habe.

Einheitlichkeit und Stabilität

Damit deutet sich bereits die dritte zentrale Eigenschaft von selbstbewussten Personen an, nämlich die Einheitlichkeit und Stabilität des Selbst. Einheitlichkeit bedeutet, dass alle Eigenschaften, die Gegenstand unseres Selbstbewusstseins und unseres Selbstkonzepts sind, ein und derselben Person, nämlich uns selbst zuzuordnen sind. Verletzt wird diese Forderung zum Beispiel bei einer dissoziativen Identitätsstörung. Patienten, die von dieser Störung betroffen sind, haben mehrere Identitäten, denen sie jeweils einzelne Episoden ihres Lebens oder auch bestimmte Merkmale ihres Charakters zuordnen. Mit Stabilität ist dagegen gemeint, dass diese Eigenschaften über eine gewisse Zeit hinweg einigermaßen konstant bleiben. Diese Forderung würde verletzt, wenn es – zum Beispiel aufgrund einer psychiatrischen Erkrankung oder einer Hirnverletzung – zu einer grundlegenden Veränderung der Charaktermerkmale einer Person kommt, oder wenn eine Person plötzlich Bestandteile ihrer Biographie nicht mehr als Bestandteile ihrer eigenen Biographie betrachtet.

Zwischenbilanz

Fassen wir zusammen: Selbstbewusste Personen besitzen erstens die Fähigkeit, sich selbst geistige oder körperliche Eigenschaften zuzuschreiben. Eine grundlegende Voraussetzung dafür ist das Erkennen von Unterschieden, insbesondere von Unterschieden zwischen dem eigenen Fühlen, Wahrnehmen, Denken und Handeln, sowie dem Fühlen, Denken und Wahrnehmen anderer Personen, kurz: die Fähigkeit, sich in die Perspektive eines anderen zu versetzen. Wichtig ist zweitens eine Vorstellung von den eigenen Merkmalen, ein Selbstkonzept, sowie ein autobiographisches Gedächtnis der eigenen Lebensgeschichte. Drittens sind schließlich Einheitlichkeit und Stabilität des Selbstkonzeptes sowie der für eine Person charakteristischen Eigenschaften erforderlich.

Zumindest auf den ersten Blick erscheint es so, als wären damit die wesentlichen Aspekte unserer vorwissenschaftlichen Vorstellung von selbstbewussten Personen benannt. Erfasst ist damit auch alles, was man sinnvollerweise unter dem »Ich« einer Person verstehen kann – sofern man trotz der oben genannten Bedenken an dieser Redeweise festhalten will.

Ich-Skepsis

Bislang wurden nur *Kriterien* formuliert, die ein Mensch erfüllen muss, um unserer vorwissenschaftlichen Vorstellung von selbstbewussten Personen zu entsprechen. *Ob* Menschen diese Anforderungen erfüllen, ist damit natürlich noch nicht gesagt. Selbstverständlich kann es sich herausstellen, dass wir nicht imstande sind, die notwendigen perspektivischen Unterscheidungen zu treffen oder die Ergebnisse dieser Unterscheidungen in ein halbwegs stabiles Selbstkonzept zu integrieren. Um dies herauszufinden, bedarf es empirischer Untersuchungen.

Neurologische und neurobiologische Befunde

Einer der Gründe für die von vielen Wissenschaftlern und Philosophen artikulierte Ich-Skepsis ergibt sich aus den vielfältigen Ausfallerscheinungen, wie sie zum Beispiel in Zusammenhang mit psychiatrischen Erkrankungen auftreten.

Ein erstes wichtiges Beispiel bilden Patienten, die gravierende Ausfälle in ihren Wahrnehmungs- oder Bewegungsmöglichkeiten einfach ignorieren. Schon Seneca berichtet in den Briefen an Lucilius von einer blinden Frau, die ihre visuellen Defizite einfach darauf zurückführt, dass es im Haus so dunkel sei. Heute existiert eine große Zahl von Fallbeschreibungen. So gibt es Patienten, die ignorieren, dass sie ihren linken Arm nicht mehr bewegen können. Werden sie zur Bewegung dieses Armes aufgefordert, dann kann es passieren, dass sie den gesunden rechten Arm bewegen und dabei erklären, dies sei der linke.[231] Diese Patienten können ihre eklatanten Fehleinschätzungen auch dann nicht korrigieren, wenn sie ausdrücklich auf ihre Defizite hingewiesen werden. Wenn es aber so etwas wie ein »Ich« oder »Selbst« gibt – müsste es nicht genau dies tun, müsste es also nicht die offensichtlichen Defizite erkennen und die erforderlichen Korrekturen vornehmen?

Ähnliche Fragen werden aufgeworfen durch Beobachtungen, die Oliver Sacks gemacht hat.[232] Er berichtet von einem Patienten, der behauptet, man habe ihm im Schlaf ein fremdes Bein angenäht. In Wirklichkeit handelt es sich jedoch um sein eigenes Bein, doch davon lässt sich der Patient auch durch ausdrückliche Hinweise des Arztes nicht überzeugen.

Von besonderem Interesse ist schließlich der so genannte Hemineglect. Patienten mit dieser Erkrankung neigen dazu, die Gegenstände auf einer Gesichts- oder Körperhälfte zu übersehen. Dies kann zum Beispiel dazu führen, dass sie beim Abzeichnen von Bildern alles ignorieren, was in dem vom Neglect betroffenen Gesichtsfeld liegt, und daher nur eine Hälfte des Ziffernblatts einer Uhr oder eine Seite einer Pflanze wiedergeben. Es kann auch bedeuten, dass die Patienten nur den Teil eines Raumes beachten, der in der nicht betroffenen

Gesichtshälfte liegt, dass sie nur essen, was auf einer Seite ihre Tellers liegt, und es kann vorkommen, dass sie sich nur in einer Gesichtshälfte rasieren oder schminken.[233]

Abermals stellt sich die Frage, warum die Patienten die Fehler nicht korrigieren, zumal die Störung nicht auf einem Ausfall der primären Wahrnehmungsfähigkeiten in dem betroffenen Gesichtsfeld beruht, sondern wesentlich mit einer einseitigen Steuerung der Aufmerksamkeit zu tun hat. Warum sind die Patienten also nicht zu der so offensichtlich notwendigen und gleichzeitig simplen Korrektur ihrer Aufmerksamkeit imstande?

Antonio Damasio hat zu zeigen versucht, dass für einige der beschriebenen Defizite wohl ein Ausfall derjenigen Areale verantwortlich ist, die für unser unmittelbares Körperempfinden und damit auch für unser Kernselbst verantwortlich sind.[234] Gerade *weil* die Aktivität dieser Areale uns normalerweise die unmittelbare und scheinbar unerschütterliche Gewissheit verschafft, dass in dieser »Karte« verzeichnete Organe die Glieder unseres Körpers sind, trifft uns ihr Ausfall so schwer. Verschwindet also ein Glied aus dieser »Karte«, dann betrachten wir es nicht mehr als unseren eigenen Körperteil – so wie es dem Patienten von Sacks ging. Gelingt es dem Gehirn dagegen nicht mehr, diese Karte auf dem »aktuellen Stand« zu halten, dann registrieren wir auch tiefgreifende Veränderungen unseres Körpers nicht mehr – das scheint der Fall der Patienten, die ihre Defizite ignorieren.

Deutlich wird damit, wie stark auch diese scheinbar selbstverständlichen Funktionen und Fähigkeiten von unserem Gehirn abhängig sind. Aus dieser Abhängigkeit, aber auch aus den oben beschriebenen Ausfällen, die diese Abhängigkeit zur Folge hat, ist zuweilen gefolgert worden, dass die Vorstellungen, die wir uns von unserem Ich machen, hoffnungslos verfehlt seien. So stützen zum Beispiel Werner Siefer und Christian Weber ihre These vom illusionären Charakter des Ich nicht zuletzt auf Berichte von Ausfallerscheinungen.[235] Sie zeigen nach Meinung der Autoren, dass unser Ich »ein höchst zerbrechliches Gebilde ist, das teilweise ausfallen oder sich ganz aufspalten kann«.[236]

Zweifellos lassen die oben genannten Störungen oft nur noch wenig von dem übrig, was wir als »Selbst« und »Selbstbewusstsein« bezeichnen. Man kann sie auch als Beleg dafür nehmen, dass es keine Ich-Substanz gibt, die unser eigentliches Wesen ausmachen würde. Von einer solchen Substanz könnte man erwarten, dass sie die beschriebenen Ausfälle kompensiert, doch dies findet offensichtlich nicht statt. Tatsächlich benötigen wir eine Ich-Substanz in einer sinnvollen Konzeption von Selbst und Selbstbewusstsein einfach deshalb nicht, weil sie nichts erklären würde: Wie käme diese Ich-Substanz zum Bewusstsein ihrer selbst?

Gibt man diese verfehlte Vorstellung des Ich als einer Substanz zugunsten der oben skizzierten Konzeption von selbstbewussten Personen auf, dann bereitet es keine Probleme mehr, die Verletzlichkeit des Selbst zuzugestehen. Natürlich rechtfertigt die Anfälligkeit einer Fähigkeit oder eines Organs für Störungen oder Verletzungen nicht etwa den Schluss, dass die Fähigkeit oder das Organ nicht existiere – andernfalls müsste man angesichts der Vielzahl von Herz-Kreislauf-Erkrankungen auch an der Existenz von Herz und Kreislauf zweifeln. Das Gegenteil trifft zu: Um überhaupt verletzt werden zu können, muss ein Organ zunächst einmal existieren.

Doch können sich die Skeptiker auch auf ganz normale neurobiologische Befunde berufen. So verweist zum Beispiel Daniel Dennett darauf, dass es auf der neuronalen Ebene kein direktes Pendant zu unserem Selbst gibt, kein Areal, in dem »alles zusammenläuft«.[237] Tatsächlich lässt sich auch hieraus nur schließen, dass es nirgendwo im Gehirn eine geheimnisvolle Ich-Substanz gibt. Anders als es Dennett suggeriert,[238] zeigt dies aber nicht, dass unser Selbst eine bloße Fiktion ist, es zeigt vor allem nicht, dass das Selbst nicht den integrativen und einheitlichen Charakter besitzen kann, der in der Tat konstitutiv ist für all unsere vorwissenschaftlichen Vorstellungen von selbstbewussten Personen. Die räumliche Verteilung von Neuronen mag für uns von besonderem Interesse sein, weil sie – im Gegensatz zu den nur schwer vorstellbaren Unterschieden in den Aktivitätszuständen oder der komplexen Verschaltungen innerhalb neuronaler Netze – unserem Vorstellungsvermögen entgegenkommt: Das ist

wohl der Grund für die Beliebtheit der Phrenologie in all ihren Spiel-
arten. Von der Sache her gibt es jedoch – wie oben erläutert – keinen
Grund für die Annahme, dass die neuronale Repräsentation einer
einheitlichen Erfahrung selbst einheitlich erscheinen muss, wenn
wir die zugrundeliegenden neuronalen Prozesse aus der Perspektive der dritten Person beschreiben. Mit demselben Recht könnte
man fordern, dass Neurone, die etwas Rotes repräsentieren, rot sein
und Neurone, die eine Duftempfindung repräsentieren, selbst duf-
ten müssen. Offenbar sind solche Auffassungen abwegig. Nicht weniger abwegig ist die Auffassung, dass Neurone, die etwas Einheitliches
repräsentieren, selbst einheitlich sein müssen – woran auch immer
man diese Einheitlichkeit festmachen will.

Die erforderliche Einheit unseres Bewusstseins kann also nicht
dadurch entstehen, dass die Neurone eng beieinander liegen, vielmehr spricht einiges dafür, dass es hierbei auf die Synchronisa-
tion der betroffenen Neuronenverbände ankommt. Neuronenverbände, die die Eigenschaften eines Objektes kodieren, feuern in
einem gemeinsamen Rhythmus, während Verbände, die Eigenschaften unterschiedlicher Objekte repräsentieren, in unterschiedlichen
Rhythmen feuern.[239]

Theoretisch begründete Einwände

Die Tatsache, dass es in unserem Gehirn kein neuronales Zentrum
gibt, in dem alle Aktivitäten zusammenlaufen, rechtfertigt Zweifel an der Realität des Selbst also genausowenig wie die neuropsy-
chologischen Erkenntnisse über schwerwiegende Ich-Störungen.
Derartige Zweifel sind jedoch nicht nur durch empirische Befunde
begründet worden, sondern auch durch theoretische Überlegungen.
So argumentiert zum Beispiel Thomas Metzinger, dass der Glaube
an die Existenz eines Ich das Produkt eines »naiv-realistischen Missverständnisses« sei. In Wirklichkeit produziert unser Gehirn ständig Repräsentationen von der Außenwelt ebenso wie von uns selbst.
Diese Repräsentationen werden zu so genannten Modellen zusammengefasst, die ganze Szenarien beinhalten, und dabei visuelle, akus-

tische, taktile und olfaktorische Vorstellungen integrieren. Solche Modelle können zum Beispiel zur Simulation von Problemlösungen verwendet werden.

Neben den Modellen der Außenwelt gibt es auch ein Selbstmodell, das all die Vorstellungen enthält, die wir uns von uns selbst machen. Grundlage des Selbstmodells sind das Körperschema sowie basale Prozesse der Selbstwahrnehmung; in sie werden dann die bewussten Bestandteile des Ich, die bewussten Gedanken, Gefühle und Wahrnehmungen »eingebettet« und damit »als eigene« Gedanken, Gefühle und Wahrnehmungen erfahren.

Ich glaube, dass diese Theorie gut erklären kann, wie man sich die Integration der unterschiedlichen bewussten und vorbewussten Vorstellungen zu einem »Selbst« vorzustellen hat. Doch Metzinger geht einen entscheidenden Schritt weiter: Er leitet hieraus auch den illusionären Charakter des Selbst ab. In Wirklichkeit gebe es nämlich nur das Selbstmodell, nicht jedoch ein Selbst oder Ich jenseits dieses Modells. Wenn wir dennoch anderer Meinung sind, dann liegt das einfach daran, dass wir das Modell mit jenem mysteriösen Ich verwechseln: Wir erliegen einem naiv-realistischen Selbstmissverständnis, indem wir das Modell, das tatsächlich existiert, mit dem Ich verwechseln, das es nicht gibt; wir erliegen, so Thomas Metzinger, einem »naiv-realistischen Missverständnis«. Hat man dieses Missverständnis durchschaut, dann muss man zugeben, dass das Ich eine bloße Illusion ist. Wir sind nicht jemand, sondern niemand, und die Illusion des Ich ist nicht etwa unsere Illusion, sondern niemandes Illusion.

Die Argumentation, die sich auch Siefer und Weber zu eigen gemacht haben, klingt zunächst überzeugend. Aber trifft sie deshalb auch zu? Ich glaube nicht. Zum einen scheint mir unklar, ob es das von Metzinger behauptete Missverständnis überhaupt gibt. Nehmen wir an, ich würde mir einen Apfel vorstellen und dabei denken, dass ich diesen Gegenstand jetzt gerne kaufen würde. Obwohl mein Wunsch streng genommen nicht unmittelbar von dem Apfel selbst, sondern von der *Vorstellung* des Apfels ausgelöst wird, *meine* ich natürlich nicht die Vorstellung, sondern den echten Apfel, den ich anfassen und essen kann. Doch selbst wenn man glaubt, dass es das von Metzinger unterstellte Missverständnis gibt, hätte dies keine gravierenden Folgen: Die Verwechslung einer Erscheinung mit der Realität stellt nicht die Realität in Frage, sondern nur die Zuverlässigkeit der Erkenntnisse, die auf dieser Verwechslung basieren. Äpfel verschwinden nicht dadurch aus unserer Welt, dass wir Vorstellungen von Äpfeln mit diesen selbst verwechseln.

Wer die Existenz von Selbstmodellen akzeptiert, muss also keineswegs der Auffassung sein, dass unser Ich eine Illusion ist. Ob eine Vorstellung illusorisch ist oder nicht, hängt letztlich davon ab, ob der Gegenstand der Vorstellung existiert. Und da sieht es, wie sich oben gezeigt hatte, sehr gut aus. Wenn wir im Alltag von uns selbst sprechen, dann meinen wir unseren Körper, unsere Wünsche und Überzeugungen und unsere Biographie, und es spricht im Allgemeinen wenig dafür, dass all dies nicht existiert. Abgesehen davon demonstrieren wir mit dieser Bezugnahme auf uns auch, dass wir über Selbstbewusstsein und ein Selbstkonzept verfügen. Das ist der Grund, warum Behauptungen wie »mein Ich gibt es nicht« nicht nur abwegig klingen: Sie sind es auch! Wie kann ich selbst meine eigene Existenz bestreiten? Indem ich diese Äußerung mache, zeige ich doch nicht nur, dass es mich gibt, sondern auch, dass ich über Selbstbewusstsein verfüge!

Empirische Belege

Festzuhalten bleibt also, dass das oben skizzierte Modell von selbstbewussten Personen weder von den verfügbaren empirischen Daten noch durch theoretische Überlegungen ernsthaft in Frage gestellt wird. Offen ist allerdings, ob es empirische Befunde gibt, die zur *Bestätigung* dieses Modells herangezogen werden können, und ob solche Befunde möglicherweise auch unser *Verständnis* der natürlichen Grundlagen der Fähigkeiten selbstbewusster Personen vertiefen können.

Zentral für das Modell war die Fähigkeit zur Unterscheidung zwischen der eigenen Perspektive und der Perspektive eines anderen.

Dies setzt zunächst einmal voraus, dass Individuen einen unmittelbaren Bezug zu ihrem eigenen Körper haben, ein sogenanntes »Kernselbst«, das ihnen eine ganz basale Abgrenzung ihres Körpers gegenüber der Außenwelt erlaubt. Tatsächlich wird diese Annahme durch die Forschung bestätigt; Siegler sieht sogar »zwingende Belege dafür, dass Säuglinge schon in den ersten Lebensmonaten eine rudimentäre Vorstellung vom Selbst besitzen«.[240] Dieses Kernselbst ergibt sich aus der direkten Interaktion des Kindes mit der Umwelt. Entscheidend ist dabei zum einen die Erfahrung, etwas bewirken zu können,[241] zum anderen die körperlichen Empfindungen, die mit eigenen Handlungen einhergehen, zum Beispiel die Anspannung meiner Muskeln, die Reibung von Kleidern auf der Hautoberfläche, der Widerstand von Objekten, die im Wege stehen und so fort. Diese frühen Erfahrungen dürften auch erklären, warum Kinder schon mit fünf Monaten Videoaufnahmen ihrer eigenen Beine, Arme und Hände von Aufnahmen der entsprechenden Körperteile anderer Kinder unterscheiden können.[242]

Eine zweite wichtige Voraussetzung für die perspektivische Unterscheidung zwischen eigenen und fremden mentalen Zuständen besteht in der Fähigkeit, anderen Menschen mentale Zustände zuzuschreiben. Ansätze dazu zeigen sich schon zwischen der sechsten Woche und dem vierten Monat, wenn Säuglinge beginnen, die emotionale Bedeutung von Gesichtsausdrücken zu erkennen. Vom vierten Monat an können sie in Filmen den Zusammenhang zwischen stimmlichem Ausdruck und dem dazugehörigen Gesicht verstehen. Dabei reagieren sie selbst mit eben der Emotion, die sie in der Darstellung erkennen (»Emotionale Resonanz«).

Einen ganz entscheidenden Schritt vollziehen Kinder schließlich mit neun Monaten: In diesem Alter lernen sie, ihre Aufmerksamkeit auf die Objekte zu richten, auf die sich andere konzentrieren, sie verstehen Zeigegesten und vollziehen die Blickrichtung von Erwachsenen nach (»Geteilte Aufmerksamkeit«).[243] Entscheidend ist nun, dass Kinder in diesem Alter ein Bewusstsein dafür gewinnen, dass andere Menschen *eigene* Wahrnehmungen, Absichten und Gefühle haben. Sie beginnen zu verstehen, dass andere Menschen ihre eigenen Intentionen haben, und übernehmen damit auch deren Perspektive.[244] Damit besitzen sie die entscheidenden Voraussetzungen für die Entstehung von aktualem Selbstbewusstsein und einem Selbstkonzept.[245]

Die Behauptung, dass es sich hierbei um eine Grundlage von Selbstbewusstsein handelt, wird bestätigt durch Befunde, dass sich stabile Indizien für die Existenz eines Selbst erst später finden. So bestehen Kinder im Allgemeinen nicht vor dem 15. Lebensmonat[246] den bereits erwähnten Spiegel-Test, bei dem untersucht wird, ob ein Kind die mit einem roten Fleck markierte eigene Nase im Spiegel erkennt. Diese Fähigkeit ist deshalb interessant, weil die Kinder offenbar eine Vorstellung von ihrem eigenen Aussehen – und damit zumindest Anfänge eines Selbstkonzepts – benötigen, um sich selbst im Spiegel zu erkennen.

Auch Untersuchungen mit eigenen Fotos zeigen, dass Kinder im Alter von etwa zwei Jahren beginnen, ein Bewusstsein von ihrem eigenen Aussehen zu entwickeln. So wählten 63 Prozent der Kinder im Alter von 20 bis 25 Monaten, aber 97 Prozent der Kinder im Alter von 30 Monaten ihr eigenes Foto aus, wenn man es ihnen zusammen mit den Fotos anderer Kinder zeigte.[247] Schließlich beginnen Kinder ab etwa zwei Jahren mit dem Gebrauch des Ausdrucks »ich«.[248]

Diese Befunde zeigen, dass Kinder bis zum Alter von etwa zwei bis drei Jahren zumindest eine basale Form von aktualem Selbstbewusstsein sowie ein Selbstkonzept ausbilden. Sie bestätigen damit die grundsätzlichen Annahmen des oben skizzierten Modells. Dies gilt vor allem für die Behauptung, dass zunächst die Fähigkeit zur Perspektivübernahme beziehungsweise zur Perspektivunterscheidung entstehen muss, bevor ein Kind Selbstbewusstsein entwickeln kann.

Bestätigt wird auch die Annahme, dass sich Selbstbewusstsein graduell entwickelt und dass die unterschiedlichen Formen des Selbstbewusstseins mehr oder minder unabhängig voneinander entstehen. So scheint Selbstbewusstsein bezüglich der eigenen Wahrnehmungen und Emotionen vergleichsweise früh aufzutreten, während Selbstbewusstsein bezüglich der eigenen Überzeugungen offenbar erst später zu beobachten ist, wobei der genaue Zeitpunkt neuerdings wieder umstritten ist.

In einem bekannten Versuch der Psychologen Heinz Wimmer und Josef Perner wurde Kindern im Alter zwischen drei und neun Jahren gezeigt, wie eine Person ein Objekt an einem bestimmten Ort versteckte.[249] Während der Abwesenheit der Person und ohne deren Wissen wurde das Objekt danach an einen anderen Platz gebracht. Das Kind sollte dann angeben, wo die Person nach ihrer Rückkehr das Objekt suchen würde. Kinder im Alter von drei bis vier Jahren unterstellten, dass die Person das Objekt dort suchen würde, wo es sich faktisch befand – obwohl die Person von dem Ortswechsel des Objekts nichts wissen konnte. Die Kinder unterschieden also nicht zwischen dem Wissen der Person und ihrem eigenen Wissen: Offenbar fehlte ihnen noch Selbstbewusstsein bezüglich ihres eigenen Wissens. Die richtige Antwort, nämlich dass die Person das Objekt dort suchen würde, wo sie selbst es ursprünglich versteckt hatte, gaben in diesem Versuch erst die mehr als vier Jahre alten Kinder: Sie zeigten die Fähigkeit, anderen ein jeweils eigenes Wissen zuzuschreiben, und damit auch Selbstbewusstsein bezüglich ihrer eigenen Überzeugungen.[250] Mittlerweile gibt es sogar Indizien dafür, dass diese Fähigkeit bereits im Alter von 15 Monaten auftreten könnte.[251]

Parallel zu dieser Entwicklung von Selbstbewusstsein und perspektivischer Unterscheidung bildet sich auch das Selbstkonzept weiter. So können Kinder sich und andere von drei bis vier Jahren an als Akteure mit konkreten, beobachtbaren Eigenschaften und Fähigkeiten beschreiben.[252] Verallgemeinerungen zum Beispiel bezüglich besonderer sportlicher Fähigkeiten sind in diesem Alter dagegen eher selten;[253] sie tauchen erst im Grundschulalter auf, in dem die Kinder zudem lernen, mit reflexiven Gedanken und Überzeugungen umzugehen. Im Prinzip haben sie damit ein Selbstkonzept ausgebildet, das dem Erwachsener in wesentlichen Punkten entspricht.[254]

Entwicklungspsychologische Untersuchungen bestätigen also die Annahmen des oben skizzierten Modells. Wie oben bereits gezeigt, wird die Einheitlichkeit von Selbst und Selbstbewusstsein auch nicht dadurch beeinträchtigt, dass es in unserem Gehirn kein zentrales

Areal gibt, in dem alle Fäden zusammenlaufen. Doch wie steht es um die Kontinuität von Selbstkonzept und Selbstbewusstsein? Hier spielt das autobiographische Gedächtnis eine zentrale Rolle, dessen Funktionen gerade im Zusammenhang mit der Ausbildung von Selbstbewusstsein mittlerweile gut erforscht sind.[255] Das autobiographische Gedächtnis ist eine Form des expliziten Erinnerns; es wird bewusst gesteuert, und seine Inhalte können in der Regel sprachlich formuliert werden. Das explizite Erinnern unterscheidet sich damit vom impliziten Erinnern, das zum Beispiel dem Erlernen von Bewegungs- oder Handlungsschemata zugrunde liegt: Meine Fähigkeit, Fahrrad zu fahren oder Klavier zu spielen, ist in meinem impliziten Gedächtnis gespeichert; seine Inhalte sind zunächst nicht in sprachlicher Form abgelegt.

Die Entstehung des autobiographischen Gedächtnisses setzt die Existenz eines Selbstkonzeptes voraus; ich muss also bereits eine zumindest rudimentäre Vorstellung von mir selbst haben, um Ereignisse in der Vergangenheit *als meine eigenen Erlebnisse* erkennen zu können. Die für dieses Gedächtnis zentrale Fähigkeit zur dauerhaften Erinnerung an persönlich bedeutsame Ereignisse bildet sich bei Kindern bereits im Alter von etwa vier Jahren aus.[256] Kinder in diesem Alter sind in der Lage, Ereignisse zeitlich korrekt einzuordnen, außerdem können sie die Ereignisse in sprachlicher Form wiedergeben und gewinnen damit die Möglichkeit, die Erinnerungen durch die verbale Wiedergabe aufzufrischen.[257]

Selbstverständlich kann auch das autobiographische Gedächtnis beeinträchtigt oder zerstört werden. Dies führt beispielsweise dazu, dass eine Person sich nicht mehr an ihre eigene Lebensgeschichte erinnern kann oder aber die Fähigkeit verliert, sich an neue Ereignisse zu erinnern. Das ändert jedoch nichts daran, dass das autobiographische Gedächtnis unter normalen Bedingungen genau die Kontinuität herstellt, die für unser Selbstbewusstsein und Selbstkonzept unverzichtbar ist.

Fazit

All das würde bedeuten, dass Menschen üblicherweise auch das dritte der genannten Kriterien für selbstbewusste Personen, also die Forderung nach Kontinuität und Stabilität erfüllen. Offenbar bestätigen die verfügbaren empirischen Daten nicht nur das skizzierte Modell des Selbst, vielmehr geben sie weiteren Aufschluss darüber, wie diese Fähigkeiten entstehen, und zeigen schließlich, dass gesunde Jugendliche und Erwachsene in der Regel über die entsprechenden Fähigkeiten verfügen. Zweifel an der Realität des Selbst werden durch diese Erkenntnisse also nicht gestützt. Aufrechterhalten lassen sich derartige Zweifel nur, wenn man einen unrealistischen und unplausiblen Begriff einer souveränen Ich-Instanz zugrunde legt, bei der alle Wahrnehmungen zusammenlaufen und von der alle Handlungsimpulse ausgehen. Diese Vorstellung ist jedoch einfach verfehlt. Einen solchen Wesenskern gibt es nicht, und wir benötigen ihn auch nicht. Wir können uns also von dieser merkwürdigen Idee lösen, ohne damit zu ichlosen Niemanden zu werden.

Um uns als selbstbewusste Personen zu verstehen, die mit vollem Recht von ihren Wünschen, ihrem Körper und ihren Überzeugungen sprechen können, benötigen wir keinen Homunkulus im Gehirn, und wir benötigen auch kein präreflexives Ich, das wir wissenschaftlich nicht weiter verständlich machen können.

Erforderlich sind vielmehr bestimmte Fähigkeiten wie aktuales Selbstbewusstsein, ein Selbstkonzept und eine gewisse Einheitlichkeit und Stabilität der für uns konstitutiven Merkmale. Solange wir diese Fähigkeiten besitzen, entsprechen wir unseren vorwissenschaftlichen Vorstellungen von einer selbstbewussten Person. Tatsächlich sprechen die vorhandenen Erkenntnisse dafür, dass wir über diese Fähigkeiten verfügen, ja diese Erkenntnisse zeigen uns gleichzeitig, wie diese Fähigkeiten in der Entwicklungsgeschichte eines Individuums entstehen.

Soweit unser Selbst betroffen ist, gibt es *keinen prinzipiellen* Gegensatz zwischen dem naturalistischen Forschungsprogramm einerseits und unserem Selbstverständnis als selbstbewusste Personen andererseits. Es sieht vielmehr so aus, als würde die Forschung unser Selbstverständnis stützen und gleichzeitig unser Verständnis für diese Fähigkeiten vertiefen.

Willensfreiheit

Eine der wohl zentralen Eigenschaften von menschlichen Personen ist die Fähigkeit, frei und verantwortlich zu handeln. Die Fähigkeit hat eine enorme Bedeutung für unseren gesamten Alltag. Ihre Vermittlung ist ein zentrales Ziel der Erziehung, und wer dieses Ziel noch nicht erreicht hat, den bezeichnen wir als »unmündig«: Er kann nur in eingeschränktem Maße zur Rechenschaft gezogen werden, auch der Spielraum, den wir ihm zugestehen, ist begrenzt. Dabei wird schon der praktische Sinn der Verbindung von Freiheit und Verantwortung erkennbar. Den Spielraum für freies Handeln eröffnen wir üblicherweise in dem Maße, wie wir davon ausgehen, dass jemand ihn auch verantwortlich nutzen kann. Damit müssen keine weitreichenden Überzeugungen über die moralischen Qualifikationen einer Person verbunden sein: Freiheit schließt auch die Freiheit zur Übertretung moralischer Normen mit ein.

Vorausgesetzt wird dabei allerdings, dass die Person die relevanten Normen und Sanktionsdrohungen versteht und dass sie sie in ihren Handlungen berücksichtigen kann. Insofern besteht ein direkter Zusammenhang zwischen der Gewährung von Freiheit und der Verhängung von Sanktionen. Ist eine Person unfähig, die Normverletzung und die damit verbundene Sanktionsdrohung zu verstehen und zu berücksichtigen, dann fehlt uns nicht nur die Handhabe dafür, die Person zur Rechenschaft zu ziehen, vielmehr wäre dann auch unter pragmatischen Gesichtspunkten zu fragen, ob man der Person die üblichen Handlungsspielräume zugestehen kann. Wer zum Beispiel gezeigt hat, dass er die Regeln des Straßenverkehrs nicht kennt, unfähig ist, diese Regeln einzuhalten, oder sich von Sanktionen nicht beeindrucken lässt, dem werden wir über kurz oder lang die Erlaubnis entziehen, ein Auto zu fahren.

Es geht also nicht nur um die normative Frage, ob die Zuschreibung von Schuld und Verantwortung *berechtigt* ist, sondern auch um die *pragmatische* Frage, ob die Gewährung von Freiheitsspielräumen und die Übertragung von Verantwortung eine *funktionierende* Strategie ist. Wären wir tatsächlich außerstande, mit Freiheit und Verantwortung angemessen umzugehen, dann sollten Institutionen und Gesellschaften, die dem Einzelnen ein geringes Maß an Freiheit und Verantwortung zubilligen, erfolgreicher sein als Gesellschaften, die in diesem Punkt großzügiger sind. Erstere würden nämlich die Fehlschläge minimieren, die die Überforderung der Individuen in freieren Gesellschaften zur Folge hat. Soweit sich dies heute überblicken lässt, ist dies jedoch nicht der Fall: Die Entwicklung insbesondere der westlichen Gesellschaften über die letzten Jahrhunderte zeigt, dass die Individualisierung von Verantwortung und die Ausweitung von Freiheitsspielräumen offenbar eine sehr erfolgreiche Strategie ist. Es wäre daher verwunderlich, wenn sich eine der zentralen Voraussetzungen dieser Strategie als völlig falsch erweisen sollte.

Das sind natürlich nur allgemeine Vermutungen. Entscheidend sind auch hier wieder gesicherte wissenschaftliche Befunde, und die lassen sich nur erheben, wenn zuvor geklärt worden ist, was überhaupt untersucht werden soll. Bevor wir also empirische Untersuchungen darüber anstellen können, ob menschliche Subjekte frei sind oder nicht, müssen wir zunächst einen adäquaten Begriff von Freiheit entwickeln. Basis eines solchen Begriffs können wiederum nur unsere vorwissenschaftlichen Intuitionen sein, also die Maßstäbe, die wir im Alltag an freie und verantwortliche Handlungen anlegen. Eine philosophische Klärung ist hier vor allem deshalb erforderlich, weil unsere alltäglichen Maßstäbe unklar, uneinheitlich und zum Teil auch einfach inkohärent sind. Erst aus einem geklärten Begriff von Freiheit kann man Kriterien für empirische Untersuchungen ableiten.

Freiheit und Determination

Von jeher steht die Vereinbarkeit von Freiheit und Determination im Mittelpunkt der Freiheitsdiskussion. Auf den ersten Blick scheint alles gegen eine solche Vereinbarkeit zu sprechen: So setzt Freiheit offenbar die Existenz unterschiedlicher Handlungsalternativen voraus, doch genau dies scheint ausgeschlossen, wenn Handlung und Entscheidung durch deterministische Naturgesetze festgelegt werden.

Damit würden wir uns wieder dem alten Dilemma gegenübersehen: Frei wären Handlungen nur in dem Maße, in dem sie einer wissenschaftlichen Erklärung entzogen sind, in dem also die Vorgeschichte einer Handlung keine definitive Auskunft darüber gibt, warum sich der Handelnde für die eine und gegen eine andere Option entschieden hat. Dies scheint insbesondere dann zu gelten, wenn eine Handlung mit Hilfe von Naturgesetzen auf basale physische Prozesse zurückgeführt werden kann: Offenbar hinge die Handlung dann nicht von ihrem vermeintlichen Urheber, sondern von Naturgesetzen und physischen Prozessen ab. Derartige Überlegungen dürften Wolfgang Prinz zu der oben bereits zitierten Behauptung bewogen haben, Freiheit sei grundsätzlich nicht mit wissenschaftlichen Überlegungen vereinbar: »Für mich ist unverständlich, dass jemand, der empirische Wissenschaft betreibt, glauben kann, dass freies, also nichtdeterminiertes Handeln denkbar ist.«[258]

Im Gegensatz zu Prinz werde ich im Folgenden zeigen, dass Freiheit und Determination einander nicht ausschließen. Freiheit lässt sich am besten als Selbstbestimmung verstehen, und Selbstbestimmung wird durch die Existenz von Determination nicht beeinträchtigt – im Gegenteil: Eine gewisses Maß an Bestimmtheit ist erforderlich, um eine freie Handlung von einem zufälligen Geschehnis zu unterscheiden. Eine Handlung, die völlig unbestimmt ist, kann auch durch den Handelnden nicht bestimmt sein.

Dabei möchte ich gleich festhalten, dass ich große Zweifel daran habe, dass unsere Welt determiniert ist, und noch größere Zweifel daran, dass es irgendwann einmal gelingen wird, naturalistische Erklärungen menschlicher Handlungen zu liefern – selbst wenn sich unsere Welt doch als determiniert herausstellen sollte.

Festzuhalten bleibt in jedem Falle, dass es auch an dieser Stelle keine Kluft zwischen dem naturalistischen Forschungsprogramm und unseren Alltagsüberzeugungen gibt. Unser Vermögen, frei und verantwortlich zu handeln, lässt sich als natürliche Fähigkeit verstehen, die entstehen und vergehen kann und in mehr oder minder großem Maße vorhanden sein mag. Dies bedeutet auch, dass diese Fähigkeit mit den üblichen wissenschaftlichen Mitteln untersucht werden kann.

Rein theoretisch könnten empirische Erkenntnisse daher auch zeigen, dass wir nicht in der Lage sind, frei zu handeln – viele Autoren sind sogar der Ansicht, dass derartige Erkenntnisse bereits vorliegen. Ich werde einige der wichtigsten Untersuchungen diskutieren. Dabei wird sich jedoch herausstellen, dass die derzeit vorliegenden Erkenntnisse unsere Fähigkeit zu freiem Handeln nicht ernsthaft in Frage stellen.

Freiheit – ein Minimalbegriff

Ziel einer philosophischen Klärung muss eine möglichst klare Erfassung derjenigen Kriterien sein, die unserem alltagssprachlichen Verständnis von Freiheit zugrunde liegen. Zwar sind unsere Vorstellungen in dieser Hinsicht diffus und teilweise sogar widersprüchlich. Diese Unklarheiten lassen sich jedoch umgehen, wenn man zunächst an unseren Vorstellungen davon ansetzt, was Freiheit *nicht* ist. Hier gibt es nämlich zwei kaum umstrittene Merkmale. Was auch immer wir im Einzelnen unter einer freien Handlung verstehen – es muss in jedem Falle diesen beiden, im Folgenden zu erläuternden Minimalkriterien gerecht werden. Da es sich nur um Minimalkriterien handelt, werden diese Anforderungen vermutlich nicht ausreichen, wir werden also wohl noch weitere Kriterien entwickeln müssen, um zu einem angemessenen Begriff von Freiheit zu gelangen. Doch darf selbst ein sehr anspruchsvoller Begriff von Freiheit nicht gegen diese Minimalkriterien verstoßen.

Das erste der beiden Kriterien ist wenig überraschend. Eine Handlung kann nämlich nur dann als frei bezeichnet werden, wenn sie nicht unter Zwang und äußerer Determination zustande kam. Dabei bezeichne ich als Zwang eine äußere Einwirkung, die eine Person dazu veranlasst oder veranlassen kann, eine Handlung gegen ihren Willen zu vollziehen. Die Einwirkung kann physisch oder psychisch sein, und sie kann faktisch vollzogen oder nur angedroht werden. Unter Zwang stehen wir also nicht nur, wenn jemand uns eine Pistole an die Schläfe hält oder direkte körperliche Gewalt anwendet, sondern auch dann, wenn unser Nachbar uns mit Psychoterror zum Schneiden der geliebten Gartenhecke veranlasst. Unvereinbar mit Freiheit wäre es aber auch, wenn eine Person vollständig von außen gesteuert würde. Eine Handlung, die diesem Merkmal gerecht wird, entspricht dem *Autonomieprinzip*.

Das zweite Kriterium ist ebenso trivial und unumstritten. Freie Handlungen dürfen nämlich nicht zufällig zustande kommen. Sollte sich herausstellen, dass eine Handlung das Produkt einer zufälligen neuronalen Entladung im Gehirn ist, dann ist die Handlung nicht frei. Der entscheidende Unterschied zwischen einer freien Handlung und einem zufälligen Geschehen besteht darin, dass freie Handlungen eine Person zu ihrem Urheber haben. Das ist bei Zufällen offensichtlich ausgeschlossen, und zwar ganz unabhängig davon, in welchem Zusammenhang der Zufall auftritt, schließlich ist Zufall dadurch definiert, dass er *nicht* durch vorausgegangene Einflüsse festgelegt ist. Die Abgrenzung von Freiheit und Zufall ist vor allem deshalb wichtig, weil Freiheit im Allgemeinen als hinreichende Bedingung dafür betrachtet wird, dass man eine Person für eine Handlung verantwortlich machen kann. Doch wie sollten wir jemanden für ein Ereignis verantwortlich machen, wenn dieses nur durch einen Zufall eingetreten ist? Wenn es nur an einer zufälligen neuronalen Entladung im Gehirn lag, dass eine Person den Abzug einer Pistole betätigt und damit jemanden umgebracht hat, dann wird man die Person dafür nicht verantwortlich machen können. Man kann sie allerdings gegebenenfalls dafür zur Rechenschaft ziehen, dass sie eine Pistole in die Hand nahm, diese auf ihr späteres Opfer richtete und den Finger zum Abzug führte. Damit ergibt sich ein zweites Prinzip, dem freie Handlungen in jedem Falle entsprechen müssen: das *Prinzip der Urheberschaft*. Frei sind also nur solche Handlungen, die eine Person als Urheber haben.

Selbstbestimmung

Entscheidend ist nun, dass man beiden Prinzipien, dem Prinzip der Urheberschaft ebenso wie dem Autonomieprinzip, sehr leicht gerecht werden kann, wenn man Freiheit als Selbstbestimmung versteht. Die Verwandtschaft von Freiheit und Selbstbestimmung ist nicht weiter überraschend – so macht es im Alltag keinen großen Unterschied, ob wir davon sprechen, dass ein Volk um seine Freiheit oder dass es um seine Selbstbestimmung kämpft. Entscheidend ist, dass eine selbstbestimmte Handlung notwendigerweise den beiden genannten Prinzipien gerecht wird. Selbstbestimmt ist eine Handlung nämlich nur dann, wenn sie nicht unter äußerem Zwang vollzogen wurde – dann wäre sie nämlich nicht *selbst-* sondern *fremd*bestimmt. Das Autonomieprinzip wäre somit erfüllt. Doch auch dem Prinzip der Urheberschaft wird man mit der Forderung nach Selbstbestimmung gerecht: Von einer selbstbestimmten Handlung kann man nämlich nur dann sprechen, wenn die Handlung durch den Handelnden selbst bestimmt wird. Freiheit, zumindest in dem bislang skizzierten Minimalsinne, lässt sich also in Selbstbestimmung übersetzen; selbstbestimmte Handlungen erfüllen die beiden skizzierten Kriterien und sind damit frei in dem genannten Sinne.

Wenn ich beispielsweise fest davon überzeugt bin, dass es besser ist, weite Strecken mit dem Zug statt mit dem Auto zu fahren, dann wird man vermutlich von einer selbstbestimmten Handlung sprechen können, wenn ich mich für eine Fahrt mit dem Zug entscheide, statt das Auto zu nehmen. Das wäre selbst dann der Fall, wenn meine Überzeugung mein Handeln *determinieren* würde, so dass ich unter den gleichen Umständen immer wieder zu dieser Entscheidung käme. Umgekehrt würde eine Aufhebung der Determination nicht dazu beitragen, meinen Freiheitsspielraum zu vergrößern, vielmehr würde sie einfach nur die Gefahr heraufbeschwören, dass ich mich am Ende – ganz gegen meine Überzeugung – im Auto wiederfände. Dies wäre nicht nur dann der Fall, wenn der blanke Zufall an die Stelle vollständiger Determination treten würde. Auch wenn die Wahrscheinlichkeit für die ursprüngliche Handlung mehr oder minder stark abnähme, würde dies nur bedeuten, dass die Wahrscheinlichkeit einer meinen Wünschen widersprechenden Handlung mehr oder minder stark zunehmen würde. Ein Gewinn an Freiheit ist so schwerlich zu erzielen. Ganz generell kann man sagen, dass eine Handlung in umso höherem Maße selbstbestimmt ist, je weiter der Einfluss des Handelnden auf die Handlung reicht.

Wenn diese Überlegungen zutreffen, dann kommt es offenbar nicht darauf an, *ob* es determiniert ist, dass ich mich für A und gegen B, für den Zug und gegen das Auto entscheide. Wichtig wäre vielmehr, *wodurch* meine Entscheidung determiniert oder bestimmt ist: Wird sie durch äußere Umstände bestimmt, dann ist sie fremdbestimmt und damit unfrei; wird sie dagegen durch mich selbst bestimmt, dann ist sie trivialerweise selbstbestimmt und damit frei in dem obigen Sinne.

Hier wird schon deutlich, dass die auf den ersten Blick vielleicht etwas unnütz erscheinenden Begriffsspielereien eine wichtige Konsequenz haben: Eine generelle Unvereinbarkeit von Freiheit und Determination besteht offenbar nicht, Selbstbestimmung – und damit auch Freiheit in dem skizzierten Sinne – ist zumindest mit einer bestimmten Form von Determination vereinbar. Natürlich bedeutet all dies nicht, dass Freiheit Determination *erfordern* würde. Wenn eine minimale Wahrscheinlichkeit besteht, dass ich – im Gegensatz zu meiner festen Überzeugung – das Auto statt des Zuges nehmen werde, dann schränkt dies meine Freiheit nicht merklich ein, vorausgesetzt, meine Handlung entspricht faktisch meiner Überzeugung. Determination ist also nicht erforderlich, notwendig ist nur eine hinreichend enge Abhängigkeit der Handlung von der Person. Aus diesem Grunde erscheint es mir besser, von Selbst-*Bestimmung* und nicht etwa von Selbst-*Determination* zu sprechen.

Das handelnde »Selbst«

Wenn man Freiheit als Selbstbestimmung auffasst, dann muss man etwas zu der Person oder dem »Selbst« sagen, das sich hier selbst bestimmt. Wie im vorangegangenen Abschnitt bereits dargelegt, versteckt sich hinter dem Selbst nicht irgendein immaterieller Wesenskern der Person, vielmehr steht der Ausdruck einfach für die Fähigkeiten und Eigenschaften, die die Person selbst ausmachen und damit konstitutiv für die Person sind.

Bislang wurden diese Merkmale nur ganz allgemein im Rahmen der Frage erläutert, was eine selbstbewusste Person ist. Im Folgenden möchte ich genauer auf die Frage eingehen, was eine *handlungs-* und *selbstbestimmungsfähige Person* ausmacht: Welche Merkmale muss eine Person besitzen, damit man zumindest einige ihrer Handlungen als selbstbestimmt bezeichnen kann?

Personale Fähigkeiten

Generell kann man hier unterscheiden zwischen *personalen Fähigkeiten* und *personalen Präferenzen*. Während ich unter personalen Präferenzen spezifische Überzeugungen, Wünsche oder Handlungsdispositionen verstehe, die jeweils für ein Individuum spezifisch sind, dreht es sich bei personalen Fähigkeiten um ganz allgemeine Voraussetzungen, die jede selbstbestimmungsfähige Person erfüllen muss.

Hierzu gehören zunächst die oben bereits genannten Merkmale selbstbewusster Personen. Natürlich wird meine Fähigkeit, mein Handeln selbst zu bestimmen, beeinträchtigt, wenn ich meine eigenen Überzeugungen, Wünsche oder langfristigen Interessen nicht kennen oder mich in ihnen täuschen würde. Ich benötige also aktuales Selbstbewusstsein ebenso wie ein Selbstkonzept, das einigermaßen stabil ist. Eine selbstbestimmte Wahl zwischen unterschiedlichen Berufen ist nur dann möglich, wenn die Vorstellungen von meinen fundamentalen Interessen, Wünschen und Überzeugungen, die ich der Berufswahl zugrunde lege, im Wesentlichen den Wünschen, Überzeugungen und Interessen entspricht, die ich habe, wenn ich den Beruf dann tatsächlich ausübe.

Selbstbestimmtes Handeln setzt auch bestimmte kognitive Fähigkeiten voraus. Von besonderer Bedeutung ist dabei die Fähigkeit, sich an Gründen zu orientieren. Die handelnde Person muss Argumente verstehen können, und sie muss in der Lage sein, Einsichten und Erfahrungen zu berücksichtigen, die für oder gegen eine Handlung sprechen. Unverzichtbar ist aber auch, dass die handelnde Person die Konsequenzen einer Handlung voraussehen kann; außerdem muss sie imstande sein, eine einigermaßen vernünftige Lösung zu finden, wenn sich ihre unterschiedlichen Interessen widersprechen. So werde ich nur dann eine selbstbestimmte Berufswahl treffen können, wenn ich irgendeine halbwegs vernünftige Balance finde zwischen meinen finanziellen Erwartungen, meinem Bedürfnis nach einem sicheren Arbeitsplatz und meinen Wunsch nach einer inhaltlich befriedigenden Tätigkeit.

Personale Präferenzen

Selbstbestimmungsfähige Personen benötigen aber auch ganz individuelle Merkmale, also *personale Präferenzen*. Solche individuellen Differenzen sind konstitutiv für unseren Begriff von Personalität und für unseren Begriff von Freiheit. Wir unterstellen einfach, dass unterschiedliche Personen in ein und derselben Situation unterschiedlich handeln können, sofern sie die freie Wahl haben. Erklären lässt sich dies nur, wenn wir diese Unterschiede der Person selbst zuschreiben können. Nur so können wir auch der Forderung nach Urheberschaft gerecht werden. Mit anderen Worten: Es *muss* irgendwelche Merkmale geben, die meiner Person zuzurechnen sind. Erst diese Merkmale erklären, warum ich bei freier Wahl lieber mit dem Zug als mit dem Auto fahre, während andere Personen in der gleichen Situation das Auto bevorzugen.

Hieraus ergibt sich ein Punkt von grundsätzlicher Bedeutung: Offensichtlich können wir eine Handlung überhaupt nur dann einer bestimmten Person zuschreiben, wenn die Person bestimmte Wünsche und Überzeugungen besitzt, die erklären, warum sie so und nicht anders gehandelt hat. Wenn wir also dem Prinzip der Urheberschaft und damit einer unverzichtbaren Minimalforderung an freie Handlungen gerecht werden wollen, dann *muss* eine individuelle, frei handelnde Person Wünsche, Handlungsdispositionen und Überzeugungen haben, die für sie selbst charakteristisch sind und sich von denen anderer frei handelnder Personen unterscheiden können.

Ein Kriterium

Es liegt auf der Hand, dass nicht alle Präferenzen, die eine Person faktisch hat, personale Präferenzen sein können. Ein Waschzwang oder eine Alkoholabhängigkeit führt zu starken Handlungspräferenzen, dennoch würde man sicherlich nicht sagen, dass eine Person frei und selbstbestimmt handelt, wenn sie sich ständig die Hände wäscht oder ihrer Sucht nach Alkoholika nachgibt. Will man an der Übersetzung von Freiheit in Selbstbestimmung festhalten, dann benötigt man ein klares systematisches Kriterium, das zwischen solchen zwanghaften Dispositionen einerseits und den einer Person zuzurechnenden Überzeugungen und Wünschen andererseits zu unterscheiden erlaubt.

Voraussetzungslose Prüfung

Dabei geht es offenbar nicht nur um die Ausgrenzung von eindeutig krankhaften oder zwanghaften Handlungstendenzen. Auch eine Überzeugung, die ich von meinen Eltern übernommen habe, scheint man mir kaum zuschreiben zu können: Mit welchem Recht sollte man hier von *meiner* Überzeugung und nicht von der meiner Eltern sprechen? Das einzig sinnvolle Kriterium scheint daher in der Forderung zu bestehen, dass ich in der Lage sein muss, jede einzelne Überzeugung und jeden einzelnen Wunsch ganz unabhängig von allen anderen Überzeugungen und Wünschen zu prüfen, so dass ich mich in einem völlig offenen Prozess bedingungslos dafür oder dagegen entscheiden kann. Akzeptiert man dieses Kriterium, dann wären Freiheit und Determination nicht miteinander vereinbar und der oben skizzierte Begriff von Freiheit hätte sich als zu schwach erwiesen.

In Wirklichkeit ist dieses Kriterium jedoch ungeeignet. Die völlige Offenheit führt nämlich in ein Dilemma. Wenn die Entscheidung für oder gegen eine bestimmte Präferenz nicht von den Wünschen und Überzeugungen einer Person abhängt – mit welchem Recht will man sie dann überhaupt noch der Person zuschreiben? Offenbar würde hiermit das Prinzip der Urheberschaft verletzt und damit die Unterscheidung von Freiheit und Zufall in Frage gestellt. Außerdem wäre unklar, wie unter diesen Voraussetzungen noch die Erfahrungen einer Person in die Bewertung der fraglichen Präferenz eingehen. Meine Erfahrung, dass zu schnelles Fahren unannehmbare Risiken mit sich bringt, sollte doch in die Bewertung meiner Leidenschaft für hohe Geschwindigkeiten eingehen – genau das wäre bei einer völlig offenen Entscheidung nicht mehr möglich. Dies zeigt, dass damit auch die Rationalität der Bewertung meiner Präferenzen gefährdet wäre.

Auch meine tiefe Überzeugung von der Unverzichtbarkeit moralischer Prinzipien dürfte bei der Bewertung einzelner Wünsche oder Gewohnheiten keine Rolle spielen: Es könnte daher passieren, dass ich mir einen Wunsch oder eine Überzeugung zu eigen mache, die meinen grundlegenden Prinzipien widerspricht. Außerdem würden die Überzeugungen und Wünsche einer Person unter diesen Bedingungen instabil. Wenn nämlich das Ergebnis der Bewertung eigener Überzeugungen prinzipiell offen ist, kann die Person immer wieder zu anderen Ergebnissen kommen; ihre Präferenzen würden sich fortwährend verändern.

All dies spricht entschieden gegen die Forderung, die voraussetzungslose, völlig offene und nicht determinierte Prüfung zur Bedingung dafür zu machen, dass man einer Person eine Überzeugung zuschreiben beziehungsweise die Person sich die Überzeugung zu Eigen machen kann.

Eine Alternative

Ich möchte daher ein anderes Kriterium vorschlagen. Augsangs-punkt ist die Annahme, dass eine Person imstande sein muss, die eigenen Wünsche und Überzeugungen zu bewerten und sie gegebe-nenfalls diesen Bewertungen entsprechend zu ändern. Ich muss mich also nicht nur fragen können, ob ich meine Familie nicht mit mei-ner Opernleidenschaft in den Ruin stürze, vielmehr muss ich mich auch gegen diese Leidenschaft entscheiden und diese Entscheidung umsetzen können. Vermag ich dies nicht, dann ist diese Leidenschaft keine personale Präferenz und meine Fähigkeit zu selbstbestimmtem Handeln in dieser Hinsicht beeinträchtigt.

Dabei kommt es nicht darauf an, dass ich bereits faktisch einen Versuch unternommen habe, die fragliche Präferenz aufzugeben: Die Freiheit eines Rauschgiftsüchtigen wird offenbar durch die Sucht selbst beeinträchtigt und nicht erst durch das Scheitern sei-ner Versuche, sich von der Sucht zu befreien. Genausowenig geht es hier um Prognosen darüber, ob ich mich faktisch jemals gegen eine bestimmte Einstellung entscheiden werde. Meine Opernleidenschaft könnte also auch dann als personale Präferenz zählen, wenn ich die-ser Leidenschaft immer treu bleibe. Es kommt nur darauf an, dass die Entscheidung wirksam würde, *wenn ich sie denn träfe.*

Das vorgeschlagene Kriterium trennt also recht gut zwischen sol-chen Einstellungen, die unsere Freiheit in Frage stellen, und sol-chen, die das nicht tun, und erlaubt somit eine plausible systema-tische Unterscheidung. Waschzwang oder Alkoholismus kann man nicht durch eine Entscheidung aufgeben – sie zählen daher nicht als personale Präferenzen. Zwar kann man sich hier durch eine Thera-pie helfen lassen, aber dann wäre es eben die Therapie und nicht der Entschluss, der zur Überwindung der Abhängigkeit geführt hätte. Es ist also notwendig, dass die Entscheidung *direkt* und nicht *vermit-telt* zum Beispiel durch eine Therapie oder ein Medikament wirksam wird.

Die Überzeugung, dass es besser ist, mit der Bahn als mit dem Auto zu fahren, dürfte dagegen als personale Präferenz zählen, sofern ich eine eventuelle Entscheidung gegen das Bahnfahren auch wirklich umsetzen könnte. Wenn ich dennoch an dieser Überzeugungen festhalte, dann kann man sie mir auch zuschreiben; Handlungen, die auf diese Überzeugungen zurückgehen, wären dann frei und selbstbestimmt in dem oben skizzierten Sinne.

Eine kurze Zwischenbilanz

Festzuhalten bleibt, dass Freiheit in dem bislang erläuterten Minimalsinne auch in einer determinierten Welt möglich ist. Eine Aufhebung der Determination würde nicht die Freiheitsspielräume vergrößern, sondern nur die Wahrscheinlichkeit einer Handlung, die im Widerspruch zu den Einstellungen des Urhebers steht. Unerheblich ist offenbar auch, wie die Willensakte und die ihnen zugrunde liegenden Überzeugungen realisiert sind. Zumindest auf den ersten Blick scheint nichts gegen eine physische Realisierung von Willensakten und Überzeugungen zu sprechen: Wenn wir in einer rein physischen Welt leben, dann müssen unsere Wünsche und Überzeugungen neuronal realisiert sein, um handlungswirksam werden zu können. Außerdem würde sich Freiheit in der Tat als eine natürliche Eigenschaft erweisen, deren Entstehungsbedingungen und Ausprägungen mit den üblichen wissenschaftlichen Mitteln zu analysieren wären.

Ein anspruchsvollerer Begriff von Freiheit?

Das Prinzip der alternativen Handlungsmöglichkeiten

Die bisherigen Überlegungen basierten im Wesentlichen auf den eingangs vorgestellten Minimalbedingungen. Dies wirft die Frage auf, ob die Vereinbarkeit von Freiheit und Naturalismus nicht durch einen viel zu schwachen Begriff von Willensfreiheit erkauft wurde. Müssen wir nicht über diese Minimalbedingungen hinausgehen, um wirklich unseren vorwissenschaftlichen Vorstellungen gerecht zu werden?

Eine besonders naheliegende Forderung ist die nach alternativen Handlungsmöglichkeiten. Nach einer sehr weitverbreiteten Vorstellung setzt Freiheit die Existenz echter Handlungsalternativen voraus. Doch wo sollten die in einer determinierten Welt herkommen? Unter den Bedingungen des Determinismus steht der Ausgang von Entscheidungsprozessen von vornherein fest – von Handlungsalternativen scheint daher keine Rede sein zu können.

Solche Argumente haben auch Philosophen überzeugt, die die Vereinbarkeit von Freiheit und Determination eigentlich befürworten. Sie haben daher versucht nachzuweisen, dass Freiheit auch in der Abwesenheit von Handlungsalternativen möglich ist. Ich halte diese Nachweise für zweifelhaft; im besten Falle zeigen sie, dass es Verantwortung ohne alternative Handlungsmöglichkeiten geben kann, nicht aber echte Willensfreiheit.[259] Doch selbst wenn man Willensfreiheit auch ohne alternative Handlungsmöglichkeiten haben könnte, so bliebe nach einem derartigen Bruch mit einer unserer am tiefsten verwurzelten Intuitionen doch nur ein sehr schwacher Begriff von Freiheit übrig. Insofern glaube ich, dass man auf die Existenz von Handlungsalternativen nicht verzichten kann.

Dies scheint zu bedeuten, dass der oben skizzierte Minimalbegriff von Freiheit einfach zu schwach ist. Offenbar benötigen wir einen stärkeren Begriff von Freiheit, und es sieht so aus, als wäre dieser stärkere Begriff von Freiheit nicht mehr mit Determination vereinbar. Das Vermögen, frei und verantwortlich zu handeln, könnte dann eben *nicht* als eine natürliche Fähigkeit verstanden werden.

Was sind echte Handlungsalternativen?

Auch hier sollte man sich jedoch nicht zu früh festlegen. Vor allem sollte man zunächst einmal klären, was es bedeutet, dass eine Person echte Handlungsalternativen besitzt. Und was heißt es, dass einer Person solche Alternativen fehlen?

Üblicherweise sprechen wir in solchen Zusammenhängen davon, dass der Handelnde in einer bestimmten Situation etwas anderes hätte tun können, als er faktisch getan hat. Statt mit dem Zug zu fahren, hätte er auch das Auto nehmen können. Offenbar kommt es dabei darauf an, dass es wirklich von dem Handelnden selbst abhängt, ob es zu der einen oder der anderen Handlungsalternative kommt: Äußere Umstände oder bloße Zufälle dürfen hier nicht die entscheidende Rolle spielen. Natürlich hätte der Kassierer das Geld nicht herausgegeben, wenn der Gangster ihn nicht mit der Pistole bedroht hätte. Doch weil die Bedrohung durch die Pistole offenbar ein äußerer Umstand war, heißt dies natürlich nicht, dass der Kassierer anders hätte handeln können. Folglich können wir ihn auch nicht dafür verantwortlich machen, dass die Situation so und nicht anders ausgegangen ist. Genau dasselbe würde gelten, wenn es nur vom Zufall abhinge, ob es zu dem einen oder dem anderen Ausgang kommt: Für einen Zufall können wir, wie gesagt, niemanden verantwortlich machen.

Was fehlt in einer determinierten Welt?

Ausgehend von diesen Voraussetzungen kann man sich fragen, ob es in einer determinierten Welt wirklich keine Handlungsalternativen gibt. Was auch immer man genau unter Determination versteht: Unter identischen Bedingungen hätte in einer determinierten Welt niemals etwas anderes passieren können, als faktisch passiert ist. In einer nicht-determinierten Welt gibt es dagegen solche Möglichkeiten: Selbst wenn der Handelnde also faktisch den Zug gewählt hat, hätte er unter eben diesen Bedingungen auch das Auto nehmen können.

Derartige Szenarien sind wohl der Grund für die weitverbreitete Vorstellung, dass es in einer nicht-determinierten Welt Handlungsalternativen gibt, in einer determinierten Welt dagegen nicht. Tatsächlich ist dies jedoch nur eine sehr oberflächliche Sichtweise. Sie lässt außer Acht, dass unter den skizzierten Bedingungen die obige Voraussetzung für echte Handlungsalternativen verletzt wäre. Wenn mehrere Optionen unter identischen Bedingungen möglich sind, dann legen diese Bedingungen offenbar nicht fest, welche dieser Optionen realisiert wird. Und wenn zu diesen Bedingungen die

Überzeugungen, Wünsche und Charaktermerkmale der Handelnden gehören, dann legen eben auch die Überzeugungen, Wünsche und Charaktermerkmale der Handelnden nicht fest, ob es zu der einen oder der anderen Handlung kommen wird. Berücksichtigt man, dass diese Merkmale konstitutiv für die Handelnde sind, dann muss man schließen, dass es unter diesen Bedingungen offenbar *nicht* von der Handelnden selbst abhängt, was passiert. Damit aber wäre das obige Kriterium für echte Handlungsalternativen und damit auch die Forderung nach Urheberschaft verletzt.

In einer nicht-determinierten Welt sind also alternative Ereignisfolgen möglich, die in einer determinierten Welt nicht existieren. Diese alternativen Ereignisfolgen können wir aber einfach deshalb nicht als echte Handlungsalternativen der handelnden Person bezeichnen, weil ihr Eintreten gar nicht von der Person abhängt. Wenn also tatsächlich eine dieser Optionen realisiert würde, dann könnten wir nicht davon sprechen, dass die Person anders gehandelt hat, vielmehr müssten wir sagen, dass etwas anderes passiert ist, und zwar ganz unabhängig von den Wünschen, Überzeugungen und Bedürfnissen der handelnden Person, ja, möglicherweise in direktem Gegensatz zu ihren Wünschen.

Ein anderes Verständnis von alternativen Handlungsmöglichkeiten

Dies bedeutet, dass wir offenbar ein anderes Verständnis von alternativen Handlungsmöglichkeiten benötigen. Dabei muss nicht nur gesichert sein, dass die Person mehrere Optionen besitzt; nicht weniger wichtig ist, dass es wirklich von der Person abhängt, welche dieser Optionen realisiert wird. Die beste Probe dafür dürfte sein, dass man nach der Handlung sagen kann, dass es an der Person lag, dass sie so und nicht anders gehandelt, dass sie diese und keine andere Option gewählt hat.

Im Folgenden möchte ich zeigen, dass man bei einer selbstbestimmten Entscheidung für eine von mehreren Alternativen immer auch davon sprechen kann, dass die Person die Handlung hätte vollziehen können, die sie faktisch nicht ausgeführt hat. Dies heißt nicht etwa, dass es gelungen wäre, doch noch eine kleine Portion Unbestimmtheit in eine determinierte Welt zu schmuggeln, vielmehr möchte ich im Folgenden zeigen, dass die Forderung nach Unbestimmtheit nicht zu den Kriterien von echten Handlungsalternativen zählt. Wiederum geht es also nur um eine Verständigung über die Kriterien, diesmal um eine Verständigung über die Kriterien darüber, was es heißt, dass eine Person etwas tun *kann*.

Vergegenwärtigen wir uns dazu noch einmal die obigen Kriterien für Selbstbestimmung. Nehmen wir eine Person, die sich in einer bestimmten Situation dafür entscheidet, mit dem Zug und nicht mit dem Auto zu fahren. Diese Handlung gilt den obigen Kriterien zufolge dann als selbstbestimmt, wenn es sich auf die personalen Präferenzen der Person zurückführen lässt, dass sie so und nicht anders gehandelt hat. Es hatte sich herausgestellt, dass es Selbstbestimmung in diesem Sinne in einer determinierten Welt tatsächlich geben kann.

Entscheidend ist nun, dass dieses Verständnis von Selbstbestimmung bereits impliziert, dass die Person tatsächlich mehrere Optionen hatte, dass sie also auch etwas anderes hätte tun *können*, als sie faktisch getan hat. Wenn ich gar nicht mit dem Auto, sondern nur mit dem Zug fahren *kann*, etwa weil ich keinen Führerschein besitze, dann ist es eben auch nicht auf mich zurückzuführen, wenn ich den Zug und nicht das Auto nehme – von einer selbstbestimmten Entscheidung zwischen Zug und Auto kann genauso wenig die Rede sein wie von der Existenz echter Handlungsalternativen. Weil keine Handlungsalternativen da waren, konnte ich gar nicht selbstbestimmt handeln.

Wenn wir also umgekehrt von einer selbstbestimmten Entscheidung zwischen Zug und Auto sprechen, dann setzen wir voraus, dass die Person mit dem Zug und mit dem Auto fahren *kann*. So gebrauchen wir einfach den Ausdruck »können« in unserer Sprache! Eine Person *kann* etwas tun, wenn es weder von äußeren Umständen noch vom bloßen Zufall, sondern nur von ihr selbst abhängt, ob sie es tun wird oder nicht. Selbstverständlich lässt sich aus der Tatsache, dass jemand etwas nicht getan *hat,* nicht ableiten, dass er es nicht tun *konnte*. Wenn sich aber vor der Ausführung der Handlung sagen lässt, dass man mit dem Auto fahren kann, dann kann es nach der Handlung nicht falsch sein zu behaupten, dass man mit dem Auto hätte fahren können – selbst wenn man faktisch den Zug genommen hat. Die entscheidende Voraussetzung dafür ist nicht, dass die Entscheidung zwischen den beiden Möglichkeiten unbestimmt oder undeterminiert war, die entscheidende Voraussetzung ist vielmehr, dass sie sich auf die Person selbst zurückführen lässt. Wenn wir also von alternativen Handlungsmöglichkeiten sprechen, dann betonen wir nur einen ganz bestimmten Aspekt einer Situation, in der selbstbestimmtes Handeln möglich ist: die Existenz von Alternativen, deren Auswahl nur von dem Handelnden abhängt.

Zufall und Wahrscheinlichkeit

Wie bereits bemerkt, bildet Zufall nicht die einzige Alternative zu Determination. Zwischen reinem Zufall und vollständiger Determination besteht noch die Option, dass Ereignisse mit mehr oder minder großer Wahrscheinlichkeit eintreten. Auf den ersten Blick scheint sich hieraus die Möglichkeit eines nicht-deterministischen Verständnisses alternativer Handlungen zu ergeben, das nicht mehr gegen das Urheberprinzip verstoßen muss. Nehmen wir also an, es sei angesichts meiner personalen Präferenzen extrem wahrscheinlich, dass ich den Zug nehme, eine Fahrt mit dem Auto sei aber nicht völlig ausgeschlossen. Wenn ich nun wirklich mit dem Zug fahre, dann liefern meine Präferenzen eine völlig plausible Erklärung für diese Handlung – die Forderung nach Urheberschaft wäre also erfüllt. Gleichzeitig bleibt aber unter genau diesen Bedingungen die Möglichkeit einer Alternativhandlung; eine Änderung meiner Präferenzen wäre also gerade *nicht* notwendig.

Gewinnt man damit nicht ein anspruchsvolleres Verständnis von alternativen Handlungsmöglichkeiten? Dies ist eindeutig nicht der Fall, und zwar aus zwei Gründen. Zum einen würde es auch unter den genannten Bedingungen nicht vom Handelnden selbst abhängen, welche der beiden Alternativen eintritt. Zwar muss auf die

Dauer die wahrscheinlichere Option wesentlich häufiger auftreten als die unwahrscheinlichere. Ja, die unwahrscheinlichere mag so selten vorkommen, dass dieser Fall uns genauso wenig beschäftigen würde wie die Möglichkeit, von einem Dachziegel erschlagen zu werden. Doch ob dies im Einzelfall passiert oder nicht, läge in beiden Fällen gerade *nicht* an uns. Schon allein aus diesem Grund kann man nicht von einer Ausweitung des Handlungsspielraums sprechen. Es kommt hinzu, dass die Alternativhandlung unter den angenommenen Bedingungen im Widerspruch zu den Präferenzen des Handelnden stehen würde. Sie ließe sich daher *nicht* auf den Handelnden zurückführen. Damit wäre nicht nur ein weiteres Mal die für Freiheit konstitutive Forderung nach Urheberschaft verletzt, vielmehr könnte man überhaupt nicht mehr von einer Handlung der fraglichen Person sprechen. Wir hätten es mit einem Geschehen zu tun, das im Widerspruch zu den Präferenzen des Handelnden zustande gekommen ist. Dies mag unproblematisch erscheinen, wenn es um die Wahl zwischen Auto und Zug geht. Doch in einer nicht-determinierten Welt könnte es eben auch passieren, dass ich im Widerspruch zu meinen festen Überzeugungen stehle oder betrüge. Diese Möglichkeit mag faktisch bestehen, doch es ist überhaupt nicht zu sehen, warum man sie zu einer Bedingung freien und selbstbestimmten Handelns erklären sollte.

Wird meine Freiheit durch Ereignisse vor meiner Geburt beeinträchtigt?

Es gibt noch einen zweiten, nicht weniger schwerwiegenden Einwand gegen die Vereinbarkeit von Freiheit und Determination: Wenn wir in einer determinierten Welt leben, dann werden unsere Handlungen nämlich durch Ereignisse in der fernen Vergangenheit und durch Naturgesetze festgelegt, doch beide sind unserem Einfluss prinzipiell entzogen. Damit aber wäre die Forderung nach Selbstbestimmung verletzt: Offensichtlich ist es abwegig, eine Handlung als selbstbestimmt zu bezeichnen, wenn diese von Faktoren abhängt, auf die der Handelnde gar keinen Einfluss hat. Wenn die Universitätsleitung mich zur Durchführung von Klausuren verpflichtet, ohne mir irgendein Mitspracherecht einzuräumen, dann wird man kaum von einer selbstbestimmten Handlung sprechen können, wenn ich eine Klausur schreiben lasse.

Die zentrale Annahme lautet hier also, dass eine Handlung nicht frei und selbstbestimmt sein kann, wenn sie von Naturgesetzen beziehungsweise von Ereignissen in der fernen Vergangenheit determiniert wird. Doch so plausibel diese Annahme zu sein scheint – es wird sich wieder herausstellen, dass sie falsch ist. Der erste Hinweis darauf ist vergleichsweise einfach zu erkennen: Wenn eine Handlung nicht frei sein kann, sofern sie von Naturgesetzen und Ereignissen in der fernen Vergangenheit abhängt, dann müsste es Bedingungen geben, unter denen durch die Aufhebung dieser Abhängigkeit Freiheit zu gewinnen wäre. Nehmen wir an, meine Entscheidung, mit dem Zug und nicht mit dem Auto von Heidelberg nach Magdeburg zu fahren, sei determiniert durch Ereignisse vor meiner Geburt. Eine Person, die nicht nur sämtliche Naturgesetze kennt, sondern auch eine vollständige Kenntnis eines Zustandes der Welt vor meiner Geburt hat und außerdem über unbegrenzte Rechenkapazitäten verfügt, könnte daher vorhersagen, dass ich diese und keine andere Entscheidung fällen würde.

Träfe die obige Voraussetzung zu, dann müsste ich durch eine Unterbrechung der deterministischen Kausalkette unmittelbar vor meiner Geburt Freiheit gewinnen können. Dies ist jedoch prinzipiell ausgeschlossen, und zwar auch dann, wenn durch die Aufhebung der Determination zusätzliche Freiheitsspielräume entstünden: Nutzen könnte ich diese Spielräume aus dem trivialen Grund nicht, weil ich vor meiner Geburt noch gar nicht lebe. Wenn also die Aufhebung der Determination an dieser Stelle keinen *Gewinn* an Freiheit bringen kann, dann vermag auch das Fortbestehen der Determination nicht zu einer *Einschränkung* von Freiheit zu führen.

Diese Überlegung lässt sich verallgemeinern: Offensichtlich kann es erst dann zu Einschränkungen oder Erweiterungen meines Freiheitsspielraumes kommen, wenn ich als Person existiere. Vorher besitze ich einfach keinen Handlungsspielraum, der gegebenenfalls beschränkt oder gar aufgehoben werden könnte. Tatsächlich ist es für die Frage, ob eine Person frei ist oder nicht, völlig belanglos, ob die Kausalkette hinter die Geburt zurückreicht oder nicht: Entscheidend ist, ob die Person faktisch nach ihren eigenen oder nach fremden Motiven handelt. So würden wir nicht daran zweifeln, dass ein bestimmter Umstand unsere Freiheit einschränkt, wenn wir erfahren würden, dass der Umstand per Zufall eingetreten ist. Genausowenig ergibt sich eine zusätzliche Einschränkung daraus, dass sich ein Umstand auf lange vergangene Ereignisse zurückführen lässt. Offensichtlich kommt es einfach auf die Spielräume und Einschränkungen an, die im Moment der Handlung vorliegen.

Dies schließt nicht aus, dass uns lange vergangene Ereignisse eine *Erklärung* dafür liefern, dass die fraglichen Umstände eingetreten sind. Natürlich können Ereignisse vor meiner Geburt verständlich machen, dass ich einen Waschzwang entwickelt habe, doch für die Einschränkung meiner Freiheit ist dies offenbar nicht von Bedeutung.

Ultimative Urheberschaft

Ich glaube, dass der obigen Argumentation noch eine andere Vorstellung von Freiheit zugrunde liegt, die bislang noch nicht angesprochen wurde. Üblicherweise wird diese Position als »ultimative Urheberschaft« oder »ultimative Verantwortung« beschrieben. Ausgangspunkt ist die Annahme, dass ein Höchstmaß an Freiheit dann zu erreichen wäre, wenn sämtliche Bedingungen für eine freie Entscheidung auf den Handelnden selbst zurückzuführen sind. Von ultimativer Urheberschaft könnte also zum Beispiel dann die Rede sein, wenn die Entstehung aller Fähigkeiten und Motive, die meiner Entscheidung für den Zug und gegen das Auto zugrunde liegen, ausschließlich auf mich zurückzuführen wäre.

Es ist offensichtlich, dass diese Forderung in einer determinierten Welt nicht zu erfüllen ist. Da sie sich – im Gegensatz zu der im letzten Abschnitt diskutierten Vorstellung – nicht mit bloßer *Unabhängig-*

keit von Naturgesetzen und Ereignissen vor meiner Geburt begnügt, sondern eine echte Ausweitung der Kontrolle verlangt, scheint diese Forderung tatsächlich zu einem anspruchsvolleren Begriff von Freiheit zu führen.

Doch auch dieser Anschein trügt. In Wirklichkeit geht man auch mit dieser Forderung nur der alten und falschen Vorstellung einer voraussetzungslosen Freiheit auf den Leim. Zwar verlangt das Kriterium nicht, dass ich mich zu jeder meiner Präferenzen irgendwann einmal bewusst entschlossen habe; die Forderung wäre auch dann erfüllt, wenn sich eine gegebene Präferenz auf eine meiner anderen Präferenzen zurückführen ließe, für die das Gleiche gilt. Will man hier nicht in einem Regress enden, dann muss es irgendwo einmal zumindest eine erste Entscheidung für eine Präferenz gegeben haben, und diese Entscheidung muss eine freie Entscheidung der handelnden Person sein.

Doch wie sollte eine solche »erste freie Entscheidung« aussehen? Wenn sie der Person zuschreibbar sein soll, müsste sie sich auf bereits bestehende Präferenzen des Handelnden zurückführen lassen. Doch dann wäre es keine *erste* Entscheidung, sie hinge vielmehr von den übrigen Präferenzen und deren Entstehungsgeschichte ab. Dabei würden wiederum die bereits skizzierten Probleme einschließlich der Gefahr eines Regresses auftauchen. Soll es sich dagegen wirklich um eine *erste* Entscheidung handeln, dann darf sie nicht von den übrigen Präferenzen abhängen. Dann aber wäre das Kriterium der Urheberschaft verletzt, es könnte also nicht von einer ersten *freien* Entscheidung gesprochen werden.

Dies zeigt, dass dieses Kriterium widersinnig ist. Entscheidend ist dabei, dass es die Existenz einer ersten Entscheidung voraussetzt, doch die Forderung nach einer *ersten* Entscheidung oder der Initiierung einer Kausalkette steht im Widerspruch zu der Forderung nach *Urheberschaft*. Aufgeben sollten wir die Forderung nach ultimativer Urheberschaft also nicht, um uns mit den Unzulänglichkeiten dieser Welt zu arrangieren, sondern weil wir es hier nicht mit einem sinnvollen Maßstab für freie Handlungen zu tun haben. Insofern macht man auch keinen Kompromiss oder begnügt sich mit einer schwächeren Vorstellung von Freiheit, wenn man die Forderung nach ultimativer Urheberschaft zurückweist. Wenn der entscheidende Fehler in der Annahme besteht, dass sämtliche Bedingungen einer freien Entscheidung ihrerseits wieder auf freie Entscheidungen zurückführbar sein müssten, dann besteht offenbar der einzige Weg zu einer philosophisch akzeptablen Konzeption von Freiheit über die Einsicht, dass die Fähigkeit zu freiem Handeln hervorgehen kann aus Bedingungen, die *nicht* der freien Wahl des Handelnden unterliegen. Diese Überlegungen stimmen überein mit dem obigen Befund, dass meine Freiheit nicht durch Ereignisse vor meiner Geburt eingeschränkt werden kann; auch hier erweist sich also das Fehlen direkter Kontrolle in der Vorgeschichte einer Handlung als nicht relevant für das Urteil über die Freiheit der Handlung selbst. Schließlich stimmen diese Kriterien auch mit der nur schwer aufzugebenden Annahme überein, dass Freiheit in der Lebensgeschichte eines Individuums entstehen kann: Will man nicht auf die abwegige Vorstellung einer Selbstschöpfung zurückgreifen, dann muss man zugeben, dass Freiheit in einem Prozess entstehen kann, über den das Individuum keine Kontrolle hat. Und das bedeutet, dass eine Handlung auch dann frei sein kann, wenn nicht der gesamte Entstehungsprozess der Handlung unter der Kontrolle des Handelnden war.

Ein theoretischer Beweis gegen die Existenz von Freiheit?

Doch zeigt die Unmöglichkeit ultimativer Urheberschaft nicht vielmehr, dass es echte Freiheit prinzipiell nicht geben kann? Diese Position hat gerade in den letzten Jahren in der Philosophie an Bedeutung gewonnen;[260] sie ist jedoch eindeutig verfehlt. Die obigen Überlegungen haben nämlich gezeigt, dass das Prinzip der ultimativen Urheberschaft widersinnig ist; deshalb kann es keinen Maßstab für einen sinnvollen Freiheitsbegriff liefern. Dies gilt umso mehr, als es andere, akzeptable Konzeptionen von Freiheit gibt, die unseren zentralen Intuitionen gerecht werden. Es wäre sicherlich merkwürdig, würde man eine akzeptable Konzeption zurückweisen, nur weil sie der abwegigen Vorstellung von ultimativer Urheberschaft widerspricht. Doch nehmen wir an, es gäbe *keine* Alternative zu dem Bestehen auf ultimativer Urheberschaft, weil die Widersprüche, an denen das Prinzip scheitert, konstitutiv für unseren vorwissenschaftlichen Freiheitsbegriff sind. Zwar vermute ich, dass solche Widersprüche Grund genug für eine philosophische Konzeption von Freiheit wären, die sich weiter von den alltagssprachlichen Vorstellungen entfernt. Doch unterstellen wir außerdem, dass auch dieser Ausweg entfällt, so dass die Widersprüche des Freiheitsbegriffs einfach unauflöslich wären. Würde dies einen theoretischen Beweis gegen die Existenz von Freiheit liefern? Dies wäre sicherlich nicht der Fall. Der Begriff Freiheit wäre unter diesen Bedingungen vielmehr ungeeignet, informative Aussagen über menschliche Handlungen zu machen. Genauso wie wir von jeder beliebigen geometrischen Figur sagen können, dass sie kein viereckiges Dreieck ist, könnte man dann von jeder Handlung sagen, dass sie nicht frei ist. Wenn wir also die offensichtlichen Unterschiede beschreiben wollen, die zum Beispiel zwischen einer Handlung im Vollrausch und einer Handlung, die aus voller, reflektierter Überzeugung, nach intensiver Überlegung und ohne jeden äußeren Druck vollzogen wird, dann würde der Freiheitsbegriff dabei keine Rolle mehr spielen. Der Begriff wäre damit auch ungeeignet, Einwände gegen die Verantwortlichkeit menschlicher Personen zu begründen. All dies spricht dafür, dass ein anderer Begriff an seine Stelle treten würde – auch wenn man für diesen Begriff nicht mehr in Anspruch nehmen könnte, dass er die zentralen vorwissenschaftlichen Intuitionen von Freiheit erfasst.

Tatsächlich befinden wir uns jedoch nicht in dieser Situation: Wie gezeigt sind unsere vorwissenschaftlichen Intuitionen nicht so widersprüchlich, dass sie die Bildung einer kohärenten Konzeption von Freiheit verhindern würden. Und das bedeutet, dass sich auch der zweite der oben präsentierten zentralen Einwände gegen die Vereinbarkeit von Freiheit und Determination ausräumen lässt. Der entscheidende Grund ist, dass dem Einwand eine Vorstellung von ultimativer Urheberschaft zugrunde liegt, die sich bei näherem Hinsehen als abwegig erweist.

Gründe und Ursachen

Es ist eines der zentralen Kennzeichen von menschlichen Personen, dass sie die Fähigkeit haben, sich in ihrem Denken und Verhalten an Gründen zu orientieren, auch wenn sie von dieser Möglichkeit nicht immer Gebrauch machen. Wie oben erwähnt, stellt diese Fähigkeit eine zentrale Voraussetzung von selbstbestimmtem Handeln dar.

Zweifel an dieser Fähigkeit würden nicht nur unser Selbstverständnis ganz fundamental in Frage stellen, vielmehr scheint es, also ob man sich in einen Widerspruch verwickelt, wenn man solche Zweifel vorbringt. Der Grund (!) ist nicht schwer zu erkennen: Solche Zweifel müssen durch Gründe gestützt werden, doch indem man dies tut, setzt man voraus, dass der Gesprächspartner sich in seinem Denken und Handeln von diesen Gründen leiten lassen kann. Indem ich meine Zweifel begründe, gehe ich also schon davon aus, dass mein Gegenüber genau die Fähigkeiten besitzt, die ich doch eigentlich bestreiten möchte. Unterlasse ich dagegen die Begründung, dann hat niemand einen Grund, sich ernsthaft mit meinen Behauptungen auseinander zu setzen.

Die zentrale Frage, der ich im folgenden Abschnitt nachgehen möchte, lautet, ob Gründe in einer Welt wirksam werden können, die sich vollständig in einem naturalistischen Vokabular beschreiben lässt, so dass man zumindest im Prinzip alle Veränderungen auf physische Prozesse zurückführen kann. Gerade in jüngerer Zeit ist das von vielen Autoren bestritten worden.

Eine der entschiedensten Positionen in dieser Sache hat Rafael Ferber bezogen. In seinen Augen ist die Annahme, wir könnten uns von Gründen leiten lassen, unvereinbar mit der Auffassung, menschliches Handeln und Denken seien determiniert. Dies bringe den Vertreter des Determinismus in die absurde Lage, seine Position nicht mehr widerspruchsfrei begründen zu können:

»Wenn der Determinismus wahr ist, dann kann er seine Wahrheit nicht begründen. Denn der Determinist wird nicht durch Gründe, sondern durch Wirkursachen dazu bestimmt, seine Ansicht für wahr zu halten. Begründung aber setzt Freiheit voraus. ... Denn Vernunftgründe sind für den Deterministen ähnlich wie für den Materialisten reine Wirkursachen. Deshalb kann der Determinist entsprechend seinen eigenen Voraussetzungen zwar mit rhetorischen Mitteln zu seiner Position überreden, aber nicht mit Argumenten von ihr überzeugen. Der Beweis eines Deterministen wäre einem ›Rülpsen‹ vergleichbar, das er nicht unter Kontrolle hat.«[261]

Zentral für Ferbers Argumentation sind offenbar zwei Annahmen: Zum einen wird unterstellt, dass rationales Begründen Freiheit voraussetzt, zum zweiten wird unterstellt, Freiheit schließe Determination aus. In einen Selbstwiderspruch gerät der Determinist also nur, wenn er beide Voraussetzungen akzeptiert – doch warum sollte er das tun?

In jedem Falle kann ein Determinist den Selbstwiderspruch vermeiden, indem er an der Vereinbarkeit von Freiheit und Determination festhält – selbst wenn er akzeptiert, dass rationales Begründen Freiheit voraussetzt.

Ich glaube jedoch, dass diese letzte Annahme das eigentliche Problem darstellt. Dabei unterstelle ich, dass Freiheit die Fähigkeit zu rationalem Begründen voraussetzt; eine Person, die sich nicht an rationalen Gründen zu orientieren vermag, kann also auch nicht frei handeln.

Ferber unterstellt das umgekehrte Abhängigkeitsverhältnis. Dagegen spricht zunächst unsere Alltagspraxis: Für die Frage, ob jemand eine begründete Aussage gemacht hat, ist in der Regel nur das Verhältnis zwischen Grund und Aussage wichtig, nicht jedoch die Frage, ob die Person sich frei für den Grund oder die Aussage entschieden hat. Wer die Regeln der Arithmetik kennt, kann die begründete Aussage machen, dass zwei mal zwei vier ist, und zwar auch dann, wenn er diese Antwort nur mechanisch abspult, weil er die zugrundeliegende Regel in- und auswendig kennt.

Unabhängig von diesem Einwand führt das Bestehen auf der Abhängigkeit von Begründung und Freiheit jedoch in ein Dilemma, und zwar egal, ob man fordert, dass die für die Begründung erforderliche freie Entscheidung ihrerseits von Gründen bestimmt sein muss oder nicht. Akzeptiert man die Forderung, dann gerät man in einen Regress. Für jeden dieser Gründe wäre wiederum eine freie Entscheidung erforderlich, für die sich dann wieder dasselbe Problem stellen würde. Vermeiden kann man den Regress nur, indem man die obige Forderung ablehnt und die Bindung der freien Entscheidung an Gründe aufgibt. Tatsächlich glaube ich, dass freie Handlungen nicht in jedem Falle von Gründen abhängig sein müssen. Hier geht es jedoch um die *Maßstäbe* für die Wirksamkeit von Gründen. Würde man die obige Forderung aufgeben, dann würde man die Unabhängigkeit von Gründen zur Bedingung dafür machen, dass eine Überlegung von Gründen geleitet ist. Anders ausgedrückt: Von einer begründeten Antwort könnte also nur dann die Rede sein, wenn ich mich ohne weitere Gründe zwischen den verschiedenen Antwortoptionen entschieden hätte. Es scheint mir offensichtlich, dass diese Option abwegig ist. Insofern bleibt es dabei, dass Freiheit offenbar keine Bedingung für rationales Begründen sein kann.

Die Zweifel an der Vereinbarkeit von Rationalität und Naturalismus sind damit allerdings nicht ausgeräumt. Selbst wenn man nicht der Ansicht ist, dass Begründen Freiheit voraussetzt, kann man daran zweifeln, dass Gründe in einer determinierten Welt wirksam werden können. In diesem Sinne hat in den letzten Jahren vor allem Julian Nida-Rümelin argumentiert. Ausgangspunkt ist dabei erstens die Annahme, dass Gründe keine Ursachen sind, zweitens wird unterstellt, dass Gründe keinen Ort in naturalistischen Erklärungen haben. Nida-Rümelin leitet hieraus einen prinzipiellen Konflikt zwischen dem Naturalismus einerseits und unserem Selbstverständnis sowie unserer lebensweltlichen Moralität andererseits ab:

>»Da in naturwissenschaftlichen Beschreibungen und Gesetzen Gründe keinen Ort haben, können wir diesen Konflikt auch in der Weise formulieren: Eine vollständige naturalistische Beschreibung und Erklärung menschlichen Handelns ist mit unserer lebensweltlichen Moralität unvereinbar.« [262]

Die Prämissen der Argumentation Nida-Rümelins sind nur schwer zu bestreiten. Wie schon gesagt, ist die menschliche Fähigkeit, sich an Gründen zu orientieren, unverzichtbar für unser Selbstbild wie für unsere Alltagspraxis. Zum zweiten ist in den naturwissenschaftlichen Theorien der Hirnforschung keine Rede von Gründen. Niemand behauptet, dass ein Neuron einen Grund dafür braucht, einen bestimmten Transmitter auszuschütten oder ein Aktionspotential aufzubauen – dazu sind Neuronen einfach zu »dumm«.

Doch auch eine Identifikation von Gründen und Ursachen wäre offensichtlich verfehlt. Um dies zu sehen, sollte man sich zunächst vor Augen halten, was man sinnvollerweise unter Gründen verstehen kann. Gründe lassen sich am einfachsten beschreiben als Überzeugungen, Wünsche und Bedürfnisse einer Person, die es rechtfertigen, dass die Person bestimmte Auffassungen akzeptiert oder bestimmte Handlungen ausführt. So kann zum Beispiel meine Überzeugung, dass Züge umweltfreundlicher als Autos sind, eine Rechtfertigung dafür liefern, dass ich in der Regel mit dem Zug und nicht mit dem Auto fahre. Diese Überzeugung teile ich jedoch mit vielen anderen Menschen. Sie *kann* also gar nicht identisch sein mit neuronalen Aktivitäten in meinem Gehirn. Neuronale Prozesse sind nämlich Ereignisse im weitesten Sinne des Wortes. Sie finden also statt an einem bestimmten Ort zu einem bestimmten Zeitpunkt. Von Überzeugungen kann man das nicht sagen: Es wäre Unsinn zu behaupten, gestern um fünf Uhr habe sich kurz hinter meinem Schreibtisch die Überzeugung befunden, dass Züge umweltfreundlicher seien als Autos.

Damit aber scheint Nida-Rümelin doch Recht zu behalten: Gründe sind keine Ursachen, in naturwissenschaftlichen Beschreibungen kommen keine Gründe vor, also wäre es angesichts kompletter naturwissenschaftlicher Beschreibungen menschlicher Entscheidungsprozesse ausgeschlossen, dass diese Entscheidungen von Gründen bestimmt sind.

Der Fehler in dieser Argumentation wird sichtbar, wenn man sich vor Augen hält, dass man die obige Behauptung nur leicht modifizieren muss, damit sich der Unsinn in Sinn verwandelt: Natürlich ist es möglich, dass ich gestern um fünf *darüber nachgedacht* haben, dass Züge umweltfreundlicher sind als Autos. Und natürlich kann ich dies getan haben, als ich hinter meinem Schreibtisch saß. Wir können also von einer Überlegung sprechen, *in der Gründe wirksam geworden sind.* Und es spricht nichts dagegen, dass diese Überlegung neuronal realisiert war. Ob dies so ist, muss hier nicht beantwortet werden, vor allem muss hier nicht geklärt werden, ob wir jemals zu einer »vollständigen« naturalistischen Beschreibung der neuronalen Basis irgendeiner Überlegung gelangen werden. Um den vermeintlichen Konflikt zwischen Naturalismus und Menschenbild an dieser Stelle zu entschärfen, genügt der Hinweis darauf, dass die Wirksamkeit von Gründen nicht auf die Unvollständigkeit naturalistischer Beschreibungen angewiesen ist. Selbst wenn auf der neuronalen Ebene alles mit rechten, naturalistischen Dingen zugeht, kann unser Handeln zumindest manchmal von Gründen bestimmt sein.

Dagegen spricht auch nicht die Tatsache, dass Gründe einen normativen Charakter haben, während in der neurowissenschaftlichen Beschreibung allein Fakten genannt werden. Natürlich wäre es abwegig, Normen und Neurone zu identifizieren, genauso falsch wäre der Versuch, Normen aus neurobiologischen Erkenntnissen abzuleiten. Doch darum geht es hier auch gar nicht. Es geht wiederum nur um die Überlegungen, in denen bestimmte Normen wirksam werden. So können wir darüber nachdenken, dass es *besser* ist, mit der Bahn als mit dem Auto zu fahren, oder dass es *verwerflich* ist, die Lebensbedingungen kommender Generationen durch eine Schädigung der Umwelt ernsthaft zu beeinträchtigen. Wiederum spricht nichts dagegen, dass diese Überlegungen neuronal realisiert sein könnten. Mehr noch: Weit entfernt davon, die Wirksamkeit von Normen in Frage zu stellen, könnte die neuronale Realisierung sogar eine *Bedingung* für eine solche Wirksamkeit sein: Nicht das Bestehen, sondern der Ausfall bestimmter neuronaler Prozesse dürfte meine Fähigkeit, mich in meinem Handeln von Gründen leiten zu lassen, in Frage stellen.

Ursachen werden damit immer noch nicht zu Gründen, doch Überlegungen, in denen Gründe wirksam sind, können neuronal realisiert sein und daher auch in der Sprache von Ursachen und

Wirkungen beschrieben werden. Der vermeintliche Gegensatz von Ursachen und Gründen entpuppt sich damit als ein Scheindilemma. Ob wir jemals zu einer »vollständigen« Beschreibung der neuronalen Grundlagen menschlicher Überlegungen gelangen werden, ist mehr als fraglich. Doch wenn uns das gelänge, würde diese Tatsache alleine keine Zweifel daran begründen, dass in diesen Überlegungen Gründe wirksam sind. Natürlich ist damit nichts darüber ausgesagt, in welchem Ausmaß wir uns in unserem Handeln von Gründen leiten lassen, aber das ist eine Frage, die einen auch im ganz normalen Alltag zuweilen zur Verzweiflung treiben kann.

Fazit

Es sieht so aus, als würde die skizzierte Konzeption alle wesentlichen Intuitionen in Bezug auf Freiheit erfassen: Freiheit und Determination sind also miteinander kompatibel. Doch warum erscheint uns das Gegenteil immer noch so überzeugend? Selbst wenn man alle Argumente für die Vereinbarkeit von Freiheit und Determination einsieht: Die Vorstellung, dass Freiheit und Determination *nicht* miteinander vereinbar sind, bewahrt zumindest auf den ersten Blick immer noch eine sehr hohe intuitive Plausibilität; dies hat sich auch im Verlauf der obigen Diskussion immer wieder gezeigt.

Ich glaube, dass es hierfür eine ganze Reihe von Gründen gibt, die sich zu einem Teil aus der Geistes- und Wissenschaftsgeschichte, zum anderen aber auch aus unserer unmittelbaren Erfahrung als handelnde Wesen ergeben. Wichtig ist zunächst, dass Freiheit für den Handelnden üblicherweise als Abwesenheit von Determination erfahren wird. Frei fühlen wir uns im Allgemeinen dann, wenn wir nach eigenen Wünschen und Überzeugungen handeln können. Da wir die eigenen Präferenzen nicht als Determinanten unseres Verhaltens empfinden, kann sich der Eindruck einstellen, wir seien gar nicht determiniert. Ein Gefühl der Determination stellt sich erst dann ein, wenn wir unsere eigenen Wünsche und Bedürfnisse fremden Anforderungen unterordnen müssen.

Schon diese Erfahrungen dürften eine wesentliche Stütze inkompatibilistischer Intuitionen bilden. Wichtiger noch für die Frage nach der Vereinbarkeit von Naturalismus und Menschenbild ist jedoch die Tatsache, dass diese Intuitionen durch die bereits diskutierten Probleme bei der Vereinbarkeit des Naturalismus mit unserem Menschenbild gestützt werden. Tatsächlich muss der Inkompatibilismus äußerst plausibel erscheinen, wenn man Schwierigkeiten mit der Vorstellung hat, dass geistige Prozesse physische Prozesse sind. Wenn es uns nämlich intuitiv unplausibel erscheint, dass Selbst und Selbstbewusstsein neuronal realisiert sein können, dann muss die Abhängigkeit einer Entscheidung von neuronalen Aktivitäten als eine Abhängigkeit von äußeren Einflüssen erscheinen. Dies würde insbesondere dann gelten, wenn man annimmt, dass diese neuronalen Aktivitäten durch deterministische Naturgesetze zu erfassen sind. Der Schluss liegt dann nahe, dass unser Verhalten »in Wirklichkeit« *nicht* durch uns selbst bestimmt sein kann, weil es durch Naturgesetze festgelegt ist. Die Vermutung liegt dann nahe, diese vermeintliche Abhängigkeit von äußeren Faktoren sei nur noch in einer nicht-determinierten Welt aufzuheben, in der das »Ich« unabhängig von der Festlegung durch Naturgesetze agieren könnte. Faktisch sind diese Überlegungen falsch: Naturgesetze bestimmen nicht, was neuronale Prozesse tun, sondern sie beschreiben dies allenfalls. Und wenn die fraglichen neuronalen Prozesse identisch sind mit Überlegungen, die von unseren eigenen Wünschen und Überzeugungen bestimmt werden, dann werden sie durch uns selbst bestimmt. Doch wie gesagt: Auch wenn der Fehler noch so klar ist, die intuitive Plausibilität solcher Überlegungen ist damit nicht ohne weiteres zu beseitigen.

Die obigen Überlegungen zeigen, dass es einen direkten Zusammenhang zwischen den hier behandelten Problemen gibt: Wirklich plausibel dürften naturalistische Konzeptionen von Selbstbewusstsein und Willensfreiheit erst dann werden, wenn wir die Beziehung zwischen dem Bewusstsein und seiner natürlichen Grundlage wirklich verstanden haben. Wie oben gezeigt, sind wir von einer Lösung dieses Problems aber noch recht weit entfernt. Insofern ist zu erwarten, dass den inkompatibilistischen Intuitionen – so problematisch sie auch sind – noch ein längeres Leben beschieden sein dürfte.

Das Festhalten an traditionalistischen Vorstellungen wird damit *verständlich*, keinesfalls jedoch *gerechtfertigt!* So bietet zum Beispiel eine dualistische Leib-Seele-Konzeption mitnichten bessere Voraussetzungen für die Willensfreiheit als ein naturalistischer Ansatz; bestenfalls erreicht man damit eine Verlagerung der Probleme, denen sich eine naturalistische Konzeption der Willensfreiheit gegenübersieht. Eine immaterielle Seele mag von der Determination durch Naturgesetze »befreit« sein, doch wenn sie nicht aus purem Zufall entsteht und handelt, dann tritt eben an die Stelle der naturgesetzlichen Determination die Festlegung durch das Schicksal oder die göttliche Vorsehung. Dies ist einer der Gründe dafür, dass bereits in der Antike, also lange vor der Diskussion über deterministische Naturgesetze im modernen Sinne, kompatibilistische Konzeptionen entwickelt worden sind.

Empirische Erkenntnisse

Festzuhalten bleibt in jedem Falle, dass die Forderung nach Freiheit und Verantwortung nicht zu einem grundsätzlichen Konflikt mit dem naturalistischen Forschungsprogramm führen muss. Dieses Programm mag seine Grenzen haben, doch die Existenz von Freiheit und Verantwortung hängen nicht von diesen Grenzen ab: Selbst wenn dieses Programm auf ganzer Linie erfolgreich wäre, müsste dies unsere Fähigkeit, frei und verantwortlich zu handeln, nicht grundsätzlich in Frage stellen.

Damit ist jedoch nur gezeigt, dass es keinen grundlegenden Konflikt zwischen Naturalismus und Freiheit gibt. Offen ist bislang aber noch, ob nicht konkrete Untersuchungen Zweifel an unserer Fähigkeit wecken, frei und verantwortlich zu handeln. Tatsächlich berufen sich viele Freiheitsskeptiker auf solche Experimente, die in ihren Augen massive Zweifel an der Existenz von Freiheit begründen.

Die Experimente von Libet

Nach wie vor spielen die vor mehr als zwanzig Jahren durchgeführten Experimente von Benjamin Libet eine beachtliche Rolle in dieser Diskussion. Da sie mittlerweile vielfach ausführlich kommentiert wurden, sollen sie hier nur kurz skizziert werden. Ausgangspunkt dieser Untersuchungen waren ältere Erkenntnisse, denen zufolge willentliche Körperbewegungen auf der neuronalen Ebene durch ein sogenanntes Bereitschaftspotential eingeleitet werden. Libet untersuchte den Zusammenhang zwischen diesem Bereitschaftspotential, dem bewussten Willensakt und einer Handlung. Dabei stellte er fest, dass das Bereitschaftspotential bereits 550 Millisekunden *vor* der Handlung und damit immerhin 350 Millisekunden vor dem bewussten Willensakt einsetzt. Das Gehirn, so lautete eine weitverbreitete Interpretation, habe die Bewegung längst initiiert, *bevor* der bewusste Willensakt auftritt. Die eigentliche »Entscheidung« falle auf der neuronalen Ebene. Der bewusste Willensakt sei dagegen nur noch eine bloße Begleiterscheinung, die für die Wahl zwischen den zur Verfügung stehenden Optionen bedeutungslos sei.

Es gibt jedoch gleich eine ganze Reihe von ernsthaften Gründen, die gegen diese Interpretation sprechen.[263] Der erste Grund ist sehr einfach: In Libets Experimenten findet gar keine wirkliche Entscheidung statt. Anders als man vielleicht vermuten könnte, machten die Versuchspersonen bei Libet nicht etwa eine spontane und von ihnen frei zu bestimmende Bewegung, vielmehr hatten sie die Aufgabe, vierzigmal dieselbe Handbewegung auszuführen. Eine Wahl zwischen zwei oder gar mehreren unterschiedlichen Optionen besaßen sie nicht; lediglich den Zeitpunkt der Ausführung dieser Bewegung konnten sie »frei« bestimmen, wobei es auch in diesem Punkt gewisse Restriktionen gab.

Das wirft zum einen die Frage auf, ob Libet überhaupt eine echte Entscheidungssituation untersucht. Zieht man in Betracht, dass eine Entscheidung die Auswahl zwischen mehreren Optionen voraussetzt, dann ist das offenbar nicht der Fall. Die einzige wirkliche Entscheidung, die die Versuchspersonen Libets zu treffen hatten, fand außerhalb des eigentlichen Experimentes statt, nämlich als die Probanden einwilligten, an dem Versuch teilzunehmen und vierzigmal ihre Hand zu bewegen. Diese Interpretation wird durch Nachfolgeexperimente von Keller und Heckhausen[264] bestätigt.

Weil Libets Versuchspersonen nur eine Hand bewegen konnten, bleibt zum anderen offen, ob das Bereitschaftspotential wirklich festlegt, *welche* Hand bewegt wird; andernfalls bliebe noch ein beachtlicher Freiheitsspielraum. Diese Frage wurde in einem eigenen Experiment untersucht.[265] Dabei stellte sich heraus, dass die Versuchspersonen auch nach dem Einsetzen des Bereitschaftspotentials noch die Wahl zwischen einer Bewegung *beider* Hände haben. Das Bereitschaftspotential legt also nicht fest, was die Versuchspersonen tun werden: Auch aus diesem Grund lässt sich aus den Experimenten von Libet keine Widerlegung der Freiheit ableiten.

Es kommt hinzu, dass es offenbar äußerst schwer fällt, den Zeitpunkt des bewussten Willensaktes genau zu bestimmen. Libet hatte gerade in diesem Punkt einen beträchtlichen Aufwand getrieben, dennoch gibt es mittlerweile massive Zweifel an der Verlässlichkeit dieser Messungen. Bei neueren Untersuchungen, die im Prinzip den Vorgaben von Libet folgen, sind gerade hier nämlich große Abweichungen aufgetaucht. Während der Willensakt nach Libet etwa 200 Millisekunden vor der Handlung stattfindet, traten in neueren Untersuchungen[266] massive Schwankungen auf. Der Willensakt wurde dort nämlich zwischen circa einer Sekunde *vor* und einer Sekunde *nach* der Handlung gemessen. Im ersten Fall findet der Willensakt also statt, lange bevor das Bereitschaftspotential gemessen wird. Man kann daher nicht mehr davon sprechen, dass das Bereitschaftspotential eine »Ursache« für den bewussten Willensakt sei – es sei denn, man wollte zulassen, dass Wirkungen auch früher als ihre Ursache auftreten können. Nicht weniger aufschlussreich ist der zweite Fall: Wenn viele Versuchspersonen – in einem Fall waren dies 40 Prozent aller Probanden – einen Zeitpunkt angeben, der *nach* der Ausführung der Handlung liegt, dann kann dies nur bedeuten, dass diese Angaben sehr unzuverlässig sind und daher mit großer Vorsicht interpretiert werden müssen.

Neuere Experimente

Aus den Experimenten Libets kann man sicher keine Widerlegung der Willensfreiheit ableiten. Doch in den mehr als zwei Jahrzehnten nach Libets Experimenten ist eine Vielzahl weiterer Experimente durchgeführt worden, die neue Zweifel zu schüren scheinen. So gaben zum Beispiel Patrick Haggard und Martin Eimer[267] in einem an Libet angelehnten Experiment den Probanden die Wahl, entweder ihre rechte oder ihre linke Hand zu bewegen. Zusätzlich zu dem von Libet gemessenen symmetrischen Bereitschaftspotential zeichneten die Autoren auch das lateralisierte Bereitschaftspotential auf, das kurz vor einer Bewegung in derjenigen Hirnhälfte entsteht, die die beabsichtigte Bewegung steuert. Haggard und Eimer stellten nicht nur fest, dass das lateralisierte Bereitschaftspotential dem Willensakt voranging, vielmehr schlugen sich auch zeitliche Verschiebungen des lateralisierten Bereitschaftspotentials in Verschiebungen des Willensaktes nieder. Beim symmetrischen Bereitschaftspotential wurde kein solcher Zusammenhang festgestellt. Die Autoren schlossen daraus, dass der Willensakt auch kausal nur vom lateralisierten, nicht jedoch vom symmetrischen Bereitschaftspotential abhängt.

Da die Versuchspersonen zwei Optionen zur Auswahl hatten, wird hier offenbar eine echte Entscheidung gemessen; die aber scheint durch das lateralisierte Bereitschaftspotential festgelegt zu sein. Damit bestätigt sich die ursprüngliche Interpretation der Libet-Experimente. Der Willensakt erweist sich als eine wirkungslose Begleiterscheinung neuronaler Aktivitäten; anders als ursprünglich angenommen kommt es allerdings nicht auf das symmetrische, sondern auf das lateralisierte Bereitschaftspotential an.

Tatsächlich ist diese Interpretation aus zwei Gründen problematisch. Zum einen ist nicht klar, dass die Entscheidung zwischen den beiden Optionen wirklich zu dem von Haggard und Eimer gemessenen Zeitpunkt stattfindet. Die Versuchspersonen mussten nämlich *zwei* Entscheidungen treffen: Zum einen mussten sie festlegen, *welche* Hand sie beim nächsten Durchgang bewegen wollten, zum zweiten mussten sie festlegen, *wann* sie die betreffende Handlung auslösen wollten. Die Versuchsanordnung von Haggard und Eimer kann nicht ausschließen, dass die erste Entscheidung lange vor der zweiten getroffen wird – gemessen wird jedoch nur die zweite, also die Auslösung der gewählten Handlungsoption.

Zum anderen gibt es noch einen wichtigen Einwand gegen die kausale Abhängigkeit der bewussten Entscheidung vom lateralisierten Bereitschaftspotentzial. Bei zwei der acht Versuchspersonen trat nämlich der Willensakt schon *vor* dem lateralisierten Bereitschaftspotential auf. Der Willensakt *kann* zumindest in diesen Fällen gar nicht vom Auftreten des Bereitschaftspotentials abhängig sein; auch an der Abhängigkeit in den anderen Fällen ergeben sich hier zusätzliche Zweifel. Folgt man der oben vorgeschlagenen Interpretation, dann ist dieser Befund dagegen völlig unproblematisch. In diesem Falle könnten zum Beispiel die Entscheidung über die Auswahl und die über die Auslösung der Handlung zusammengefallen sein.

Auch die Befunde von Haggard und Eimer zeigen also nicht, dass unsere bewussten Willensakte nur wirkungslose Begleiterscheinungen neuronaler Prozesse darstellen. Selbstverständlich könnten zukünftige Untersuchungen solche Ergebnisse erbringen. Tatsächlich haben sich in der letzten Zeit die Bedingungen für Untersuchungen von Willensakten in einer sehr wichtigen Hinsicht entscheidend verbessert. Während bislang zur Ermittlung des Bereitschaftspotentials etwa vierzig Durchgänge einer Handlung gemittelt werden mussten, ist es nun mit Hilfe so genannter Brain-Computer-Interfaces möglich, dass Bereitschaftspotential auch bei *einzelnen* Handlungen zu bestimmen.[268] Damit sollten wesentlich genauere Untersuchungen über den Zusammenhang zwischen einem einzelnen Entschluss, seiner Ausführung und den entsprechenden neuronalen Prozessen möglich werden.

Daniel Wegner und die Rolle bewusster Intentionen

Bei den Untersuchungen von Libet und seinen Nachfolgern ging es nur um mögliche Einwände gegen die *Freiheit* des menschlichen Willens. Daniel Wegner[269] hat jedoch die wesentlich weiter reichende

Behauptung aufgestellt, der bewusste Wille sei *generell* eine Illusion. Unser Gefühl der Urheberschaft hat mit der Entstehung einer Handlung nichts zu tun, sondern basiert auf einem nachträglichen Prozess der Selbstzuschreibung von Handlungen beziehungsweise Handlungsfolgen.

Wegner stützt sich auf eine Vielzahl von Belegen dafür, dass wir uns über den Einfluss bewusster Willensakte auf unser Handeln täuschen. So kann es passieren, dass wir überzeugt sind, wir hätten etwas nicht gewollt, obwohl die Handlung sehr wohl auf unsere Intentionen zurückzuführen ist. Umgekehrt mögen wir fest überzeugt sein, eine Handlung willentlich bewirkt zu haben, obwohl unser bewusster Wille faktisch keinen Einfluss auf die Handlung ausgeübt hat. Im Extremfall reicht die Stimulation bestimmter Hirnareale, um nicht nur normale Körperbewegungen hervorzurufen, sondern den betroffenen Personen auch das Gefühl zu geben, sie hätten die fragliche Bewegung willentlich hervorgebracht.[270]

Doch kann man aus diesen Irrtümern den Schluss ziehen, dass der bewusste Wille eine Illusion ist? Wegner scheint vorauszusetzen, dass man sich hinsichtlich der Inhalte bewusster Erfahrungen nicht irren kann. Wenn ich mir also einer echten Handlungsentscheidung bewusst bin, dann würde dies Fehler hinsichtlich der Existenz und Wirksamkeit dieser Entscheidung ausschließen. Lassen sich derartige Fehler dennoch beobachten, dann können meine Handlungen eben *nicht* auf bewusste Entscheidungen zurückzuführen sein.

Doch warum sollte es keine Irrtümer hinsichtlich bewusster Erfahrungen geben können? Schon die obigen Überlegungen unterstellen ja die Existenz solcher Irrtümer. Abgesehen davon zweifelt niemand an der Existenz von Wahrnehmungen oder Gefühlen, nur weil wir uns zuweilen in unseren Wahrnehmungen oder Gefühlen irren! Genausowenig können uns dann aber die von Wegner nachgewiesenen Irrtümer einen Grund liefern, die Existenz bewusster Willensakte abzustreiten.

Natürlich kann mit diesem Willen kein kleiner Homunkulus gemeint sein, der tief im Innern unseres Gehirns Willensakte auslöst und damit unsere Handlungen steuert. »Wille« sollte vielmehr als Kurzform für handlungswirksame Wünsche oder Intentionen verstanden werden. Für deren Wirksamkeit gibt es mittlerweile eine Reihe empirischer Indizien. So konnte Haggard zeigen, dass wir den zeitlichen Abstand zwischen einer willentlichen Handlung und dem von ihr hervorgebrachten Effekt systematisch *unterschätzen*, während es bei *nicht* willentlich hervorgebrachten Effekten zu einer *Überschätzung* dieses Zeitraums kommt.[271] Die Ergebnisse zeigen nicht nur, dass bewusste Intentionen messbare Wirkungen haben, sie zeigen auch, dass wir selbst ganz gut unterscheiden können zwischen Effekten, die auf unsere Intentionen zurückgehen, und solchen, bei denen das nicht der Fall ist. Dies spricht sehr stark gegen Wegners Annahme, dass unser Gefühl von Urheberschaft unabhängig von der tatsächlichen Entstehung der Handlung ist.

Mittlerweile existieren bereits vergleichsweise genaue Modelle, die erklären, wie aus Intentionen (»ich möchte das Glas nehmen«) konkrete Handlungspläne (geradlinige Bewegung der rechten Hand) werden, wie die Ausführung dieser Pläne überwacht und wie sie gegebenenfalls korrigiert wird.[272] Außerdem gibt es mittlerweile einige Vermutungen darüber, wo die neuronale Basis bewusster Intentionen zu finden sein könnte. Eine zentrale Rolle spielen dabei offenbar Aktivitäten im Scheitellappen sowie in den motorischen Arealen.[273]

Diese Befunde bestätigen noch einmal die These, dass es auch in Bezug auf Willensfreiheit und Verantwortung keinen Konflikt zwischen Naturalismus und Menschenbild gibt. Die bislang vorliegenden empirischen Erkenntnisse zur Entstehung von Willensakten stehen nicht im Widerspruch zu unserer Annahme, dass wir frei und verantwortlich handeln können, vielmehr geben sie näheren Aufschluss über die psychologischen Mechanismen und die neuronalen Prozesse, die diesen Akten zugrunde liegen. Selbstverständlich sind dabei auch Korrekturen unserer vorwissenschaftlichen Vorstellungen zu erwarten. Insgesamt deutet jedoch vieles darauf hin, dass die Forschung auf die Dauer vor allem unser Verständnis für die grundlegenden Besonderheiten unserer Fähigkeit, selbstbestimmt und verantwortlich zu handeln, aber auch für die Grenzen und Bedingungen dieser Fähigkeit verbessern wird.

Das Gehirn als soziales Organ

Es ist zu vermuten, dass sich die Diskussion um die Konsequenzen der Neurowissenschaften auf die Dauer verlagern wird. Bis heute werden die Auseinandersetzungen über »das« Bewusstsein, »das« Ich oder »den« Willen oftmals noch in der Erwartung einer binären Antwort geführt: Entweder man verfügt über die fraglichen Fähigkeiten oder man tut dies nicht. Letztlich ist auch diese Erwartung eine Konsequenz der Bindung dieser Vermögen an übernatürliche Merkmale, die man entweder besitzt oder eben nicht besitzt. Gibt man dieses Missverständnis auf und erkennt, dass wir es hier mit natürlichen Fähigkeiten zu tun haben, dann ergibt sich die Notwendigkeit, aber auch die Chance zu einer wesentlich differenzierteren Auseinandersetzung.

So hat etwa die Einsicht, dass Leben nicht auf eine Lebenskraft angewiesen ist, sondern eine natürliche Grundlage haben kann, das Tor zur Entwicklung einer Vielzahl von Theorien über die biologischen Grundlagen des Lebens aufgestoßen. Genauso dürfte die Erkenntnis, dass Bewusstsein, Selbstbewusstsein und das Vermögen, frei und verantwortlich zu handeln, natürliche Fähigkeiten sind, einen Weg zu wesentlich differenzierteren Antworten bezüglich des Ausmaßes, der Entstehungsbedingungen, der möglichen Einschränkungen und der konkreten natürlichen Grundlagen der für uns zentralen Fähigkeiten ebnen. Dass diese Entwicklung bereits begonnen hat, zeigt sich an der Vielzahl neuer Begriffe, wie zum Beispiel »Zugangsbewusstsein«, »phänomenales Bewusstsein«, »Kernbewusstsein«, »erweitertes Bewusstsein«, »Bewusstsein zweiter Ordnung« und andere mehr, die in den letzten Jahren eingeführt worden sind. Auch wenn man vielen dieser Neuschöpfungen mit einem mäßigen Enthusiasmus gegenüberstehen mag, so zeigen sie doch die Notwendigkeit einer weiteren Ausdifferenzierung, ähnlich wie sie in der Vergangenheit beispielsweise am Seelenbegriff zu beobachten war.

Der weitere Verlauf dieser Entwicklung ist im Detail nicht zu prognostizieren; vor allem lässt er sich nicht vorwegnehmen. Doch es gibt, abgesehen von dem Verweis auf historische Parallelen, eine Reihe von Ansätzen, die zeigen, wie man sich diese Entwicklung vorstellen kann. Von besonderem Interesse sind dabei die vielfältigen Untersuchungen zum Zusammenhang zwischen Hirnentwicklung und sozialen Faktoren, die oftmals unter dem Schlagwort »soziales Gehirn« zusammengefasst werden.

Tatsächlich hat sich in den letzten Jahren mit zunehmender Deutlichkeit herausgestellt, dass eine umfassende Erklärung neurobiologischer Prozesse die Kenntnis des sozialen Umfelds erfordert und dass umgekehrt neurobiologische Erkenntnisse zur Erklärung von sozialen Phänomenen herangezogen werden können.

Die Evolution des Gehirns

Das menschliche Gehirn ist ebenso wie das Gehirn anderer höherer Säugetiere ein »soziales Organ.« Es konnte entwicklungsgeschichtlich überhaupt nur in bestimmten sozialen Konstellationen entstehen und bleibt auch in seiner individuellen Entwicklung und Funktion auf gewisse soziale Rahmenbedingungen angewiesen. Besonders gut ist dies an der Entwicklung in der frühen Kindheit zu erkennen. Die Hirnentwicklung in dieser Phase setzt ein angemessenes soziales Umfeld, insbesondere eine stabile Bindung von Mutter und Kind voraus, andernfalls geraten wichtige neurophysiologische Prozesse aus dem Gleichgewicht und verhindern eine angemessene Entwicklung des Gehirns:

> »Innerhalb des letzten Jahrzehnts ... hat eine ganze Reihe von Forschern eine Serie von ganz ähnlichen Theorien der Bindung vorgeschlagen. Diese gehen aus von der Annahme, dass soziale Säugetiere prinzipiell außerstande sind, ein basales neurophysiologisches Gleichgewicht aus eigenen Kräften zu erlangen. Ganz im Gegenteil

enthält das Nervensystem sozialer Säugetiere nach Ansicht dieser Forscher eine Reihe von offenen homöostatischen Schleifen, die einen externen Input von anderen sozialen Säugetieren erfordern, damit das interne Gleichgewicht erhalten werden kann.«[274]

Dies bedeutet, dass man Entstehung, Entwicklung und Funktion des Gehirns nur verstehen kann, wenn man den sozialen Kontext berücksichtigt.

Deutlich wird dies erstens, wenn man eine Erklärung für die Vergrößerung des Gehirns[275] und insbesondere des Neokortex bei Primaten sucht. Erklärungsbedürftig ist diese Vergrößerung vor allem deshalb, weil sie mit einer erheblichen Steigerung des Energieaufwands verbunden ist. Obwohl zum Beispiel das Gehirn eines Erwachsenen nur zwei Prozent der Körpermasse ausmacht, verbraucht es zwanzig Prozent der Energie. Dies zeigt schon, dass das Wachstum des Gehirns nicht, wie oft behauptet, ein bloßer Nebeneffekt des Körperwachstums sein kann. Ein derart aufwendiges Merkmal kann sich in der Evolution auf die Dauer nur erhalten, wenn dem Aufwand ein klarer Selektionsvorteil gegenübersteht.

Denkbar sind hier im Prinzip zwei Möglichkeiten: Neben der Annahme, dass das Gehirn Vorteile in der sozialen Interaktion innerhalb einer Gruppe bietet, wäre es denkbar, dass die Auseinandersetzung mit der Umwelt von höheren kognitiven Leistungen profitiert. So könnten Lebewesen mit einem größeren Kortex einen besseren Überblick über ihre Umgebung bewahren und daher zum Beispiel in einem größeren Gebiet nach Nahrung suchen, etwa nach schwierig zu findenden Früchten.

Da kontrollierte Experimente hier aus naheliegenden Gründen nicht möglich sind, bleibt nur die Suche nach statistischen Zusammenhängen zwischen der Hirngröße einerseits und bestimmten Merkmalen der Umwelt oder des sozialen Kontextes andererseits. Die vorliegenden Daten sprechen eindeutig gegen die Annahme, dass Umweltfaktoren für die Vergrößerung des Kortex bei Primaten verantwortlich sind. Der Kortex insgesamt variiert nämlich weder mit der Größe des Lebensraums noch mit anderen Unterschieden in den

Nahrungs- und Lebensgewohnheiten.[276] Höhere kognitive Fähigkeiten scheinen also keine entscheidenden Vorteile für die Interaktion mit der Umwelt zu erbringen.

Maßgeblich, so zeigen Untersuchungen an unterschiedlichen Primaten,[277] sind vielmehr soziale Faktoren, insbesondere die Gruppengröße. Ein größerer Kortex scheint also vor allem die Überlebens- und Fortpflanzungschancen innerhalb einer Gruppe zu verbessern. So äußert sich Richard Byrne über die Gründe der Vergrößerung des Kortex bei Primaten:

»Es gibt nunmehr einen gewissen Konsens, dass die entscheidenden Vorteile sozialer Natur sein könnten. Der Hypothese des ›Sozialen Gehirns‹ bzw. der ›Machiavellischen Intelligenz‹ zufolge führen die kognitiven Anforderungen intensiver sozialer Beziehungen zur Selektion verbesserter sozialer Fähigkeiten, die ihrerseits durch die Vergrößerung des Neokortex ermöglicht werden.«[278]

Bloße Korrelationen sind für sich genommen wenig aufschlussreich, solange die Zusammenhänge, auf denen diese Korrelationen basieren, unverstanden bleiben. Die Behauptung, soziale Faktoren seien entscheidend für die Vergrößerung des Kortex, bliebe unter diesen Voraussetzungen nicht nur generell anfechtbar, vielmehr wüsste man einfach nicht genau, in welcher Weise ein größerer Kortex die soziale Interaktion unterstützt.

Denkbar wäre beispielsweise, dass der entscheidende Vorteil in einer Verbesserung des Gedächtnisses oder der visuellen Fähigkeiten besteht. Letztere könnte die Identifikation anderer Gruppenmitglieder und die Zuordnung relevanter Informationen über diese Mitglieder erleichtern. Tatsächlich liefern jedoch weder die visuellen Fähigkeiten noch das Gedächtnis und auch nicht die emotionalen Fähigkeiten die Erklärung dafür, dass sich der Kortex mit der Gruppengröße verändert.[279] Entscheidend, so zeigen neuere Studien, scheinen vielmehr kognitive Fähigkeiten zu sein, die die Verarbeitung von Informationen über Beziehungen innerhalb der Gruppe verbessern.

So konnte in einer Studie mit einer größeren Anzahl unterschiedlicher Primatenarten ein direkter Zusammenhang zwischen der Größe des Kortex und der Häufigkeit von Täuschungsmanövern aufgewiesen werden. Da die Studie auch einfachere Affenarten einschloss, die sicher noch nicht in der Lage sind, sich zum Zwecke von Täuschungen direkt in die Perspektive eines anderen zu versetzen, kommen zunächst nur soziale Lernprozesse als Erklärung für die beobachteten Fähigkeiten in Frage. Die Affen lernen also durch Versuch und Irrtum, wie sie sich Vorteile verschaffen können, ohne dass sie den Prozess der Täuschung wirklich verstehen müssen. Offenbar sind Primaten also mit steigender Kortexgröße besser in der Lage, neue Verhaltensweisen in komplexen sozialen Situationen zu erlernen, und erlangen damit Vorteile in ihrer Gruppe.[280] Darüber hinaus scheinen insbesondere die intelligenteren Affen in einem gewissen Maße fähig zu sein, die Intentionen anderer zu erschließen. Bei Schimpansen gibt es sogar Belege dafür, dass sie sich ansatzweise in die mentale Perspektive anderer hineinversetzen können.[281]

Ein weiterer Beleg für die Abhängigkeit zwischen Kortexwachstum und sozialer Intelligenz ergibt sich aus Untersuchungen zum Paarungserfolg von Männchen bei polygamen Primaten. Üblicherweise hindert ein dominantes Männchen seine rangniederen Rivalen daran, sich mit den Weibchen der Gruppe zu paaren. Eine neuere Untersuchung[282] hat jedoch gezeigt, dass dies umso weniger gelingt, je größer der Neokortex einer Spezies ist. Offenbar können rangniedere Männchen ihre körperliche Unterlegenheit kompensieren, indem sie größere kognitive Fähigkeiten für komplexere soziale Strategien einsetzen – hierfür spricht auch die zuvor genannte Untersuchung über die Zunahme von Täuschungen in Zusammenhang mit höherer Intelligenz. Denkbar wäre auch, dass die rangniederen Männchen Allianzen bilden oder besondere Beziehungen zu einzelnen Weibchen aufbauen. In jedem Falle können sich die Vorteile höherer Intelligenz ganz unmittelbar auf den Fortpflanzungserfolg auswirken.

Selbstverständlich ergibt sich auch aus diesen Beobachtungen kein schlüssiger Beweis dafür, dass der Selektionsvorteil eines größeren

Kortex vor allem in Gruppen wirksam wird, doch die präsentierten Befunde machen diese Annahme zumindest sehr wahrscheinlich.

Deutlich wird hier überdies, dass nicht nur sozialwissenschaftliche Erkenntnisse wichtige Erklärungen für neurowissenschaftliche Befunde liefern können, vielmehr liegt eine Interaktion vor, die es umgekehrt erlaubt, neurobiologische Erkenntnisse zur Klärung sozialer Phänomene heranzuziehen: Wenn kognitive Leistungen wichtig für die soziale Interaktion sind, dann ist zu erwarten, dass bestimmte Aspekte dieser Interaktion auch durch neurobiologische Theorien erfasst werden können.[283] Dies sollte bereits für die oben erwähnte Häufung von Täuschungen bei intelligenteren Primaten gelten: Offensichtlich haben wir es hier mit einem sozialen Faktum zu tun, das in einem wichtigen Punkt neurobiologisch erklärt werden kann.

Soziale Bindung und Gehirnentwicklung

Zusätzlich bestärkt wird diese These durch die Tatsache, dass soziale Determinanten eine wichtige Rolle nicht nur für die Entwicklung einzelner Individuen, sondern auch für die Entwicklung höherer Lebewesen insgesamt besitzen. So zeigen erstens vergleichende Studien, dass die Größe des Kortex bei Primaten nicht mit biologischen Determinanten, wie zum Beispiel der Dauer der Schwangerschaft, korreliert, wohl aber mit der Dauer der Adoleszenz, also mit der Zeit, in der soziale Einflüsse wirksam werden können.[284] Zweitens gibt es eine Vielzahl von Belegen dafür, dass gerade die frühe Kindheit von entscheidender Bedeutung für die Entwicklung auf der neuronalen beziehungsweise kognitiven Ebene ist. Vor allem die emotionale Bindung (»Attachment«) an die primäre Bezugsperson, im Allgemeinen also die Mutter,[285] bildet hier einen zentralen Faktor. So kann man aus der Art dieser Bindung im Alter von drei Monaten zuverlässige Voraussagen über das Verhalten ableiten, das Kinder im Alter von einem Jahr gegenüber Fremden zeigen.[286] Ähnliches gilt für die Problemlösungsstrategien im Alter von zwei Jahren, die sozialen Kompetenzen im Alter von dreieinhalb Jahren sowie Verhaltensprobleme mit sechs Jahren: Auch sie lassen sich auf der Basis von Daten über die Bindung von Mutter und Kind vorhersagen, die in der frühen Kindheit erhoben wurden.[287] Generell fördert eine sichere Bindung nicht nur die Widerstandskraft gegenüber Stress, sondern auch ganz allgemein die kognitiven, sozialen und emotionalen Fähigkeiten der Kinder – und übrigens auch deren Selbständigkeit.

Umgekehrt führt soziale Deprivation gerade in der frühen Kindheit zu schwerwiegenden und großenteils irreversiblen Störungen. Die Reaktionen auf eine solche Deprivation folgen üblicherweise einem ganz bestimmten Muster: An eine anfängliche »Protestreaktion« mit erhöhter körperlicher Aktivität schließt sich zunächst eine »Verzweiflungsreaktion« an, die von reduzierter Körpertemperatur und Sauerstoffaufnahme begleitet wird. Bei längerfristiger Deprivation stellt sich dann das so genannte »Isolationssyndrom« ein, das in eine weitgehende Unfähigkeit zu sozialer Interaktion, vollständigen Rückzug und Selbstverletzung führen kann.[288]

Mittlerweile wurden einige der hierbei wirksamen Mechanismen in Tierversuchen entschlüsselt, so dass konkrete Ansatzpunkte für eine neurobiologische Erklärung der fraglichen sozialen Phänomene absehbar werden. Auch bei Ratten führt nämlich intensive Betreuung durch die Mutter dazu, dass der Nachwuchs unternehmungslustiger, weniger stressanfällig wird und ein besseres Gedächtnis erwirbt als Junge, deren Betreuung weniger intensiv ist.[289] Auf den ersten Blick mag diese Reaktion widersinnig erscheinen: Junge, die unter ohnehin schlechteren Bedingungen aufwachsen, werden zusätzlich durch höhere Stressanfälligkeit »bestraft«; wer dagegen das Glück einer fürsorglichen Mutter hat, darf sich zusätzlich noch über eine höhere Stressresistenz und weitere positive Eigenschaften freuen.

Kann ein solcher Mechanismus entwicklungsgeschichtlich Sinn haben? Er kann! Unter natürlichen Bedingungen, so hat Michael Meaney gezeigt,[290] ist dieser Mechanismus durchaus hilfreich. Eine wesentliche Ursache dafür, dass Mütter ihren Nachwuchs vernachlässigen, besteht nämlich darin, dass sie unter Stress stehen. Üblicherweise tritt dieser Stress in einer für die Tiere feindlichen Umwelt auf. Anders als in zivilisierten Gesellschaften westlichen Typs, sind

Stressreaktionen in einer gefährlichen natürlichen Umgebung durchaus sinnvoll: Sie führen zu erhöhter Wachsamkeit, Aktivierung des autonomen Nervensystems und erleichtern zum Beispiel die Gefahrenabwehr. Wenn Tiere also stressanfälliger werden, bedeutet dies, dass sie schneller auf bedrohliche Situationen reagieren können. Zieht man in Betracht, dass der Stress der Mütter ein gutes Indiz für eine gefährliche Umwelt liefert, dann sieht man, dass es sich hier um eine sinnvolle Anpassungsreaktion handelt, bei der das Verhalten der Mutter als Gradmesser für die konkreten Umweltbedingungen dient.

Auch bei Menschen kann diese Reaktion unter gewissen Umständen angemessen sein, zum Beispiel bei Jugendlichen, die in verarmten Stadtvierteln mit hoher Kriminalität aufwachsen.[291] Da Stressreaktionen in modernen Gesellschaften westlichen Typs üblicherweise jedoch eher kontraproduktiv sind, hat die ursprünglich sinnvolle Anpassungsreaktion insgesamt vor allem negative Folgen. Darin zeigt sich ein weiterer Aspekt der Abhängigkeit neuronaler Prozesse von sozialen Determinanten: Soziale Veränderungen können dazu führen dazu, dass ursprünglich sinnvolle biologische Anpassungsreaktionen schädliche Folgen zeigen; umgekehrt lassen sich diese negativen Folgen neurobiologisch erklären.

Von negativen Folgen kann auch deshalb die Rede sein, weil Tierversuche zeigen, dass sich das Verhalten der Mütter auf den Nachwuchs überträgt: Der wird nämlich seine eigenen Jungen vernachlässigen. Umgekehrt konnte gezeigt werden, dass Ratten, die intensiv durch ihre Mütter betreut wurden, ihrerseits einen engen Kontakt zu ihren Jungen herstellen. Entscheidend sind auch hier nicht die genetischen Faktoren, sondern die frühen sozialen Erfahrungen: Lässt man den weiblichen Nachwuchs weniger fürsorglicher Mütter bei Müttern aufwachsen, die sich intensiv um ihren Nachwuchs kümmern, dann werden diese Jungen ebenfalls intensiv für ihren Nachwuchs sorgen.[292]

Eine wesentliche Rolle für die Ausbildung dieses Verhaltens spielt offenbar das Oxytocin, ein Neuropeptid, von dem seit längerem bekannt ist, dass es auch bei Geburtswehen und beim Stillen von Bedeutung ist; außerdem hat es eine wichtige Funktion für den Aufbau von sozialen Beziehungen. Eine Verringerung der Oxytocin-Aktivität ist dafür verantwortlich, dass Ratten unter Stress die Fürsorge für den eigenen Nachwuchs vernachlässigen.

Interessanterweise beeinflussen starke frühkindliche Bindungen sowohl die Zahl der Oxytocin-Rezeptoren als auch die Höhe des Oxytocin-Spiegels positiv: Ratten mit starken Bindungen zu ihrer Mutter wiesen nicht nur eine höhere Zahl von Oxytocin-Rezeptoren auf, sondern zeigten später auch weniger ängstliches Verhalten als Tiere einer Kontrollgruppe.[293] Untersuchungen an Affen deuten darauf hin, dass die Unterschiede Bedeutung für die gesamte weitere Entwicklung haben. Die Erkenntnisse lassen sich offenbar auch auf Menschen übertragen: Oxytocin macht Menschen unempfindlicher gegen Stress, außerdem konnte experimentell gezeigt werden, dass ein erhöhter Oxytocin-Spiegel dafür sorgt, dass Versuchspersonen ihren Partnern in einem Gewinnspiel wesentlich mehr Vertrauen entgegenbringen. Für den sozialen Charakter der Wirkungen von Oxytocin spricht, dass sie sich auf das Verhalten anderer Menschen gegenüber beschränkten: Spielten die Versuchspersonen mit Computern, dann hatte die Oxytocin-Gabe keinen Einfluss.[294]

Die große entwicklungsgeschichtliche Bedeutung sozialer Interaktionen lässt sich auch daran ablesen, dass bestimmte Areale des Gehirns eigens der Verarbeitung personenbezogener Informationen dienen. Diese Areale weisen selbst im Ruhezustand ein höheres Aktivitätsniveau auf.[295] Umgekehrt ist der Ausfall von Arealen, die sozial konformes Verhalten steuern, nicht oder nur schwer zu kompensieren. Dies gilt vor allem dann, wenn der Ausfall sehr früh erfolgt. So ist zum Beispiel seit längerem bekannt, dass die Zerstörung bestimmter Bereiche des präfrontalen Kortex zu einem Verlust der Fähigkeit führt, das eigene Verhalten im Sinne sozialer Konventionen zu kontrollieren.[296] Das bekannteste Beispiel liefert der von Antonio Damasio[297] ausführlich dargestellte Fall des amerikanischen Eisenbahnarbeiters Phineas Gage, dem eine Sprengstoffexplosion eine Eisenstange durch das Gehirn trieb und dabei größere Bereiche des präfrontalen Kortex zerstörte. Gage überlebte den Unfall, doch während er vorher als sehr zuverlässig und ausgeglichen galt, wurde sein Verhalten nun unstetig und unberechenbar.

Die Annahme, dass die Verhaltensänderung auf die Hirnverletzung zurückzuführen ist, wird bestätigt durch neuere Fallstudien an Patienten, die als Erwachsene ähnliche Ausfälle erlitten haben. Diese Studien zeigen außerdem, dass in der Regel ein *Wissen* der eigentlich adäquaten Handlungsweisen erhalten bleibt. Die Patienten können also Fragen nach moralischen Regeln oder sozialen Konventionen richtig beantworten, dennoch sind sie offenbar nicht in der Lage, sich nach diesen Regeln zu richten. Dies gilt zumindest, wenn die Hirnschäden erst im Erwachsenenalter auftreten. Bei einer Schädigung bereits in der frühen Kindheit fehlt den Betroffenen später nicht nur die Fähigkeit zu sozial konformem *Verhalten*, sondern auch das theoretische *Wissen* davon, wie sie sich verhalten sollten. Die betreffenden Areale scheinen mithin so spezialisiert zu sein, dass ihr Ausfall – anders als zum Beispiel bei den Spracharealen – nicht kompensiert werden kann.[298]

Die zentrale Bedeutung sozialer Prozesse für unser Gehirn zeigt sich nicht nur in der Spezialisierung bestimmter Areale, sondern auch daran, dass die Verarbeitung sehr schnell und bei weitgehend reduzierter Information erfolgen kann. So vermögen wir beispielsweise Gesichter innerhalb von nur 100 Millisekunden von anderen Objekten zu unterscheiden.[299] Die Bewegung von Lebewesen erkennen wir schon dann, wenn wir in vollständiger Dunkelheit nur wenige Lichtpunkte sehen, die an den Gelenken angebracht sind.[300] Auch die Zuschreibung von intentionalen Zuständen funktioniert mit einem Minimum an Informationen: So können uns zum Beispiel die entsprechenden Bewegungen völlig abstrakter Formen dazu veranlassen, von einer bestimmten Intentionalität zu sprechen.[301]

Alle diese Befunde sprechen dafür, dass es eine außerordentlich enge Beziehung zwischen der Entwicklung und Funktion des Gehirns einerseits und unseren sozialen Interaktionen anderseits gibt. Zum einen ist das menschliche Gehirn in seiner Entwicklung auf ganz spezifische soziale Bedingungen angewiesen, zum anderen ermöglicht es durch eine Vielzahl spezifischer Leistungen überhaupt erst die uns bekannte Art des Zusammenlebens. Dies bedeutet einerseits, dass eine Aufklärung neuronaler Funktionen nur möglich ist, wenn man die entsprechenden sozialen Determinanten kennt, auf der anderen Seite können neurobiologische Erkenntnisse einen wichtigen Beitrag zum Verständnis unserer sozialen Beziehungen und damit einen Beitrag zum Verständnis unserer selbst leisten. Dieser Beitrag wird vermutlich nicht besonders spektakulär ausfallen, aber auf die Dauer dürfte er wesentlich informativer und aufschlussreicher sein als die immer wieder behaupteten Widerlegungen unseres Menschenbildes, die bis heute eine so große Rolle in der Diskussion um die Konsequenzen der Neurowissenschaften spielen.

Neurowissenschaft und Ethik

Die Entdeckung der Natur des Geistes hat eine Reihe wichtiger ethischer Konsequenzen: Dies gilt zum einen deshalb, weil wir auf diese Weise mehr über die natürlichen Grundlagen unserer *Fähigkeit* erfahren, moralischen Normen entsprechend zu handeln. Diese Abhängigkeit moralischer *Fähigkeiten* von bestimmten neuronalen Prozessen sagt natürlich noch nichts aus über die *Rechtfertigung* konkreter moralischer *Normen*. Einige Autoren, unter ihnen Michael Ruse und Edward O. Wilson,[302] Paul Churchland[303] sowie William Casebeer,[304] stellen jedoch auch hier einen Zusammenhang her. Sie bemühen sich also um eine »Naturalisierung« der Ethik, durch die moralische Normen aus neurobiologischen Tatsachen abgeleitet werden sollen.

Ethische Konsequenzen ergeben sich hier zum anderen aber auch deshalb, weil der Fortschritt der Hirnforschung eine Reihe spezifischer ethischer Probleme aufwirft, angesichts derer die Entwicklung einer angewandten Ethik der Neurowissenschaften sinnvoll erscheint.

Natürliche Grundlagen moralischen Handelns

Kommen wir zunächst zu der Frage, inwieweit die Fähigkeit, moralischen Normen entsprechend zu handeln, von neuronalen Bedingungen abhängig ist. Einige der wichtigsten Befunde wurden bereits genannt. Ganz allgemein besteht eine solche Abhängigkeit schon deshalb, weil die Einsicht in moralische Normen bereits kognitive Fähigkeiten voraussetzt, die ihrerseits an eine neuronale Basis gebunden sind. Dieser Befund ist nicht weiter überraschend und dürfte auch von den meisten Dualisten akzeptiert werden. Wesentlich interessanter ist die mittlerweile gut belegte Tatsache, dass die bloße Einsicht in moralische Normen für sich genommen noch unzureichend ist. Erforderlich ist außerdem die Wirksamkeit bestimmter emotionaler Prozesse. Wie schon erwähnt, hat vor allem Antonio Damasio an einer Vielzahl von Fallstudien wie auch in kontrollierten Experimenten gezeigt,[305] dass Personen, deren emotionale Fähigkeiten gestört sind, Probleme haben, sich in ihrem Verhalten an Normen und längerfristigen Zielen zu orientieren, und zwar auch dann, wenn ihnen die Normen und Ziele bekannt sind.

Ähnliches gilt für eine Reihe psychiatrischer Erkrankungen, zum Beispiel für die so genannte antisoziale Persönlichkeitsstörung beziehungsweise die Psychopathie. Sie führt zu schwerwiegenden Einschränkungen der Fähigkeit, sich an moralischen Normen oder sozialen Konventionen zu orientieren. Personen mit dieser Störung sind daher unter Straftätern stark überrepräsentiert: Während üblicherweise vier Prozent der männlichen Bevölkerung an einer antisozialen Persönlichkeitsstörung leiden, liegt die Quote unter verurteilten Straftätern bei 75 bis 80 Prozent.[306] Etwa 15 bis 25 Prozent erfüllen sogar die strengeren Kriterien für Psychopathie. Von Bedeutung sind diese Kriterien nicht zuletzt deshalb, weil sich aus ihnen die beste verfügbare Prognose über die Rückfälligkeit von Straftätern ableiten lässt:[307] Im Durchschnitt werden Psychopathen drei- bis viermal häufiger rückfällig als Personen, die diese Störung nicht aufweisen; dabei wächst die Gefahr der Rückfälligkeit mit der Schwere der Psychopathie.[308]

Charakteristisch für diese Störung sind unter anderem eine besondere Reizbarkeit, Aggressivität und Impulsivität,[309] das Fehlen von Reue und Scham und eine Gefühlsverarmung insbesondere bei negativen Emotionen. So verstärkt sich zum Beispiel das Augenzwinkern, das üblicherweise das Erschrecken begleitet, wenn man sich gleichzeitig in einer Furcht auslösenden Umgebung befindet. Psychopathen zeigen diese ansonsten sehr weitverbreitete Reaktion normalerweise nicht.[310] Tatsächlich ist ihr Angstniveau besonders niedrig;[311] sie haben daher Schwierigkeiten, aus negativen Erfahrungen wie Sanktionen und Strafen zu lernen.[312] Hinzu kommt die Unfähigkeit zu längerfristiger Verhaltenssteuerung[313] sowie eine weitgehende Resistenz gegenüber den üblichen Therapieansätzen.[314] Zwar erwecken Psychopathen häufig den Anschein, sie seien therapiert; tatsächlich werden sie aber nach einer Therapie häufiger rückfällig als Nicht-Psychopathen.[315]

Eng mit diesem Thema verbunden ist die Frage nach der Schuldfähigkeit von Tätern, die an einer antisozialen Persönlichkeitsstörung oder gar an einer schweren Psychopathie leiden. Obwohl die Diagnose Psychopathie nicht nur faktisch eine sehr zuverlässige Voraussage über die Rückfallwahrscheinlichkeit von Straftätern ermöglicht, sondern offenbar auch in den entsprechenden Gutachten berücksichtigt wird,[316] spielt sie bei der Zumessung von Schuldfähigkeit derzeit keine Rolle.[317] Angesichts der Tatsache, dass Psychopathie und antisoziale Persönlichkeitsstörung auf pathologische, von der Person offenbar nicht substantiell zu verändernde Bedingungen zurückzuführen sind, stellt sich die Frage, ob diese Praxis *gerechtfertigt* ist. Es ist schwer zu erkennen, warum bei dieser Störung nicht von einer gravierenden Beeinträchtigung von Verantwortung und Schuldfähigkeit die Rede sein muss.

Die Entdeckung der Natur des Geistes dürfte jedoch nicht nur Erkenntnisse über die Einschränkung von Schuld und Verantwortung aufgrund bestimmter psychopathologischer Störungen aufwerfen. Ein besseres Verständnis der neuronalen Grundlagen unserer moralischen Fähigkeiten dürfte vielmehr auf längere Sicht auch die Chancen für eine erfolgreiche Therapie derartiger Störungen verbessern.

»Naturalisierung der Ethik«

Ebenso wie die obigen Befunde zum Gehirn als sozialem Organ demonstrieren auch die zuletzt zitierten Erkenntnisse noch einmal, wie stark unsere Fähigkeit zu normgerechtem Verhalten von bestimmten kognitiven und emotionalen Bedingungen abhängig ist. Einige Autoren gehen jedoch einen entscheidenden Schritt weiter: Sie behaupten, moralische Normen seien selbst unmittelbar aus naturwissenschaftlichen, insbesondere aus entwicklungsgeschichtlichen Befunden abzuleiten. Häufig ist im Zusammenhang mit derartigen Bemühungen auch von einer »Naturalisierung der Ethik« die Rede. Damit deutet sich wieder das bereits bekannte Muster an. Zwar wird man in diesem Zusammenhang nicht von einem regelrechten Konflikt zwischen Naturalismus und Menschenbild sprechen können, doch wenn die Vertreter einer Naturalisierung der Ethik Recht hätten, dann würde der Naturalismus uns zwingen, sehr viele unserer moralischen Intuitionen zu korrigieren. Deutlich erkennbar ist dies vor allem an dem Ansatz von Michael Ruse und Edward O. Wilson, die unsere tradierten Moralvorstellungen als bloße Illusion abtun.

Ich möchte demgegenüber zeigen, dass ein recht verstandener Naturalismus auch in der Ethik keine weitreichenden Revisionen zur Folge hat. Zwar mögen evolutionstheoretische und soziobiologische Überlegungen wichtige Aufschlüsse über die *natürlichen Grundlagen* von bestimmten Normen und normgerechtem Verhalten liefern; die *Rechtfertigung* dieser Normen wird uns das naturalistische Forschungsprogramm jedoch nicht streitig machen können.

Ich möchte hier zwei Beispiele vorstellen für den Versuch, moralische Normen aus evolutionsbiologischen Tatsachen abzuleiten: zum einen den vergleichsweise radikalen Ansatz von Ruse und Wilson[318], zum anderen die moderatere Position von William D. Casebeer[319]. Alle Autoren stützen sich auf die oben bereits gewürdigte Tatsache, dass soziales Verhalten eine evolutionsbiologisch beschreibbare Grundlage hat: Wie bei vielen anderen Spezies hat die Evolution auch beim Menschen die Grundlagen für ein funktionierendes Sozialverhalten geschaffen. Beispiele hierfür sind etwa die Hemmung des Inzests oder altruistische Praktiken, wie sie für die Funktion und den Erhalt einer Gruppe unerlässlich sind. Selbst die Aufopferung zugunsten Verwandter kann nämlich dazu führen, dass die eigenen Gene weiter vererbt werden. Am offensichtlichsten ist dies im Verhältnis von Eltern zu ihren Kindern. Das Inzesttabu erklärt sich unter anderem daraus, dass Inzest die Sterblichkeit und das Risiko von Missbildungen erhöht. Nachkommen aus inzestuösen Verbindungen können sich daher nur schlecht vermehren.[320] Das Verhalten selbst ist durch unsere genetische Ausstattung vorgebahnt, die individuelle Ausbildung hängt häufig auch von Erfahrung und sozialen Lernprozessen ab. So funktioniert die natürliche Inzesthemmung bei Menschen nur zwischen Kindern, die bis zum sechsten Lebensjahr miteinander aufgewachsen sind. Es handelt sich also um einen epigenetischen Prozess: Unsere genetische Ausstattung liefert die Basis, doch zur Aktualisierung des entsprechenden Verhaltens bedarf es sozialer Lernprozesse.

Doch bedeutet dies schon, dass moralische Normen evolutionstheoretisch begründet werden können? Sind bestimmte Normen also *richtig* und andere *falsch,* weil sich in der Entwicklungsgeschichte gewisse Verhaltensweisen herausgebildet haben? Das ist ganz sicher nicht der Fall! Versuche, dies nachzuweisen, scheitern nicht nur daran, dass man aus Tatsachen keine Normen ableiten kann. Selbst wenn sich in der Entwicklungsgeschichte des Menschen eindeutige und stabile Verhaltensmuster ausgeprägt hätten, bedürfte es noch eines zusätzlichen Urteils, um diese und keine anderen Muster zur Norm zu machen. Und offensichtlich müssten wir ein solches Urteil rechtfertigen. Wir müssten also zeigen, dass es *sinnvoll* und *geboten* ist, sich an diesen Verhaltensmustern zu orientieren.

Tatsächlich hat uns die Evolution aber keine eindeutigen Verhaltensmuster überlassen. Vielmehr gibt es eine außerordentlich große Varianz menschlichen Verhaltens in unterschiedlichen Kulturen und zu unterschiedlichen Zeiten. Vom Kannibalismus bis zu Menschenopfern, rituellem Mord, Folter und Unterdrückung gibt es wenige Formen des Verhaltens, die sich in der Geschichte der menschlichen Gattung nicht irgendwo einmal als Verhaltensmuster einer Gruppe etabliert hätten: Eindeutige Muster sind so kaum zu finden. Davon abgesehen erwiesen sich nicht alle diese Regeln dauerhaft als sinnvoll. Wir benötigen daher moralphilosophische Grundsätze, mit deren Hilfe wir zeigen können, warum Menschenopfer verwerflich sind, während das Verbot zu lügen eine gerechtfertigte Norm darstellt.

Notwendig sind solche Grundsätze auch deshalb, weil sich die modernen Lebensbedingungen massiv von denjenigen unterscheiden, unter denen die Evolution unserer Handlungsdispositionen eingesetzt hat. Ruse und Wilson verweisen selbst darauf, dass wir eine starke Tendenz haben, Phobien gegenüber Schlangen, Spinnen, engen Räumen und anderen entwicklungsgeschichtlich alten Bedrohungen auszubilden, nicht jedoch gegenüber Steckdosen oder Schusswaffen, die längst eine viel größere Bedrohung darstellen.[321] Evolutionär eingeübte Handlungsstrategien stellen zudem in erster Linie Reaktionen auf unmittelbare Bedrohungen dar; sie bieten praktisch keinen Schutz vor längerfristigen Bedrohungen wie der Umweltzerstörung oder dem demografischen Wandel.[322] In diesen wie in vielen anderen Fällen gibt es zu der Entwicklung eigener Normen überhaupt keine Alternative.

Diese Probleme lassen sich auch dann nicht umgehen, wenn man wie William Casebeer nur die neuere Entwicklungsgeschichte der menschlichen Gattung als Basis einer evolutionären Ethik in Anspruch nimmt. Casebeer will sich damit auf diejenigen Verhaltensmuster beschränken, die das Funktionieren menschlicher Gruppen verbessert und damit auch der Entfaltung spezifisch menschlicher Fähigkeiten gedient haben.

Zwar kann Casebeer so deutlich machen, warum er Verhaltensmuster, die sich in früheren Phasen der Evolution bewährt haben, nicht als adäquate Basis menschlicher Normen ansieht. Tatsächlich würde es unser Vertrauen in eine evolutionäre Ethik nicht gerade stärken, wenn sie uns eine Orientierung am Verhalten von Dinosauriern oder Raubvögeln empfehlen würde. Wenn sie dies nicht tut, dann ist dies nicht mehr als eine Selbstverständlichkeit. Doch abgesehen davon, dass hier wieder von Tatsachen zu Normen übergegangen wird, ist auch Casebeers Versuch der Präzisierung offenbar unzureichend. Solange man nämlich keine genauere Vorstellung davon hat, was denn eine gut funktionierende menschliche Gruppe ist, bleibt Platz für sehr unterschiedliche Normen. Zeichnet sich eine optimal funktionierende Gruppe zum Beispiel dadurch aus, dass einige besonders begabte Mitglieder das Optimum ihrer Fähigkeiten erreichen, und zwar gegebenenfalls auf Kosten der anderen, oder geht es eher darum, möglichst vielen Individuen eine Entwicklung ihrer Fähigkeiten zu ermöglichen? Will man diese Fragen beantworten, dann muss man wieder normative Annahmen darüber machen, was denn besser und was schlechter wäre; der Bezug auf die Evolution hätte sich damit als unzureichend erwiesen.

Es kommt hinzu, dass die Evolution uns einige unangenehme Eigenschaften mitgegeben hat, die der Funktion einer Gesellschaft dienlich sind. Aggressivität dürfte auch in der jüngeren Geschichte der Behauptung einzelner Gruppen gegenüber konkurrierenden Verbänden gedient haben. Dennoch sind wir heute zu Recht sehr vorsichtig bei der Zubilligung von Spielräumen für das Ausleben von Aggressivität. In vielen Fällen nehmen wir sogar ganz bewusst gewisse Funktionseinschränkungen in Kauf: Eine Gesellschaft, die nach den Regeln eines ungehemmten Manchester-Kapitalismus arbeitet, mag ökonomisch erfolgreicher sein, doch wir verzichten auf diesen Funktionsgewinn, weil eine solche Gesellschaft sehr ungerecht wäre. All dies zeigt, dass die Entwicklungsgeschichte sicherlich keine zureichende Begründung moralischer Normen erlaubt – so interessant sie auch für die Genese mancher Konventionen wie auch für die Entstehung der ihnen zugrunde liegenden Fähigkeiten sein mag.

Zurückweisen lässt sich damit auch die Behauptung von Ruse und Wilson, die evolutionäre Ethik belege den illusionären Charakter unserer tradierten ethischen Normen. Nach Ruse und Wilson haben diese Normen keine eigenständige Bedeutung, sondern dienen lediglich der Festigung genetisch vorbestimmter Verhaltensweisen. Eine unabhängige Rechtfertigung ethischer Normen gebe es dagegen nicht – hier erlägen wir einer Illusion, die die Evolution geschaffen habe, um uns zu sozial adäquatem Verhalten zu veranlassen.

»Als Evolutionisten erkennen wir, dass Rechtfertigungen [moralischer Normen; M. P.] des traditionellen Typs unmöglich sind. Moralität oder genauer: unser Glaube an die Moralität ist lediglich eine Anpassungsleistung, die zum Zwecke der Reproduktion entstanden ist. ... In einem wichtigen Sinne ist die Ethik, so wie wir sie kennen, eine Illusion, die uns unsere Gene aufgehalst haben, damit wir miteinander kooperieren.«[323]

Die Behauptung, moralische Normen seien illusionär, klingt merkwürdig. Da es solche Normen ganz offensichtlich gibt, können Ruse und Wilson damit eigentlich keine Zweifel an der Existenz, sondern nur an der *Geltung* solcher Normen meinen. Doch was wäre die Begründung für solche Zweifel? Auch mathematische Regeln können wir sicher nur deshalb anwenden, weil die Natur uns das entsprechende Rüstzeug mitgegeben hat. Doch gibt dies Anlass, die Geltung dieser Regeln zu bezweifeln? Auf eine solche Idee kann man nur kommen, wenn man den prinzipiellen Unterschied zwischen der Frage nach der *Geltung* einer Norm einerseits und der Frage nach den für die Befolgung dieser Norm relevanten *Fähigkeiten* andererseits verkennt. Selbst wenn wir eine konkrete Disposition zum Befolgen bestimmter mathematischer Regeln hätten, würde das diese Regeln weder in Frage stellen noch sie rechtfertigen. Für die Begründung der Geltung wären nach wie vor die üblichen mathematischen Verfahren erforderlich.

Ganz ähnlich liegen die Dinge auch bei moralischen Normen: Die natürlichen Grundlagen unserer Fähigkeit, bestimmten Normen zu folgen, stellen diese Normen weder in Frage noch rechtfertigen sie sie. Beobachten kann man allenfalls einen allmählichen Übergang von »naturwüchsigen« Konventionen zu rationalen Rechtfertigungen: Früher oder später erkennen wir, dass bestimmte natürliche Verhaltensweisen tatsächlich eine tiefere Berechtigung haben. Abgesehen davon, dass auf diese Weise die Wirksamkeit moralischer Normen gestärkt werden dürfte, hat der Evolutionstheoretiker schon allein deshalb keinen Grund, sich gegen diesen Gebrauch unserer rationalen Fähigkeiten zu wenden, weil diese Fähigkeiten ja wiederum ein – offenbar nützliches – Produkt der Evolution sind.

Festzuhalten bleibt daher, dass auch im Bereich der Ethik kein Konflikt zwischen Naturalismus und Menschenbild besteht. Evolutionstheoretische und soziobiologische Überlegungen liefern wertvolle Hinweise, wenn es um die Erklärung der menschlichen Fähigkeit geht, moralischen Normen entsprechend zu handeln. Darüber hinaus können solche Theorien uns auch Aufschluss darüber geben, warum sich einzelne Konventionen und Verhaltensweisen wie zum Beispiel das Inzesttabu oder der Altruismus etabliert haben. Offenbar ist damit noch nicht die Frage beantwortet, ob derartige Normen *richtig* sind oder nicht. Hier helfen uns entwicklungsgeschichtliche Tatsachen nicht weiter: Sie können weder positiv zur Rechtfertigung solcher Normen herangezogen werden, noch vermögen sie Zweifel an deren Geltung zu begründen. Das Programm einer Naturalisierung der Ethik misslingt daher.

Eine angewandte Ethik der Neurowissenschaften

Das naturalistische Forschungsprogramm kann also nicht zur Begründung von moralischen Normen dienen. Doch ist dieses Programm nicht selbst auf Normen angewiesen? Benötigen wir nicht eine angewandte Ethik der Neurowissenschaften? Dies wäre insbesondere dann der Fall, wenn die Neurowissenschaften neue Probleme aufwerfen würden, die auf der Basis allgemeiner ethischer Grundsätze nicht oder nur schwer zu lösen wären.

Ich habe bislang zu zeigen versucht, dass neurowissenschaftliche *Erkenntnisse* selbst keine entscheidenden Probleme aufwerfen. Ethisch relevante Fragen können sich jedoch aus der *Anwendung* dieser Erkenntnisse ergeben. Insbesondere Eingriffe in Funktionen unseres Gehirns werfen weitreichende Fragen auf. Sieht man einmal von der Neurochirurgie ab, die keine neue Anwendung ist und den üblichen Regeln der Medizinethik unterliegt, dann sind hier vor allem zwei Bereiche von Bedeutung: zum einen chemische Eingriffe durch die Neuropharmakologie, zum anderen technische Eingriffe mit Hilfe von Neuroimplantaten oder Neuroprothesen, also unmittelbar mit dem Gehirn verbundenen elektronischen Systemen, durch die neuronale Funktionen ersetzt oder verbessert werden sollen. Bevor ich einen Vorschlag zur Bewertung dieser Verfahren mache, werde ich auf die Realisierungschancen und auf die Attraktivität der derzeit zur Diskussion stehenden Ansätze eingehen. Abgesehen davon, dass ein gewisser Realismus zur Beruhigung der oftmals sehr erhitzten Debatte beitragen dürfte, erscheint es sinnvoll, sich in der ethischen Diskussion auf solche Eingriffe zu konzentrieren, die als möglich erscheinen.

Neuroimplantate

Bleiben wir bei den Neuroimplantaten. Hier handelt es sich um elektronische Systeme, die in erster Linie verloren gegangene Fähigkeiten im Bereich der Sinneswahrnehmung oder der Bewegung zumindest partiell wiederherstellen sollen. Derzeit werden Neuroimplantate zum Beispiel zur Behandlung von schweren Fällen von Parkinson oder zur Wiederherstellung des Hörvermögens in der klinischen Praxis eingesetzt.

Erste Ansätze zur Entwicklung solcher Systeme gab es bereits in den sechziger Jahren des vergangenen Jahrhunderts. In den siebziger Jahren gelang es erstmals, blinden Versuchspersonen die Fähigkeit wiederzugeben, einzelne Lichtpunkte zu sehen; in den neunziger Jahren konnten die Versuchspersonen bereits aus Lichtpunkten zusammengesetzte Buchstaben erkennen.[324] Heute werden mehrere Strategien verfolgt, die jeweils einen anderen Ort im visuellen System wählen, um die elektronisch erzeugten Signale einzuspeisen.[325] Die Systeme sind teilweise bereits getestet, verfügbar sind sie aber noch nicht.

In jedem Falle ist bislang nur eine partielle Wiederherstellung unserer visuellen Fähigkeiten angedacht. Bei der so genannten »Dobelle-Brille«, einer elektronischen Kamera in Brillenform, die über einen Computer direkt den visuellen Kortex stimuliert, soll in einem kleineren Bereich des Sehfeldes ein zumindest rudimentäres Sehvermögen wiederhergestellt werden. Allerdings ist dazu nicht nur das Tragen eines Computers und einer Brille mit Kamera, sondern auch die Durchlöcherung der Schädeldecke für die notwendige Verkabelung erforderlich.[326]

Während sich die Systeme zur Wiederherstellung der visuellen Fähigkeiten noch im Entwicklungsstadium befinden, sind Cochlea-Implantate, die eine ebenfalls basale Wiederherstellung der Hörfähigkeiten ermöglichen, heute schon verfügbar. Sie wurden weltweit bei mittlerweile mehr als 25000 Patienten eingesetzt.[327] Solche Systeme eignen sich vor allem für Patienten, die bereits über natürliche Hörerfahrungen verfügen. Größere Schwierigkeiten treten auf, wenn die Taubheit seit der Geburt besteht, da das System in diesem Falle nicht an das Training durch frühere Hörerfahrungen anknüpfen kann.[328] Ein weiteres wichtiges Anwendungsfeld ist die so genannte Tiefenhirnstimulation, die unter anderem zur Linderung der Symptome der Parkinsonschen Krankheit eingesetzt wird.[329] Dazu müssen Elektroden in tiefer gelegene Hirnregionen eingeführt werden, um eine elektrische Erregung der entsprechenden Areale über einen programmierbaren Stimulator zu ermöglichen. Auf diese Weise lässt sich eine signifikante Verringerung der Parkinson-Symptome zum Beispiel bei Patienten mit schweren Bewegungsstörungen[330] erreichen.

Die Beispiele zeigen, dass es gegenwärtig noch um sehr basale Anwendungen geht, die bestenfalls eine partielle Wiederherstellung natürlicher Fähigkeiten erlauben. Es ist keineswegs sicher, dass diese Einschränkungen irgendwann einmal überwunden werden. In diesem Sinne bemerkt Weiler, dass es »unrealistisch« sei, das menschliche visuelle System »in seiner Vollkommenheit jemals technisch zu ersetzen. Vielmehr wird es darum gehen, eine vereinfachte Sehleistung zu ermöglichen, die den betroffenen Personen eine Lebensgestaltung möglichst ohne fremde Betreuung erlaubt.«[331]

Die Diskussion über die Neuroethik hat sich jedoch vielfach von dieser grauen Realität emanzipiert. Während in der Diskussion über Menschenbild und Selbstverständnis die Freunde apokalyptischer Szenarien auf ihre Kosten kommen, ist hier eher ein gewisser Enthusiasmus für Science-Fiction-Szenarien zu bemerken. Geradezu maßvoll erscheinen dabei noch Prognosen, in denen von einer Verbesserung unserer sensorischen Fähigkeiten, zum Beispiel durch die Ausweitung der Wahrnehmung auf Ultraschall oder Infrarotstrahlung, die Rede ist. Daneben gibt es auch so phantastische Ideen wie den Direktanschluss unseres Gehirns an externe Festplatten, die Speicherung unserer Erinnerungen auf Mikrochips, die man gegebenenfalls in das Gehirn einer anderen Person übertragen kann, oder gar die Zusammenschaltung mehrerer Gehirne zu einem Kollektiv-bewusstsein.[332]

Tatsächlich spricht einiges dafür, dass Arbeitsweise und Aufbau unseres Gehirns allen Bemühungen um eine grundlegende Verbesserung geistiger Fähigkeiten durch Neuroimplantate eine prinzipielle Grenze setzen. Das Gehirn ist ein hochgradig vernetztes System, dessen einzelne Bestandteile in einer Jahrmillionen währenden Entwicklungsgeschichte aufeinander abgestimmt worden sind. Das schließt Störungen nicht aus, und diese Störungen kann und soll man beseitigen dürfen. Aufgeworfen ist damit jedoch die Frage, wie erfolgreich der Versuch sein kann, die Leistung des gesamten Systems zu verbessern, indem man in die Funktion einzelner Elemente eingreift.[333]

Tatsächlich besteht eine der wichtigsten Aufgaben unseres kognitiven Systems in der Auswahl der relevanten und der Abstraktion von irrelevanten Informationen. Damit wird nicht nur eine Überlastung dieses Systems vermieden, vielmehr ist eine solche Konzentration spätestens auf der Ebene des Bewusstseins zwingend, weil wir nur eine vergleichsweise kleine Informationsmenge gleichzeitig bewusst verarbeiten können. So erfasst unser visuelles System nur den kleinen Ausschnitt unseres Blickfeldes, der gerade im Zentrum unserer Aufmerksamkeit steht, mit voller Schärfe und Auflösung; der gesamte Rest wird nur mit stark verminderter Auflösung und Schärfe wahrgenommen. Auf diese Weise lässt sich die Menge der Daten, die das visuelle System verarbeiten muss, sehr stark reduzieren. Dennoch haben wir den Eindruck, unser gesamtes Sehfeld gleichermaßen erfassen zu können: Sobald wir unsere Aufmerksamkeit einem bestimmten Punkt zuwenden, sehen wir ihn automatisch mit optimaler Auflösung und Schärfe. Dasselbe gilt für das sichtbare Frequenzspektrum. Mit seiner Wellenlänge zwischen vierhundert und achthundert Nanometern macht es nur einen winzigen Teil des elektromagnetischen Spektrums aus. Es ist jedoch genau der Ausschnitt, in dem das Sonnenlicht seine größte Intensität hat:[334] Die Ausweitung auf andere Wellenlängen würde zusätzliche Verarbeitungskapazität erfordern, ohne dass damit ein entsprechender Informationsgewinn verbunden wäre. Zu befürchten wäre vielmehr, dass die zusätzlichen Datenmengen das System einfach überlasten würden.

Von einer gewissen Bedeutung ist zudem die Frage, wie attraktiv die angekündigten Innovationen sind: Je lebhafter das Interesse am so genannten »Neuroenhancement«, auf das ich weiter unten ausführlich eingehen werde, desto höher dürfte auch der Regelungsbedarf sein. Tatsächlich sind die versprochenen Innovationen in vielen Fällen jedoch wesentlich unattraktiver als oftmals angenommen. Dies gilt zum Beispiel für die Ausweitung unseres Wahrnehmungsvermögens. Wer unbedingt infrarote Strahlung oder Ultraschall wahrnehmen möchte, kann dies bereits heute tun, indem er sich eine Infrarotkamera oder einen so genannten *Octavider* beschafft. Sieht man einmal von Heizungsinstallateuren und Musikproduzenten ab, dann ist der Andrang auf solche Geräte jedoch nicht sonderlich groß – vermutlich einfach deshalb, weil ihr Nutzen auf wenige Spezialanwendungen beschränkt ist. Es ist daher völlig unklar, welchen Grund unsere Nachfahren haben sollten, vergleichsweise aufwendige Manipulationen an ihrem Gehirn vornehmen zu lassen, um ein Ziel zu erreichen, das uns heute noch nicht einmal ein paar Euro wert ist.

Auch der zuweilen prognostizierte direkte Zugriff des Gehirns auf externe Datenbanken erscheint nur auf den ersten Blick wirklich attraktiv. Jeder Computerbesitzer weiß, dass man mit einer Menge Daten auf der eigenen Festplatte praktisch nichts anfangen kann, solange man nicht weiß, wo und wie die Information zu finden ist, die man gerade benötigt. Die bloße Verbindung des menschlichen Gehirns mit irgendwelchen Datenspeichern hätte also praktisch keinen positiven Effekt. Notwendig wäre dazu die Erschließung der fraglichen Daten über eine Suchfunktion. Doch wie sollte diese Suchfunktion bedient werden, ohne dass eine Tastatur oder eine Spracheingabe zur Hilfe genommen wird? Dann aber ist man mit den heute bereits erhältlichen externen Speichern besser bedient.

Doch selbst wenn es gelingen würde, auf die Strategien zurückzugreifen, die wir zur Wiederauffindung von Informationen in unserem Langzeitgedächtnis anwenden, wäre der Gewinn zweifelhaft, weil auch ein Zuviel an Erinnerungen unsere Gedächtnisleistungen stören kann.[335] Völlig zu Recht macht Gazzaniga[336] darauf aufmerksam, dass sich die Frage möglicher Nebenwirkungen bereits bei den vergleichsweise moderaten Steigerungen stellt, die von den heute in der Entwicklung befindlichen Medikamenten zur Verbesserung der Gedächtnisleistungen zu erwarten sind. Das Vergessen schützt uns nicht nur vor belastenden Erinnerungen; es hilft auch, die Überfülle irrelevanter Informationen zu vermindern, die sonst unsere Entscheidungsfähigkeit beeinträchtigen würde.[337]

Psychopharmaka

Alle diese Überlegungen dürften zeigen, dass die Erweiterung unserer kognitiven Möglichkeiten keineswegs nur vom Stand der technischen Entwicklung abhängt. Vielmehr spricht einiges dafür, dass es prinzipielle Grenzen für technische Eingriffe in das menschliche Gehirn gibt. Ähnliches dürfte für Interventionen auf der Basis von Psychopharmaka gelten, die im Übrigen bereits heute möglich sind. Und diese Möglichkeiten werden wahrgenommen: Schätzungen besagen, dass in den Vereinigten Staaten bis zu 15 Prozent der College-Studenten psychoaktive Drogen nehmen.[338]

Zu den am weitesten verbreiteten Medikamenten gehören Antidepressiva wie Prozac, das auch zur Behandlung von Angst- und Zwangsstörungen eingesetzt wird. Peter D. Kramer berichtet, dass seine Patienten nicht nur ihren Pessimismus verloren, sondern auch an Selbstvertrauen und ganz allgemein an sozialen Kompetenzen gewannen. Prozac habe damit dazu geführt, dass es den Patienten »besser als einfach nur gut« gegangen sei, ja, einige Patienten hätten behauptet, erst das Medikament habe sie zu ihrem »wahren Selbst« geführt.[339]

Während bei Prozac die Stimmungsverbesserung im Vordergrund steht, beeinflussen andere Medikamente eher die kognitiven Fähigkeiten. So konnte zum Beispiel nachgewiesen werden, dass das Alzheimer-Medikament Donepezil zu einer signifikanten Leistungssteigerung bei Piloten führt, die komplizierte Manöver in einem

Flugsimulator üben müssen. Im Vergleich zu einer Kontrollgruppe, die das Medikament nicht erhalten hatten, zeichneten sich die behandelten Piloten bei einer einen Monat später stattfindenden Kontrolluntersuchung durch wesentlich bessere Leistungen vor allem beim Landen und in Notfallsituationen aus.[340] Bemerkenswerte Erfolge lassen sich auch mit Ritalin erzielen, einem Mittel zur Bekämpfung von Hyperaktivität und Aufmerksamkeitsstörungen. Es wird angenommen, dass das Mittel die Leistungen von gesunden Schülern in einem standardisierten amerikanischen Test für die Bewerbung an Colleges (»Scholastic Aptitude Test«, SAT) durchschnittlich um mehr als 100 Punkte von 1600 zu erzielenden Punkten erhöht.[341] Hier handelt es sich um eine beträchtliche Verbesserung. Da die Zahl der Konkurrenten um so stärker abnimmt, je weiter man den Durchschnittswert übertrifft, kann man auf diese Weise unter bestimmten Bedingungen die Zahl der Konkurrenten um einen Platz auf einem guten College halbieren.

Bemerkenswerte Möglichkeiten scheinen sich schließlich auch bei der Erweiterung des Gedächtnisses zu bieten. Wesentliche Aspekte der molekularen Mechanismen, die zur Speicherung von Gedächtnisinhalten führen, sind in den letzten Jahren entschlüsselt worden. Entscheidende Bedeutung hat dabei das CREB-Protein, das das Programm für Lernprozesse in einer Zelle aktiviert. So führte eine künstliche Erhöhung des CREB-Spiegels dazu, dass sich Fruchtfliegen gleich beim ersten Mal den Ort einer Futterquelle merken konnten – die unbehandelten Tiere der Kontrollgruppe benötigten hierzu zehn Versuche.[342] Wurden Mäuse mit einem pharmakologischen CREB-Verstärker behandelt, dann konnten sie sich innerhalb von dreieinhalb Minuten Details über die Objekte in einem neuen Käfig merken, für die sie unter normalen Umständen fünfzehn Minuten benötigt hätten.[343] Umgekehrt führte die Unterdrückung von CREB bei Mäusen dazu, dass die Erinnerung an traumatische Schocks auf das Niveau normaler Lernerfahrungen reduziert wurde.[344]

Ein Vorschlag zur Bewertung

Die Versuche haben eine erhebliche praktische Bedeutung, weil es heute schon eine Reihe von Firmen gibt, die sich der Entwicklung von Medikamenten zur Beeinflussung von Gedächtnisfunktionen widmen. Der Bedarf an derartigen Wirkstoffen in der Medizin ist offensichtlich: Allein in Deutschland sollen 1,6 Millionen Menschen mit Gedächtnisstörungen leben, die meisten von ihnen sind über fünfzig Jahre alt.[345] Bedarf besteht auch bei Patienten mit schweren Traumata, zum Beispiel mit posttraumatischen Belastungsstörungen, wie sie etwa bei Soldaten in Kriegssituationen oder bei den Mitgliedern von Rettungsmannschaften auftreten.

Prinzipiell wird man gegen die Beseitigung solcher Störungen wenig einzuwenden haben; dennoch gibt es hier eine Reihe von Problemen. Schwierigkeiten bietet schon die Bestimmung des Begriffs einer krankhaften Störung selbst. Allerdings ist hier nicht der Ort, auf diese Schwierigkeiten im Detail einzugehen.[346] Immerhin gibt es eine Reihe etablierter Verfahren zur Bestimmung einzelner Krankheiten, die zumindest in der Praxis über den Mangel einer allgemeinen Begriffsbestimmung hinweghelfen können.

Von entscheidender Bedeutung ist die Bewertung des einzelnen Eingriffs. Hier stellt sich erstens die Frage, ob die Intervention den beabsichtigten Zweck erreicht und mit welchen Risiken sie verbunden ist. Zweitens ist nach den Konsequenzen des Eingriffs für das individuelle Wohlergehen des Patienten beziehungsweise Nutzers zu fragen.[347]

Bei der Bekämpfung von Gedächtnisausfällen sind diese Fragen vergleichsweise leicht zu beantworten. Problematischer ist bereits die Behandlung traumatischer Störungen, weil es hier zur Auslöschung von Gedächtnisinhalten kommen kann. Nach Davinia Talbot und Julia Wolf kann dies die Kohärenz der Lebensgeschichte einer Person gefährden. Zudem drohen solche Eingriffe auch den gewissensbildenden Effekt einschneidender Erlebnisse zu untergraben.[348] Die Einwände von Talbot und Wolf erscheinen gerechtfertigt, sofern das Gedächtnis an das traumatische Erlebnis völlig ausgelöscht wird. Medikamente dagegen, die die Erinnerung an traumatisierende

Erlebnisse dem bewussten Zugriff zugänglich und damit wieder veränderbar machten, wären von diesem Einwand nicht getroffen. Solche Präparate könnten eine Bewältigung des Traumas ermöglichen, ohne damit gleichzeitig die Kontinuität der Lebensgeschichte zu zerstören. Die Erinnerung an das fragliche Ereignis bliebe erhalten, doch sie würde ihren traumatischen Charakter verlieren.

Eine Reihe diffiziler Fragen stellt sich auch bei der Bewertung von Neuroimplantaten. Illustrieren lässt sich dies an dem oben skizzierten Beispiel der Dobelle-Brille, die eine rudimentäre Wiederherstellung visueller Fähigkeiten erlaubt. Hierfür müssen allerdings beträchtliche Risiken in Kauf genommen werden, insbesondere die dauerhafte Öffnung des Schädels sowie die Verkabelung des eigenen Gehirns. Eine Beurteilung nach objektiven Kriterien erscheint kaum möglich. Sollte das System allgemein verfügbar werden, dann wird man vermutlich die persönliche Entscheidung eines gut informierten Patienten respektieren müssen, der alleine die notwendige Abwägung vornehmen kann.

Wesentlich größer sind die Probleme, wenn es nicht um die Beseitigung von Störungen, sondern um das so genannte »Neuroenhancement« geht. Gemeint ist damit die kognitive Leistungssteigerung von Gesunden durch Medikamente oder Neuroimplantate, die gegenwärtig eine wichtige Rolle in der Diskussion über die Anwendung neurowissenschaftlicher Forschungsresultate spielt. Neuroenhancement ist kein bloßes Gedankenexperiment, sondern angesichts der bereits heute betriebenen Verwendung von Ritalin durch Schüler zur Leistungssteigerung ein ganz reales Problem. Dies gilt nicht zuletzt deshalb, weil hiervon auch diejenigen betroffen sind, die solche Medikamente *nicht* verwenden. Ähnlich wie im Sport bewirkt auch im Alltag jede Leistungssteigerung bei einzelnen Individuen eine Anhebung des allgemeinen Leistungsniveaus. Je weiter sich die Verwendung verbreitet, desto höher wird daher der Druck auf diejenigen, die sich ihm widersetzen.

Obwohl Medikamente ebenso wie Neuroimplantate im Allgemeinen nicht frei von Nebenwirkungen sind, werde ich diese im Folgenden um des Argumentes willen ebenso beiseite lassen wie bereits angesprochene Fragen einer prinzipiellen Grenze bei der Verbesserung der kognitiven Leistungsfähigkeit. Stattdessen werde ich mich auf die Frage konzentrieren, ob die Verbesserung kognitiver Leistung mit technischen oder pharmazeutischen Mitteln *an sich* ethisch problematisch ist oder nicht. Das heißt natürlich auch, dass Einwände, die sich beispielsweise aus der Gefahr von Nebenwirkungen ergeben würden, ganz unabhängig von dem Ergebnis der folgenden Betrachtungen erhalten bleiben.

Die Positionen in der Forschung sind gegensätzlich. So steht zum Beispiel Gazzaniga[349] dem Neuroenhancement vergleichsweise positiv gegenüber. Im Prinzip unterscheide sich diese Form der Verbesserung geistiger Leistungen nicht von den üblichen Methoden, etwa durch das Lernen von Vokabeln. Gleichzeitig betont Gazzaniga, dass das Neuroenhancement nicht mit dem Doping im Sport zu vergleichen sei, weil es stets nur das jeweilige Individuum selbst betreffe und nicht gegen grundlegende Regeln eines fairen Wettkampfs verstoße. Auch Bettina Schöne-Seifert[350] bestreitet die Vergleichbarkeit von Neuroenhancement und Doping: Während wir uns für die im Sport erbrachten Leistungen nur interessieren, wenn sie unter den Bedingungen eines fairen Wettkampfs erbracht werden, spiele im Alltag nur die absolute Leistung eine Rolle: Die Argumente, die zur Ablehnung des Dopings führen, könnten daher nicht gegen das Neuroenhancement angeführt werden.

Doch besteht hier wirklich ein grundsätzlicher Unterschied? Natürlich interessieren wir uns als Konsumenten in erster Linie für die Qualität der von uns benötigten Waren und Dienstleistungen, nicht jedoch dafür, wie diese Qualität erbracht wurde. Immerhin gibt es auch hier bereits Ausnahmen: So haben zum Beispiel unmenschliche Arbeitsbedingungen in Produktionsstätten der Dritten Welt zu Boykottaufrufen gegen die verantwortlichen Firmen geführt. Ein zweiter, vermutlich wirksamerer Grund für unser Interesse an den Bedingungen, unter denen solche Leistungen erbracht werden, ergibt sich daraus, dass wir niemals nur die *Empfänger* bestimmter kognitiver Leistungen sind, sondern auch deren *Erbringer*. Weil wir in unserem eigenen Arbeitsalltag selbst derartige Leistungen in Konkurrenzsituationen zu erbringen haben, *müssen* wir an fairen Bedingungen interessiert sein. Diese Art von Fairness wird jedoch in Frage gestellt, wenn die Verwendung von beliebigen Mitteln zur kognitiven Leistungssteigerung generell erlaubt würde. Dies gilt bereits für den oben erwähnten Missbrauch von Ritalin: Natürlich haben Eltern ein legitimes Interesse daran, dass sich dieser Missbrauch in den Schulen ihrer Kinder nicht weiter verbreitet, weil diesen sonst ungerechtfertigte Nachteile entstehen.

Auch Schöne-Seifert sieht eine Grenze des Neuroenhancement dort, wo die Authentizität der Person in Frage gestellt wird. Ähnlich argumentieren Talbot und Wolf.[351] Ich glaube jedoch, dass es hier nicht nur um die Authentizität einer Person, sondern ganz generell um unseren Status als verantwortungsfähige Individuen geht. Während also die bloße *Entdeckung* der Natur des Geistes – wie oben gezeigt – zumindest im Prinzip keine wesentlichen Risiken mit sich bringt, scheinen mir *Eingriffe* in diese Natur, sofern sie nicht der Bekämpfung von Krankheiten dienen, prinzipiell problematisch. Solche Eingriffe betreffen nämlich genau die Eigenschaften und Fähigkeiten, die menschliche Personen zu den Personen machen, die sie sind.[352]

Nun sind Veränderungen der für eine Person konstitutiven Eigenschaften nicht an und für sich verwerflich, die Möglichkeit solcher Veränderungen war oben sogar als zentrales Kriterium personaler Präferenzen bezeichnet worden. Es macht jedoch einen prinzipiellen Unterschied, ob eine Person derartige Veränderungen selbst zum Beispiel durch eigene Überlegungen bewirkt oder ob diese Veränderungen von pharmazeutischen Eingriffen ausgehen. Wenn ich meine Überzeugungen, Wünsche oder Bedürfnisse durch eigene Überlegungen verändere, dann behandele ich mich als rationale Person. Dies zeigt sich daran, dass ich in diesem Falle die Möglichkeit habe, jedes einzelne Motiv zu bewerten, es zu verwerfen oder ihm gegebenenfalls zu folgen. Eine derartige Veränderung meiner Einstellungen untersteht daher meiner eigenen Kontrolle. Verwende ich zu diesem Zweck dagegen pharmazeutische Mittel, dann behandele ich mich nicht als rationale Person, sondern wie einen beliebigen Körper. Damit entfällt ein wichtiger Aspekte von Kontrolle: Sobald ich die Substanz eingenommen habe, dann wird mein Körper auf sie reagieren, ob ich das will oder nicht.[353]

Dies mag von untergeordneter Bedeutung sein, sofern die Wirkung geringfügig oder nur vorübergehend ist: Niemand hat ernsthafte Bedenken, wenn es um die Wirkungen von Kaffee oder Traubenzucker geht. Probleme entstehen jedoch bei einer gravierenden Veränderung der für eine Person konstitutiven Wünsche, Überzeugungen und Charaktermerkmale. Wenn also die Leidenschaft für italienische Opern eine zentrale Bedeutung für mich als Person hat, dann würde ein Eingriff, der direkt oder indirekt zu einer Veränderung dieser Leidenschaft führen würde, zu einer Infragestellung meiner Integrität als Person führen.[354] Dasselbe gilt auch dann, wenn ich plötzlich völlig neue Bedürfnisse und Fähigkeiten entwickeln würde: Solche Veränderungen würden für mich und meine Umgebung die Frage aufwerfen, ob ich überhaupt noch die Person bin, die ich vor der Veränderung war.

Auf den ersten Blick mögen diese Befürchtungen weit hergeholt sein, und tatsächlich wird sich wohl niemand die Mühe machen, ein Medikament gegen die Opernleidenschaft zu entwickeln. Problemlos denkbar ist jedoch, dass solche Persönlichkeitsveränderungen als Nebenwirkungen auftreten. Abgesehen davon gibt es schon heute Versuche, persönlichkeitsverändernde Wirkungen bewusst zu erzielen. Kramer spricht in diesem Zusammenhang von einer »kosmetischen Psychopharmakologie«. Entscheidend ist dabei, dass damit nicht nur ein paar äußere Merkmale wie die Haarfarbe oder die Form von Nase und Ohren verändert werden; problematisch sind solche Eingriffe, weil sie den Kern einer Persönlichkeit betreffen und damit den Status dieser Person als handlungs- und verantwortungsfähiges Indiuvuum in Frage stellen.

Von einer Gefährdung der Integrität einer Person kann aber auch dann die Rede sein, wenn es zu einer substantiellen Veränderung der *Fähigkeiten* kommt, die für eine verantwortliche Person konstitutiv sind. Solche Veränderungen würden ebenfalls Zweifel daran aufkommen lassen, dass wir es noch mit derselben Person zu tun haben. Zudem wäre unklar, wem eigentlich die Leistungen zuzuschreiben sind, die die Person faktisch vollbringt. Wenn ich zum Beispiel meine Fähigkeiten im Schach nicht durch Übung und Nachdenken, sondern durch die Implantierung eines Schachchips substantiell verbessere, ist es dann mir zuzuschreiben, wenn ich meine bisherigen Schachpartner plötzlich reihenweise besiege, oder ist dies nicht vielmehr eine Leistung des Chips, der die Züge plant? In einem gewissen Sinne wäre meine Situation vergleichbar mit der des berühmten Schachautomaten des Barons Wolfgang von Kempelen, der von Walter Benjamin zitiert wird. Doch während dort in Wirklichkeit ein kunstvoll versteckter Mensch die Leistungen vollbrachte, die die Beobachter dem Automaten zuschrieben, würde hier ein versteckter Automat die Leistungen vollbringen, die wir normalerweise der handelnden Person zuschreiben. Damit aber wäre auch hier der Status eines verantwortlichen Individuums in Frage gestellt, weil es zweifelhaft wäre, ob man der Person noch die Erfolge zugute halten kann, die sie faktisch erzielt.

Neben diesen direkten Konsequenzen gibt es noch eine Reihe indirekter Folgen, die sich vor allem dann einstellen würden, wenn Neuroenhancement sich zu einer allgemein üblichen Praxis entwickeln würde. Bereits erwähnt wurde die Gefahr, dass die allgemeine Verbesserung der kognitiven Leistungen auch diejenigen zum Gebrauch solcher Mittel zwingen könnte, die dem Neuroenhancement eigentlich ablehnend gegenüberstehen. Ein weiteres Problem ergibt sich aus den Schwierigkeiten, zwischen den echten Leistungen einer Person und den Leistungen von Chips und Psychopharmaka zu unterscheiden. Bei einer weiten Verbreitung solcher Hilfsmittel könnte es daher zu einer allgemeinen Skepsis gegenüber menschlichen Leistungen kommen. Wir würden unsere Mitmenschen so betrachten wie einen Pianisten, bei dem wir nicht ganz sicher sein können, ob er in seinem Klavier nicht doch einen Computer versteckt hat, der die Töne erzeugt. Dies würde nicht nur unseren gegenseitigen Respekt beeinträchtigen, sondern dürfte auch unsere Bereitschaft verringern, Leistungen zu honorieren.

Wenn Neuroenhancement weithin praktiziert würde, bestünde außerdem die Gefahr, dass wir auf Handlungen, die bestimmten Erwartungen oder Normen widersprechen, nicht mit einem Appell an die Selbstverantwortung der Person reagieren würden, um diese Person zu einer Erfüllung der Normen oder Erwartungen zu animieren. Vielmehr läge es dann nahe, der Person ein Medikament zu verordnen, das die unerwünschten Verhaltensweisen ohne deren Mittun beseitigt. Damit aber würden wir der Person faktisch die Verantwortung entziehen, indem wir ihre Fehler und Unzulänglichkeiten als eine Art von Krankheit behandelten, ja, wir würden den prinzipiellen Unterschied zwischen einem verfügbaren Objekt und einer letztlich unverfügbaren menschlichen Person, zwischen dem »Gemachten« und dem »Gewachsenen« einebnen.[355] Auch hier bietet der erwähnte Missbrauch von Ritalin ein gutes Beispiel: Natürlich ist es für Eltern einfach, ihren gesunden Kindern ein Medikament zu verabreichen, wenn die Leistungen nicht mehr stimmen – so wie man Pflanzen düngt, wenn sie nicht mehr richtig wachsen. Als selbstbestimmungsfähige Individuen behandelt man seine Kinder allerdings nur dann, wenn man ihnen durch Übung und Erziehung dazu verhilft, Leistungen aus eigener Anstrengung zu verbessern. Abgesehen davon, dass hier eher positive Nebenwirkungen, insbesondere für das Verhältnis von Eltern und Kindern, zu erwarten sind, dürften auch die eigentlichen Wirkungen dauerhafter sein, als es bei der Einnahme von Medikamenten der Fall ist.

Wie gesagt: natürlich soll man Krankheiten als Krankheiten behandeln. Dies schließt ein, dass man die Fähigkeit zur Übernahme von Verantwortung durch medizinische Eingriffe wiederherstellt, sofern das erforderlich ist. Die Anwendung solcher Medikamente bei Gesunden birgt jedoch die große Gefahr, dass man ihre Verantwortlichkeit, ihre personale Identität und damit letztlich ihren Personenstatus untergräbt. Man verlangt nicht mehr von ihnen selbst, ihr Verhalten zu verändern oder ihre Leistungen zu steigern, sondern überlässt dies einfach einem Chip oder einer chemischen Substanz – so wie man es bei einem Computer oder einem Auto auch tun kann.

All das ist glücklicherweise weitgehend Science-Fiction, und es ist gut möglich, dass dies auch so bleibt: Sollten unsere Nachfahren nicht ebenso wie wir selbst gesunden Menschenverstand genug haben, um eine solche Entwicklung zu vermeiden? In jedem Falle zeigen die Szenarien, dass wir uns bei der Verbesserung eigener Leistungen Grenzen auferlegen sollten, wenn wir nicht unseren gegenseitigen Respekt, aber auch die Vorstellungen davon, was ein verantwortungsfähiges Individuum ausmacht, aufs Spiel setzen wollen.

Doch sind solche Forderungen nach Zurückhaltung nicht hoffnungslos illusorisch? Immerhin ist zu erwarten, dass derartige Substanzen früher oder später universell verfügbar werden, so dass jedwede Regel nach Belieben umgangen werden kann. Man könnte daher zweifeln, ob der Missbrauch überhaupt zu unterbinden ist.

Diese Behauptung hat in meinen Augen keinen Bestand. Es spricht – wie oben gezeigt – vieles dafür, dass die Blütenträume des Neuroenhancements an der Realität scheitern werden. Dies dürfte die Motive für einen Missbrauch verringern. Doch auch bei der Unterbindung des Missbrauchs stehen wir nicht auf verlorenem Posten. Natürlich lässt sich Missbrauch nicht vollständig ausschließen. Doch gerade die negativen sozialen Konsequenzen hängen nicht zuletzt von dem *Ausmaß* des Missbrauchs ab. Unsere Einstellung gegenüber den Leistungen anderer Menschen wird sich nicht verändern, solange sich diese Leistungen nur in Ausnahmefällen als Produkte der Pharmaindustrie erweisen.

Dass eine solche allgemeine Verbreitung des Missbrauchs zumindest in den schwerwiegenderen Fällen verhindert werden kann, zeigt die Tatsache, dass sich die bereits in der Vergangenheit verfügbaren Methoden der Beeinflussung von psychischen Prozessen zum Beispiel durch Drogen, aber auch durch psychologische Techniken wie die Hypnose niemals auf breiter Front durchgesetzt haben. Wenn wir erstens zu einem echten Konsens darüber gelangten, dass die Verwendung gewisser Mittel genauso abzulehnen ist wie Drogen und Doping, und wenn zweitens dieser Konsens durch entsprechende Sanktionen gestützt würde, dann sollte eine Eindämmung des Missbrauchs auch heute möglich sein. Dabei kommt es nicht allein auf

Sanktionen an. Wir halten uns gegenüber Alkohol und anderen Drogen ja nicht nur aus Furcht vor den Sanktionen zurück,[356] sondern auch weil wir einsehen, dass diese Zurückhaltung vernünftig ist. Insofern scheint es nicht unrealistisch zu erwarten, dass auch das Neuroenhancement einzudämmen ist.

Resümee

Fassen wir zusammen: Ziel dieses Buches war es, deutlich zu machen, dass unser Selbstverständnis als bewusster, selbstbewusster und freier Personen nicht durch die Hirnforschung bedroht ist. Die Entdeckung der Natur des Geistes wird uns sicherlich eine Vielzahl neuer Erkenntnisse über uns selbst liefern – eine Revolution unseres Menschenbildes ist jedoch nicht zu erwarten. Hierfür sprechen historische Befunde, systematische Überlegungen und empirische Daten gleichermaßen.

Historische Befunde erlauben uns einen kleinen Blick über den Tellerrand unserer eigenen geschichtlichen Perspektive hinaus. Wichtig ist dies angesichts des nach wie vor virulenten naturalistischen Missverständnisses, also der Idee eines prinzipiellen Konflikts von Naturalismus und Menschenbild. Diese bis heute wirksame Vorstellung beruht auf der Annahme, zentrale menschliche Eigenschaften seien nicht in naturalistischen Kategorien explizierbar. Hier existiere also offenbar eine prinzipielle Grenze des naturalistischen Programms. Das aber scheint nur bedeuten zu können, dass naturalistische Erklärungsansprüche, die diese Grenzen ignorieren, zentrale menschliche Eigenschaften in Frage stellen und so in einen grundlegenden Konflikt mit dem menschlichen Selbstverständnis führen müssen.

Der historische Vergleich spricht gegen die Annahme einer prinzipiellen Grenze dieses Programms und damit auch gegen die Annahme eines Konfliktes. Zwar lag das Postulat einer prinzipiellen Grenze nahe, solange eine naturalistische Erklärung bestimmter menschlicher Fähigkeiten angesichts des zeitgenössischen Standes der Wissenschaften unvorstellbar war. Damit gewann die Berufung beispielsweise auf eine immaterielle Seele, die Lebenskraft oder einen göttlichen Schöpfungsakt eine hohe Plausibilität. Für derartige Entitäten war aber kein Platz in einem naturalistischen Forschungsprogramm, so schien jede Beschränkung auf dieses Programm die Fähigkeiten zu gefährden, die durch Seele, Lebenskraft oder den göttlichen Schöpfungsakt erklärt werden sollten.

Tatsächlich hat sich dieser Eindruck immer wieder als falsch erwiesen. Weit entfernt davon, die fraglichen Fähigkeiten in Frage zu stellen, vermochten die naturalistischen Ansätze sie auf die Dauer sogar besser zu erklären. Die Biologie beispielsweise führte zu einem tieferen Verständnis der vitalen Prozesse von Organismen, als es der Rückgriff auf die Lebenskraft vermochte. Damit löste sich der Anschein eines Konfliktes von Naturalismus und Menschenbild immer wieder auf, und auch von einer Nivellierung der Unterschiede zwischen der menschlichen und der nichtmenschlichen Natur konnte keine Rede sei. Ganz im Gegenteil haben wir mittlerweile ein wesentlich differenzierteres Bild von den Unterschieden zwischen menschlichen und nichtmenschlichen Lebensformen gewonnen.

Selbstverständlich wäre es naiv, aus diesen historischen Beobachtungen gleich den Schluss zu ziehen, es werde auch in Zukunft keinen Konflikt von Naturalismus und Menschenbild geben. Genauso naiv wäre es jedoch auszuschließen, dass heute als unüberwindlich erscheinende Grenzen naturalistischer Erklärungen auf die Dauer überwunden werden können. Ich habe zu zeigen versucht, dass dies gerade für diejenigen Bereiche gilt, die heute am stärksten umstritten sind: Es gilt für die Erklärung des phänomenalen Bewusstseins, für das Problem von Selbst und Selbstbewusstsein und schließlich auch für die Willensfreiheit. In allen drei Fällen sprechen gewichtige systematische Argumente dafür, dass eine naturalistische Erklärung prinzipiell möglich ist.

Doch systematische Argumente vermögen gegenläufige Intuitionen nicht einfach zu beseitigen: So können wir uns eben noch nicht wirklich *vorstellen*, wie aus der Aktivität einfacher Neurone die qualitativ vielfältigen bewussten Erfahrungen hervorgehen. Die intuitiven Zweifel an der Möglichkeit einer zufriedenstellenden Theorie des Bewusstseins bleiben daher auch dann erhalten, wenn man die Argumente akzeptiert, die für eine solche Theorie sprechen. Die Schwierigkeiten, uns die Naturalisierung von Bewusstsein vorzustellen, strahlen auch auf die beiden anderen Problemfelder aus: auf das Feld des Selbstbewusstseins und vor allem auf das der Willensfreiheit. Solange wir intuitive Zweifel daran haben, dass geistige Prozesse physische Prozesse sind, wird auch der Verdacht bleiben, dass die Determination einer Handlung durch neuronale Prozesse im Widerspruch zur Freiheit steht.

Wie gesagt: *Verständlich* mögen diese Zweifel und Vorbehalte sein – *richtig* sind sie damit noch lange nicht. Wenn wir gute Argumente haben, die für die Lösbarkeit dieser Probleme sprechen, und wenn wir auf der anderen Seite zugeben müssen, dass wir mit unseren Vorstellungen und Intuitionen genauso vom zeitgenössischen Stand der Erkenntnis abhängig sind, wie das in anderen Phasen der Wissenschaftsgeschichte der Fall war, dann können wir die Argumente nicht mehr mit Berufung auf unsere Vorstellungen und Intuitionen zurückweisen. Ja, wir sollten sehen, dass wir uns in unseren Argumenten nicht zu sehr von intuitiven Widerständen leiten lassen.

Somit spricht alles dafür, dass Bewusstsein, Selbstbewusstsein und Willensfreiheit als natürliche Fähigkeiten zu verstehen sind. Natürliche Fähigkeiten können in der Lebensgeschichte eines Individuums entstehen und vergehen, sie können folglich in unterschiedlichen Graden vorkommen und mit Hilfe der empirischen Wissenschaften erklärt werden. Dies schließt insbesondere die Möglichkeit einer Aufklärung der physischen Grundlagen dieser Fähigkeiten ein.

Wenn man aber Bewusstsein, Selbstbewusstsein und Willensfreiheit in unterschiedlichen Graden besitzen kann, dann dürfte sich auch die Diskussion auf die Dauer verlagern und ausdifferenzieren. Tatsächlich ist die gegenwärtige Auseinandersetzung vielfach noch auf die alten Fragen fixiert, ob wir »das« Ich oder »den« freien Willen haben – Fragen, die man mit einem schlichten Ja oder Nein beantworten kann. Solche Fragestellungen und Antworten entsprechen der Vorstellung, dass Willensfreiheit oder Selbstbewusstsein an eine übernatürliche Eigenschaft gebunden ist: Ein immaterielles Ich besitzt man oder man besitzt es nicht. Die Welt ist entweder determiniert oder sie ist es nicht.

Doch das Vordringen der Naturalisierungsstrategie, die Entdeckung der Natur des Geistes, fordert einen differenzierteren begrifflichen Rahmen, der Platz lässt für unterschiedliche Grade und Varianten dieser Fähigkeiten. So wie an die Stelle der übernatürlichen Konzeption der Lebenskraft nicht einfach eine natürliche Konzeption der Lebenskraft getreten ist, sondern eine Vielzahl biologischer Theorien über die unterschiedlichsten Aspekte des Lebendigen, so dürften auch die traditionellen Konzeptionen »des« freien Willens oder »des« Ich Platz machen für eine Vielzahl von psychologischen und neurobiologischen Theorien über Willensakte und Selbstbewusstsein. Diese Theorien werden wesentlich differenziertere Antworten geben. In Zukunft wird man erfahren, in *welchem Maße* Menschen frei, selbstbewusst oder bewusst sind und eventuell auch, *welche Art* von Bewusstsein, Selbstbewusstsein oder Verantwortungsfähigkeit sie besitzen. Dies dürfte zwar die Formulierung feuilletongerechter Schlagzeilen erschweren. Auf der anderen Seite werden aber wesentlich differenziertere und informativere Angaben über die unterschiedlichen Ausprägungen dieser Fähigkeiten, ihre Entstehungsbedingungen, aber auch über ihre möglichen Einschränkungen möglich, wenn man sich nicht mehr mit einem schlichten Ja oder Nein begnügen muss.

Für die Philosophie würde dies bedeuten, dass sie genauere Maßstäbe für die Zuschreibung von Bewusstsein oder Selbstbewusstsein liefern sollte. Und was die empirischen Wissenschaften betrifft, so wären nicht mehr nur solche Experimente interessant, die einen vermeintlich endgültigen Beweis zum Beispiel für oder gegen die Willensfreiheit zu liefern versprechen. Bedeutung gewinnen würden vielmehr all die Erkenntnisse, die uns ein genaueres Bild von diesen Fähigkeiten, ihren Ursprüngen und Ausprägungen liefern.

Die endgültige Antwort auf die Frage nach dem Wesen des Menschen wird also vermutlich weiter auf sich warten lassen. Setzt man voraus, dass Menschen sich immer um Einsichten in ihr eigenes Wesen interessieren werden, und setzt man weiterhin voraus, dass diese Bemühungen auch weiterhin ihre Früchte tragen werden, dann wird sich unser Bild von uns selbst wohl immer wieder ein wenig verändern. Dies ist nicht weiter tragisch: Einen beträchtlichen Teil der Antwort kennen wir nämlich bereits aus unserem alltäglichen Umgang mit uns und unseresgleichen. Zu finden ist dieser Teil der Antwort in einer Vielzahl von kulturellen Dokumenten, in Riten und Rechtsvorschriften, aber auch in unserer kulturellen Praxis, in der sich unser Wissen über uns selbst längst niedergeschlagen hat. Dabei handelt es sich nicht etwa um beliebige Spekulationen, sondern um ein in der alltäglichen Praxis überprüftes Wissen. Würden wir nämlich im Alltag von falschen Annahmen ausgehen, dann müssten wir ständig scheitern: Dies ist aber offenbar nicht der Fall – im Gegenteil. Wie die subjektorientierte Soziologie gezeigt hat, haben Individualität und individuelle Verantwortung gerade in den letzten Jahren erheblich an Bedeutung in unserer alltäglichen Praxis gewonnen. Dies wäre nicht zu erklären, wenn wir nicht imstande wären, selbstverantwortlich zu handeln.

Die empirischen Erkenntnisse über die Natur des Geistes werden also unser Bild von uns selbst sicherlich in vielfacher Weise ergänzen, ausdifferenzieren und in einem gewissen Umfang auch korrigieren. Wir werden mehr darüber erfahren, was wir tun müssen, um die Entwicklung dieser Fähigkeiten zu verbessern oder um Ausfälle zu kompensieren, und wir werden besser verstehen, wo die Grenzen des Individuums und seiner Verantwortlichkeit liegen. Wenig spricht jedoch dafür, dass diese Forschungen uns auf die Dauer zu einer grundlegenden Revision unseres Selbstverständnisses zwingen werden. *Wenn* es eine Gefahr für unser Selbstverständnis und unser Bild vom Menschen gibt, dann geht sie aus von den vielfältigen Formen der *Beeinflussung* geistiger Prozesse durch Psychopharmaka und Neuroimplantate. Greifen gesunde Personen zu derartigen Mitteln, um ihre Fähigkeiten zu verbessern oder ihren Charakter zu verändern, dann machen sie sich selbst zum Objekt der Manipulation und beschwören damit die Gefahr herauf, dass auch andere sie mehr und mehr so behandeln. Ich glaube jedoch, dass wir eine realistische Chance haben, derartige Fehlentwicklungen zu verhindern.

In jedem Falle sind die Risiken, die von der Erkenntnis der Natur des Geistes ausgehen, vergleichsweise gering gegenüber dem Gewinn: Ein verbessertes Verständnis unserer wichtigsten Fähigkeiten und ihrer sozialen, kulturellen und natürlichen Bedingungen dürfte vor allem den Respekt vor diesen Fähigkeiten und dem Menschen als ihrem Träger noch erhöhen – auch dieses Verständnis selbst wäre schließlich eine Leistung des Menschen.

Nachwort

Die Idee zu diesem Buch hat sich aus Fragen ergeben, die in früheren Projekten auftauchten, dort aber nicht beantwortet werden konnten. Einige dieser Fragen sind aus historischen Arbeiten erwachsen, die mehr als zehn Jahre zurückliegen, die meisten sind jedoch in systematischen Untersuchungen der letzten Jahre entstanden. Erst im Verlauf der Arbeit an diesem Buch wurde mir dann klar, wie fruchtbar das Zusammenspiel von historischen und systematischen Fragestellungen wirklich ist.

Bei der Abfassung hatte ich wieder vielfältige Unterstützung durch Freunde und Kollegen, hilfreich waren für mich aber auch die vielen Fragen, Anregungen und die Kritik bei Vorträgen und auf Tagungen. Besondere Bedeutung hatten dabei die Treffen des Humanprojekts an der Berlin-Brandenburgischen Akademie der Wissenschaften sowie die Diskussionen mit meinen Magdeburger Kollegen, insbesondere mit Arnd Pollmann, Alexander Staudacher und Michael Schütte. Arbogast Schmitt hat mir eine ganze Reihe von Hinweisen für den Abschnitt über das antike Menschenbild gegeben, Birgit Recki verdanke ich eine wichtige Literaturangabe, und mein Heidelberger Nachbar Gregor Ahn hat mich mit Anregungen zur Geschichte der Seelenvorstellungen versorgt. Hanna Leitgeb, meine Lektorin, hat dieses Projekt von vornherein zu ihrer Sache gemacht und mit ihrer Kritik, ihren Vorschlägen, zuweilen aber auch mit mehr oder minder sanftem Druck dafür gesorgt, dass meine Ideen in einem ganz realen, les- und verstehbaren Buch gelandet sind.

Bedanken möchte ich mich auch bei meiner Frau und meinen Kindern, die wieder einmal die Konsequenzen von Philosophie und Hirnforschung für das Familienleben ertragen mussten und dabei eine Menge Geduld und Nachsicht zeigten.

Heidelberg, im Januar 2007

Anmerkungen

[1] Singer 2002.

[2] Nietzsche 1988, Bd. V, 404 (Zur Genealogie der Moral § 25).

[3] »Zwei große Kränkungen ihrer naiven Eigenliebe hat die Menschheit im Laufe der Zeiten von der Wissenschaft erdulden müssen. Die erste, als sie erfuhr, daß unsere Erde nicht der Mittelpunkt des Weltalls ist, sondern ein winziges Teilchen eines in seiner Größe kaum vorstellbaren Weltsystems. Sie knüpft sich für uns an den Namen Kopernikus, obwohl schon die alexandrinische Wissenschaft ähnliches verkündet hatte. Die zweite dann, als die biologische Forschung das angebliche Schöpfungsvorrecht des Menschen zunichte machte ... Die dritte und empfindlichste Kränkung aber soll die menschliche Größensucht durch die heutige psychologische Forschung erfahren, welche dem Ich nachweisen will, daß es nicht einmal Herr im eigenen Hause ist.« Freud 1977, 226.

[4] Prinz 2003.

[5] Beck 1986; Voß und Pongratz 1997.

[6] Ähnliches gilt für den Begriff der Materie generell. Vgl. dazu Montero 1999.

[7] Schott und Tölle 2006, 34.

[8] Zwar war bis weit ins 19. Jahrhundert hinein die auf Aristoteles zurückgehende Vorstellung einer spontanen »Urzeugung« einfacher Organismen wie Maden oder Läuse zum Beispiel aus Aas oder Schweiß weit verbreitet. Hier handelte es sich aber um bloße Postulate, die den eigentlichen Prozess der Entstehung des Lebens nicht näher erklären konnten.

[9] Kant 1902 ff., Bd. V, 400 (Kritik der Urteilskraft § 75); entsprechende Zweifel finden sich bereits bei Kant 1902 ff., Bd. I, 230. Kant hatte ursprünglich selbst eine gewisse Neigung zur Theorie der Urzeugung, vgl. Kant 1902 ff., Bd. I, 230 (Allgemeine Naturgeschichte und Theorie des Himmels, Vorrede); vgl. McLaughlin 1989, 25.

[10] Vgl. Pauen 1994; Pauen 1997.

[11] Leopardi 1984, vgl. Brague 1994, 5.

[12] Du Bois-Reymond 1974a, 206: »Für mich ist Darwin der Copernicus der organischen Welt. Im sechzehnten Jahrhundert machte Copernicus der anthropozentrischen Weltanschauung ein Ende, indem er die Ptolemäischen Sphären vernichtete und die Erde zum Rang eines unbedeutenden Planeten herabdrückte.«

[13] Haeckel 1984, 466: »Indem er [Kopernikus; M. P.] das herrschende geozentrische Weltsystem des Ptolemäus stürzte, entzog er zugleich der einen christlichen Weltanschauung den Boden, welche die Erde als Mittelpunkt der Welt und den Menschen als gottgleichen Beherrscher der Erde betrachtete.« Haeckel, Die Welträtsel, 466.

[14] Carnap 1932, 110.

[15] Ibid.

[16] Siefer und Weber 2006, 252 f.

[17] Aristoteles 1987, 60–63 (Vom Himmel, 269b 15–270b 21).

[18] Vgl. Lewis 1964, Lovejoy 1950, Blumenberg 1980, Danielson 2001, Brague 2006; 1994.

[19] Neupythagoreischer Anonymus, z.n. Brague 1994, 17.

[20] »Lautere Brüder« von Basra (10.Jh.), z.n. ibid.

[21] Edson et al. 2005, 7–27; vgl. Dante 1924, 507 (Göttliche Komödie, Paradies, 22. Gesang).

[22] Vgl. die Belege bei Brague 1994 und Danielson 2001.

[23] Dante 1924, 507 (Göttliche Komödie, Paradies, 22. Gesang); in der Auseinandersetzung mit Galilei beruft sich der Kardinal Bellarmin ausdrücklich auf Dante; vgl. Naess 2006, 96.

[24] Ibn Tufail, z.n. Brague 1994, 19.

[25] »Nachdem das Werk von Kopernikus gedruckt und veröffentlicht worden war, erfuhr der angebliche menschliche Narzißmus nicht die geringste Kränkung. Vielmehr fragte man sich, ganz im Gegenteil, ob die Erde so einen Ehrenplatz verdient, einen Platz, der sie auf dieselbe Ebene stellt wie die übrigen Himmelskörper, ja wie die Sonne. Diese Folge des heliozentrischen Gedankens wurde nicht wie ein Argument zugunsten des neuen Weltbildes empfunden, sondern als ein Einwand dagegen: ›Terram etiam inter sidera collocant‹, wirft Melanchthon 1549 den Neuerern vor.« ibid., 24.

[26] Kopernikus 1992, xxi; zu Kopernikus vgl. Danielson 2001.

[27] Galilei 1980, 105, vgl. Blumenberg 1980, 23–29.

[28] Galilei 1967, 37.

[29] Naess 2006, 71.

[30] Ibid., 189.

[31] Vgl. Danielson 2001, 1033.

[32] Prinz 1996a, 464.

[33] Prinz 1996b, 98.

[34] Vgl. Pauen 2004, 223 ff.

[35] Assmann 1991, 159.

[36] Wildung 2000, 29.

[37] Ibid., 33.

[38] Grimm 2000, 35.

[39] Assmann 2000.

[40] Assmann 1991, 159.
[41] Aristoteles 1987, 408 (Poetik 1452b–1453a).
[42] »Nicht zehrendes Leiden traf dich, / Nicht nahmst du des Schwertes Lohn: / Nach eignem Gesetz, wie keine der Fraun, / Schreitest du lebend hinab zum Hades.« Sophokles 1955, 38 (Antigone, Vers 819–22).
[43] Homer, Ilias 9, 115–120; vgl. Schmitt 1992, 5 f.; Schmitt 1992, 112.
[44] Schmitt 1998, 115.
[45] Ibid., 97; vgl. Schmitt 1992, 15.
[46] Vgl. Seebaß 2003, Dihle 1985.
[47] Snell 1946; vgl. auch Zander 1999, 16.
[48] Hinterhuber 2001, 22 f.
[49] Hasenfratz 1986, 21.
[50] Ibid., 50 f.
[51] Sheils 1978.
[52] Ibid., 697.
[53] Hinterhuber 2001, 7; Furger 1997, 27.
[54] Hasenfratz 1986, 38 ff.
[55] Hinterhuber 2001, 7–17.
[56] Vgl. Busche 2001, 91, 95; Gigon 1987, 212 f.
[57] Hinterhuber 2001, 11 f.
[58] Assmann 2000, 14.
[59] Vgl. Freud 1974.
[60] Wagner 1854, 26 f.
[61] Hasenfratz 1986, 75 f.
[62] Kemmerling weist jedoch ganz zu Recht darauf hin, dass der Substanzbegriff in Descartes' Begründung des Dualismus keine entscheidende Rolle spielt; außerdem ist dieser Begriff alles andere als klar; nach heutigem Verständnis sei Descartes einfach ein Eigenschaftsdualist. Vgl. Kemmerling 2003, 166–67.
[63] Descartes 1960, 48.
[64] Descartes 1984; Descartes 1960, 41.
[65] Descartes 1984, 7. Im Gegensatz zu dieser eher pragmatischen Begründung stützt sich Descartes' »offizielles Argument« in der sechsten Meditation auf theoretische Überlegungen. Grundlage ist dabei die Gewissheit, ein denkendes, nicht jedoch ein ausgedehntes körperliches Ding zu sein: Ich kann mir nämlich mühelos eine Existenz auch unabhängig von meinem Körper vorstellen, zudem gibt es offenbar Körper, die nur ausgedehnte, nicht aber denkende Dinge sind. Und da Descartes an anderer Stelle gezeigt hat, dass wir alles das, was wir uns klar und deutlich vorstellen können, auch für wahr halten sollten, scheint kein Weg an der Unterscheidung von Geist und Körper vorbeizuführen. Vgl. hierzu Kemmerling 2003, 159–167.
[66] Descartes 1984, 11.
[67] Busche 2001, 6.

[68] Descartes 1984, 3.

[69] Descartes 1953a, 574: »Par le mot de penser, j'entends tout ce qui se fait en nous de telle sorte que nous l'apercevons immédiatement par nous-mêmes; c'est pourquoi non seulement entendre, vouloir, imaginer, mais aussi sentir, est la même chose ici que penser.«

[70] Vgl. hierzu Kemmerling 1996, 168, der darauf aufmerksam macht, dass die für den Dualismus heutiger Prägung wichtigen Qualia in der Cartesianischen Konzeption keine Rolle spielen. Kemmerling weist auch auf Differenzen zwischen dem substantialistisch verstandenen Geist- bzw. Seelenbegriff hin und dem Bewusstsein, das als Attribut verstanden wird.

[71] Descartes 1960, 46–47; vgl. Perler 2006, 222 f.; Hagner 2006, 11; Hagner 2000, 14.

[72] Clarke und Dewhurst 1973, 12.

[73] Vgl. ibid.

[74] Das heißt nicht, dass die Theorie nicht umstritten gewesen wäre. So wandte sich z. B. William Harvey gegen die Theorie der Lebensgeister; dabei mag auch eine Rolle gespielt haben, dass diese Theorie im Widerspruch zu seiner eigenen Theorie des Blutkreislaufs stand.

[75] Descartes 1984, 23.

[76] Descartes 1953b, 823.

[77] Descartes 1984, 19–21.

[78] Descartes 1960, 45.

[79] Descartes 1972, 116.

[80] Perler 2006, 250 f.

[81] Descartes 1984, 7.

[82] Popper und Eccles 1989, 130–132; Popper selbst bezieht die Formel allerdings nur auf eine besondere zeitgenössische Form des Materialismus.

[83] Ibid., 437; vgl. 449.

[84] Libet 2005, 212; vgl. Libet 1994.

[85] La Mettrie 2001, 85 f.

[86] Lange 1908 Bd. I, 327.

[87] Tetens 2001, 109.

[88] La Mettrie 2001, 19.

[89] Ibid.

[90] Ibid., 82.

[91] Kant 1902 ff., Bd. V, 101 (Kritik der praktischen Vernunft A 181).

[92] Vgl. Sturma 1991, 241; Mensching 1991, 218 f.

[93] Kant 1902 ff., Bd. IV, 239 (Kritik der reinen Vernunft A 382).

[94] Ibid., Bd. IV, 226 (Kritik der reinen Vernunft A 359).

[95] »Das transscendentale Object, welches den äußeren Erscheinungen, imgleichen das, was der innern Anschauung zum Grunde liegt, ist weder Materie, noch ein denkend Wesen an sich selbst, sondern ein uns unbekannter

Grund der Erscheinungen, die den empirischen Begriff von der ersten sowohl als zweiten Art an die Hand geben.« Ibid. Bd. IV, 238 (Kritik der reinen Vernunft A 379f).

[96] »So lange das Thier lebt, ist die Seele das Princip des Lebens; der Körper ist aber das Instrument, das Organon, wodurch die lebendigen Actus der Seele in der Welt ausgeübet werden. Wenn wir also zwei Substanzen in dem commercio betrachten; so kann es freilich nicht anders seyn, als daß die eine Substanz von der andern eine Bedingung sey. ... Es geht hier mit einer Seele, die an den Körper geschlossen ist, wie mit einem Menschen, der an einen Karren befestiget ist. ... So lange der Mensch an dem Karren ist; so ist dies die Bedingung seiner Bewegung. Wird er davon befreiet, so wird er sich leichter bewegen können; also war dies ein Hinderniß seiner Bewegung.« Kant 1821, 236f.

[97] »Auf solche Weise würde eben dasselbe, was in einer Beziehung körperlich heißt, in einer andern zugleich ein denkend Wesen sein, dessen Gedanken wir zwar nicht, aber doch die Zeichen derselben in der Erscheinung anschauen können. Dadurch würde der Ausdruck wegfallen, daß nur Seelen (als besondere Arten von Substanzen) denken; es würde vielmehr wie gewöhnlich heißen, daß Menschen denken, d. i. eben dasselbe, was als äußere Erscheinung ausgedehnt ist, innerlich (an sich selbst) ein Subject sei, was nicht zusammengesetzt, sondern einfach ist und denkt.« Kant 1902 ff., Bd. IV, 226 (Kritik der reinen Vernunft A 359).

[98] Schelling 1985, Bd. III, 559.

[99] Hegel 1970, Bd. VI, 494.

[100] Schelling 1985, Bd. II, 175.

[101] Ibid., Bd. II, 132.

[102] Sturma 1991, 253.

[103] Hegel 1970, Bd. X, 45.

[104] »In Wahrheit verhält sich das Immaterielle zum Materiellen nicht wie Besonderes zu Besonderem, sondern wie das über die Besonderheit übergreifende wahrhaft Allgemeine sich zu dem Besonderen verhält, das Materielle in seiner Besonderung hat keine Wahrheit, keine Selbständigkeit gegen das Immaterielle. Jener Standpunkt der Trennung ist folglich nicht als ein letzter, absolut wahrer zu betrachten. Vielmehr kann die Trennung des Materiellen und Immateriellen nur aus der Grundlage der ursprünglichen Einheit beider erklärt werden.« Ibid., Bd. III, 48.

[105] Ibid., Bd. III, 49: »Es gibt nichts Ungenügenderes als die in den materialistischen Schriften gemachten Auseinandersetzungen der mancherlei Verhältnisse und Verbindungen, durch welche ein solches Resultat wie das Denken hervorgebracht werden soll. Dabei ist gänzlich übersehen, daß, wie die Ursache in der Wirkung, das Mittel im vollführten Zwecke sich aufhebt, so dasjenige, dessen Resultat das Denken sein soll, in diesem vielmehr aufgehoben ist und daß der Geist als solcher nicht durch ein Anderes hervorgebracht

wird, sondern sich selber aus seinem Ansichsein zum Fürsichsein, aus seinem Begriff zur Wirklichkeit bringt und dasjenige, von welchem er gesetzt sein soll, zu einem von ihm Gesetzten macht.«

[106] Sturma 1991, 252.
[107] Hagner 2000, 60.
[108] Ibid., 32.
[109] Tyson z.n. ibid., 40.
[110] Ibid., 40 f.
[111] Breidbach 1997, 62.
[112] »Die tiefsten – erfahrensten – ächtesten Denker also fanden das Animirtseyn – Belebtseyn – einer Flüssigkeit nicht nur wahrscheinlich, sondern zu den Erscheinungen des Lebens selbst nothwendig.« Soemmerring 1796, 41.
[113] Ibid., 41 f.
[114] Ibid., 35 f.
[115] Ibid., 43.
[116] Kant 1902 ff., Bd. XII, 33.
[117] Ibid., Bd. XII, 34 f.
[118] Hagner 2000, 85 f.
[119] Ibid., 124.
[120] Ibid., 127 f.
[121] Ibid., 176.
[122] Görres 1805, 160 f.
[123] Vgl. Gall 1979, 52.
[124] Hagner 2000, 104.
[125] Ibid.; Schott und Tölle 2006; Breidbach 1997.
[126] Gall 1979, 51.
[127] Breidbach 1997, 79.
[128] Gall 1979, 58.
[129] Vgl. Breidbach 1997, 80.
[130] Hagner 2000, 115; Breidbach 1997, 97 f.
[131] Hagner 2000, 187.
[132] Ibid., 250.
[133] Ibid., 133.
[134] Schott und Tölle 2006, 55.
[135] Ibid., 80 f.
[136] Vgl. Vogt 1971a.
[137] Wagner 1854, 15.
[138] Ibid., 14.
[139] Ibid., 29.
[140] Ibid., 27.
[141] Ibid., 18.
[142] Ibid., 30.

[143] Vogt 1971a, 587.

[144] Wittkau-Horgby 1998, 31.

[145] Ibid., 31–33.

[146] Vogt 1852, 104.

[147] Ibid., 115.

[148] Ibid., 106; Wittkau-Horgby 1998, 82–83.

[149] Vogt 1971b, 18.

[150] Ibid., 18.

[151] Vogt 1971a, 622.

[152] Vogt 1971b, 17; vgl. Vogt 1971a, 624–25.

[153] Vogt 1971a, 622.

[154] Vogt 1851, 5.

[155] Ibid.

[156] Vogt 1852, 445.

[157] Wagner 1854, 24.

[158] Büchner 1874, 156.

[159] Driesch 1922, 8.

[160] Wolters 1996; Driesch 1922.

[161] Driesch 1922, 56.

[162] Treviranus 1802–22, Bd. I, 51.

[163] Treviranus, z.n. Driesch 1922, 99.

[164] Treviranus 1802–22, Bd. I, 52.

[165] Du Bois-Reymond 1974c, 11 f.

[166] Ibid., 18.

[167] Kant 1902 ff., Bd. VIII, 110.

[168] Junker und Hoßfeld 2001.

[169] Vgl. Burrow 2001, 41 ff.

[170] Junker und Hoßfeld 2001, 90–92.

[171] Hagner 2000, 236 f.

[172] Ibid., 277.

[173] Vgl. hierzu Schott und Tölle 2006, 82.

[174] Die erste, kürzere Fassung von Langes »Geschichte des Materialismus« erscheint 1866, also sechs Jahre vor Du Bois-Reymonds Ignorabimus-Rede, die im August 1872 gehalten und im selben Jahr veröffentlicht wurde. Lange diskutiert das Problem bereits in der ersten Fassung, die nach der Ignorabimus-Rede 1873–75 erschienene zweite Fassung ist in diesem Punkt allerdings ausführlicher und prägnanter.

[175] Haeckel 1984, 232.

[176] Ibid., 230.

[177] Du Bois-Reymond 1974b, 67.

[178] Ibid., 76; vgl. Du Bois-Reymond 1974a, 161.

[179] Du Bois-Reymond 1974b, 70.

[180] Ibid., 71.
[181] Lange 1908, Bd. II, 333.
[182] Ibid., Bd. II, 381.
[183] Moleschott 1971, 49.
[184] Ibid., 46.
[185] Lange 1908, Bd. II, 98.
[186] Ibid., Bd. II, 374.
[187] Fechner 1922, Bd. II, 135.
[188] Heidelberger 2002.
[189] Lange 1908, Bd. I, 15.
[190] Ibid., Bd. II, 404; vgl. Bd. II, 57–63.
[191] Perler 2006, 221 f.
[192] Descartes, Brief an Henry More, z.n. ibid., 223.
[193] Mendelssohn, z.n. Hagner 2006, 48.
[194] Steinthal, z.n. ibid., 54.
[195] Ibid., 38–58.
[196] Descartes 1984, 55.
[197] Popper und Eccles 1989, 331.
[198] Libet 1994, 119.
[199] Engel et al. 1999.
[200] Eccles 1996, 258.
[201] Ibid.
[202] Joynt 1981.
[203] Wolff 1983, 108 (Kap. 3, §194).
[204] Wittgenstein 1984, 62 (Tractatus 5.5303).
[205] Jäncke 2005, 80–84.
[206] Vgl. hierzu Hüsing et al. 2005, 21–50; 285.
[207] Haynes und Rees 2005a.
[208] Ibid.
[209] Haynes und Rees 2005b.
[210] Jäncke 2005, 84.
[211] Hüsing et al. 2005, 46 f.
[212] Popper und Eccles 1989, 130–132.
[213] Vgl. Locke 1981, Buch II, Kap. 23 § 26.
[214] Levine 1993.
[215] Kim 1998, 98.
[216] Es ist klar, dass diese Forderung in einem wörtlichen Sinne in unserer Welt nicht erfüllt werden kann, weil schon Erinnerung an den ersten Zustand, so schwach sie im Einzelnen sein mag, einen Unterschied darstellt. Doch abgesehen davon, dass es hier nur um die *Vorstellbarkeit,* nicht um die reale Möglichkeit des fraglichen Szenarios geht, kann man das Problem dadurch umgehen, dass man Identität nur für die relevanten neuronalen Zentren fordert.

[217] Schwitzgebel 2002b; Schwitzgebel 2002a.

[218] Für die Physik vgl. Majer 2002, für die Philosophie Schütte 2004; Pauen 2002; Block und Stalnaker 1999.

[219] Majer 2002.

[220] Prinz 1996a, 464.

[221] Dennett 1991, 429.

[222] Ibid., 11.

[223] Metzinger 1996, 153.

[224] Siefer und Weber 2006, 7.

[225] Henrich 1970; Henrich 1982; Frank 1991.

[226] Vgl. Tugendhat 1979.

[227] Vgl. Sturma 1991, 243.

[228] Kant 1821, 200.

[229] Das Adjektiv »selbstbewusst« dient dabei nur der Betonung einer Eigenschaft, die konstitutiv für Personen ist. Es soll damit also nicht der Eindruck erweckt werden, als könne man den Personenstatus grundsätzlich von Selbstbewusstsein trennen.

[230] Markowitsch und Welzer 2005, 168 f.

[231] Roth 1994, 196.

[232] Sacks 1985, 53–55.

[233] Fink und Heide 2004.

[234] Damasio 1997, 210–213; Damasio spricht von einem »Proto-Selbst«.

[235] Ein weiterer Grund ist das Problem der Freiheit, das ich weiter unten noch ausführlich behandeln werde.

[236] Siefer und Weber 2006, 251.

[237] Dennett und Kinsbourne 1992.

[238] Dennett 1991, 426 ff.

[239] Engel et al. 1999.

[240] Siegler et al. 2005, 603.

[241] Ibid., 277 ff.

[242] Pauen 2000, 293.

[243] Oerter und Montada 1995, 230; Tomasello 1993, 174.

[244] Tomasello 1993, 175; siehe auch die dort zitierte Literatur.

[245] Ibid., 178.

[246] Neisser 1993, 16.

[2475] Siegler et al. 2005, 604.

[248] Markowitsch und Welzer 2005, 211; der Ausdruck »ich« wird von den Kindern im Alltag jedoch bereits früher verwendet.

[249] Wimmer und Perner 1983.

[250] Tomasello 1993, 178; Gopnik 1993.

[251] Onishi und Baillargeon 2005.

[252] Tomasello 1993, 178.

[253] Siegler et al. 2005, 605 f.

[254] Tomasello 1993, 179.

[255] Markowitsch und Welzer 2005.

[256] Ibid., 212 f.

[257] Ibid.

[258] Prinz 2003, 19.

[259] Vgl. Pauen 2004.

[260] Strawson 1989; Guckes 2003.

[261] Ferber 2003, 185.

[262] Nida-Rümelin 2005, 35.

[263] Ausführlichere Darstellungen bei Pauen 2004; Rösler 2006.

[264] Keller und Heckhausen 1990.

[265] Vgl. Herrmann et al. 2005.

[266] Vgl. Keller und Heckhausen 1990; Haggard und Eimer 1999; Trevena und Miller 2002; Miller und Trevena 2002.

[267] Haggard und Eimer 1999.

[268] Krauledat et al. 2004.

[269] Wegner 2002.

[270] Delgado, z.n. Wegner 2002, 46.

[271] Vgl. Haggard 2005; Haggard und Clark 2003.

[272] Haggard 2005.

[273] Ibid.

[274] Amini et al. 1996, 223.

[275] Dem liegt nicht die – falsche – Unterstellung zugrunde, ein größeres Gehirn führe automatisch zu besseren kognitiven Leistungen. Da es jedoch keinen allgemeinen, für unterschiedliche Arten gültigen Vergleichsmaßstab für kognitive Leistungen gibt, bietet sich die Hirngröße als grober Anhaltspunkt an.

[276] Dunbar 1998.

[277] Dunbar 1993; Dunbar 1998; Barton 1996; Sawaguchi und Kudo 1990.

[278] Byrne und Corp 2004, 1693.

[279] Dunbar 1998; zwar steht die Gruppengröße in einem Zusammenhang mit der Größe des visuellen Kortex, allerdings ist dieser Zusammenhang sehr viel schwächer als der mit dem Kortex insgesamt.

[280] Byrne und Corp 2004.

[281] Dunbar 1998.

[282] Pawlowski et al. 1998.

[283] Es versteht sich von selbst, dass neurobiologische Theorien nur eine stützende Funktion haben. Eine Ersetzung sozialwissenschaftlicher Ansätze kommt aus einer Vielzahl von Gründen nicht in Betracht, unter anderem auch deshalb, weil die Neurobiologie – wie gerade gezeigt – selbst auf sozialwissenschaftliche Daten angewiesen ist.

[284] Dunbar 1998.
[285] Untersucht wird hier im Allgemeinen die Bindung des Kindes an die Mutter. Zwar ist auch die Bindung an andere Bezugspersonen, insbesondere an den Vater, von Bedeutung, sie ist jedoch weniger gut untersucht, da Mütter häufiger die primären Bezugspersonen der Kinder sind und es schwieriger ist, Väter als Versuchspersonen zu rekrutieren.
[286] Amini et al. 1996, 220.
[287] Ibid.
[288] Ibid.
[289] Sapolsky 2004; Mirescu et al. 2004; Dong Liu et al. 2000.
[290] Meaney 2004.
[291] Ibid.
[292] Ibid.; Sapolsky 2004.
[293] Champagne et al. 2001.
[294] Kosfeld et al. 2005.
[295] Mitchell et al. 2005.
[296] Damasio 1994.
[297] Damasio 1997.
[298] Anderson et al. 2005.
[299] Liu et al. 2005.
[300] Grossman und Blake 2005.
[301] Castelli et al. 2005.
[302] Ruse und Wilson 1985; Ruse und Wilson 1986.
[303] Churchland 1998.
[304] Casebeer 2003a; Casebeer 2003b; Casebeer und Churchland 2003.
[305] Damasio 1997; Bechara et al. 1997.
[306] Davison und Neale 1998, 307.
[307] Hartmann et al. 2001; Abbott 2001.
[308] Hartmann et al. 2001.
[309] Davison und Neale 1998.
[310] Abbott 2001.
[311] Davison und Neale 1998, 311.
[312] Abbott 2001; Davison und Neale 1998, 310f.
[313] Davison und Neale 1998, 315.
[314] Ibid., 319.
[315] Abbott 2001.
[316] Hartmann et al. 2001, 368f.
[317] Schmidt und Scholz 2003, 5.
[318] Ruse und Wilson 1985; Ruse und Wilson 1986.
[319] Casebeer 2003a; Casebeer 2003b; Casebeer und Churchland 2003.
[320] Ruse und Wilson 1986, 184.
[321] Ibid., 183.

[322] Ibid., 192.

[323] Ruse und Wilson 1985, 51 f.

[324] Maguire und McGee 1999, 8.

[325] Weiler 2004.

[326] Vgl. ibid.; Klein 2000.

[327] Wolf 2005.

[328] Ibid.

[329] Ibid.

[330] Bothe und Engel 1998.

[331] Weiler 2004, 5 f.

[332] Beispiele bei Maguire und McGee 1999.

[333] Vgl. Gazzaniga 2005, 78 f.

[334] Vgl. Vollmer 1994, 45–49; 97–99.

[335] Daum und Markowitsch 1998.

[336] Gazzaniga 2005, 77.

[337] Crone 2006, 247.

[338] Schöne-Seifert 2006.

[339] Kramer 1997, 19 f.

[340] Gazzaniga 2005; Yesavage et al. 2002.

[341] Gazzaniga 2005, 72.

[342] Scott et al. 2002.

[343] Siefer und Weber 2006, 141; Tully et al. 2003.

[344] Scott et al. 2002.

[345] Siefer und Weber 2006, 141.

[346] Vgl. jedoch Heinz 2005; Schramme 2005.

[347] Vgl. Schöne-Seifert 2006, 280; dort auch zwei weitere Kriterien, die im vorliegenden Zusammenhang von untergeordneter Bedeutung sind.

[348] Talbot und Wolf 2006, 271.

[349] Gazzaniga 2005.

[350] Schöne-Seifert 2006.

[351] Talbot und Wolf 2006.

[352] Vgl. hierzu Crone 2006.

[353] Im Prinzip wäre diese »Selbstprogrammierung« vergleichbar der genetischen Programmierung z. B. durch die Eltern, wie sie Habermas 2001, Kap. 4–6 beschreibt; vgl. insb. S. 107.

[354] Zum Begriff der Integrität einer Person vgl. Pollmann 2006. Pollmann definiert die Integrität einer Person durch die Unversehrtheit des Körpers und die Selbsttreue gegenüber den zentralen Einstellungen. Bei den hier skizzierten Eingriffen wäre vor allem das zweite Kriterium verletzt.

[355] Vgl. Habermas 2001, Kap. 4.

[356] Vgl. Gazzaniga 2005, 84.

Literatur

Abbott, Alison. 2001. »Into the Mind of a Killer.« *Nature* 410: S. 296–298.

Amini, Fariborz, Thomas Lewis, Richard Lannon, Alan Louie, Gordon Baumbacher, Teresa McGuiness und Elizabeth Zirker Schiff. 1996. »Affect, Attachment, Memory: Contributions Toward Psychobiologic Integration.« *Psychiatry* 59: S. 213–239.

Anderson, Steven W., Antoine Bechara, Hanna Damasio, Daniel Tranel und Antonio R. Damasio. 2005. »Impairment of Social and Moral Behavior Related to Early Damage in Human Prefrontal Cortex.« In: *Social Neuroscience. Key Readings.*, hrsg. v. J. T. Cacioppo und G. G. Berntson. New York Hove: Psychology Press, S. 29–39.

Aristoteles. 1987. *Vom Himmel. Von der Seele. Von der Dichtkunst.* 2. Aufl. München: dtv.

Assmann, Jan. 1991. *Stein und Zeit. Mensch und Gesellschaft im alten Ägypten.* München: Fink.

– 2000. *Der Tod als Thema der Kulturtheorie.* Frankfurt: Suhrkamp.

Barton, Robert A. 1996. »Neocortex Size and Behavioural Ecology in Primates« *Proceedings: Biological Sciences* 263 (1367): S. 173–177.

Bechara, Antoine, Hanna Damasio, Daniel Tranel und Antonio R. Damasio. 1997. »Deciding Advantageously Before Knowing the Advantageous Strategy.« *Science* 275: S. 1293–1295.

Beck, Ulrich. 1986. *Risikogesellschaft. Auf dem Weg in eine andere Moderne.* Frankfurt: Suhrkamp.

Block, Ned und Robert Stalnaker. 1999. »Conceptual Analysis and the Explanatory Gap.« *Philosophical Review* 108: S. 1–46.

Blumenberg, Hans. 1980. »Das Fernrohr und die Ohnmacht der Wahrheit.« In: *Galileo Galilei, Sidereus Nuncius. Nachricht von neuen Sternen.* Frankfurt: Suhrkamp, S. 7–75.

Bothe, Hans-Werner und Michael Engel. 1998. *Neurobionik. Zukunftsmedizin mit mikroelektronischen Implantaten.* Frankfurt: Umschau.

Brague, Rémi. 1994. »Geozentrismus als Demütigung des Menschen.« *Internationale Zeitschrift für Philosophie* 1: S. 2–25.

– 2006. *Die Weisheit der Welt. Kosmos und Welterfahrung im westlichen Denken.* München: Beck.

Breidbach, Olaf. 1997. *Die Materialisierung des Ichs. Zur Geschichte der Hirnforschung im 19. und 20. Jahrhundert.* Frankfurt: Suhrkamp.

Büchner, Ludwig. 1874. *Kraft und Stoff. Empirisch-naturphilosophische Studien.* 13. Aufl. Leipzig: Theodor Thomas.

Burrow, J. W. 2001. »Introduction.« In: *Charles Darwin, The Origin of Species by Means of Natural Selection or the Preservation of Favoured Races in the Struggle for Life. Edited with an Introduction by J. W. Burrow.* New York und London: Penguin, S. 11–48.

Busche, Hubertus. 2001. *Die Seele als System. Zu Aristoteles' Wissenschaft von der Psyche.* Hamburg: Meiner.

Byrne, Richard W. und Nadia Corp. 2004. »Neocortex Size Predicts Deception in Primates.« *Proceedings: Biological Sciences* 271: S. 1693–1699.

Carnap, Rudolf. 1932. »Psychologie in physikalischer Sprache.« *Erkenntnis* 3: S. 107–142.

Casebeer, William D. 2003a. »Moral Cognition and its Neural Constituents.« *Nature Reviews Neuroscience* 3: S. 841–846.

– 2003b. *Natural Ethical Facts: Evolution, Connectionism, and Moral Cognition.* Cambridge MA: MIT Press.

Casebeer, William D. und Patricia Smith Churchland. 2003. »The Neural Mechanisms of Moral Cognition: A Multiple-Aspect Approach to Moral Judgment and Decision-Making.« *Biology and Philosophy* 18: S. 169–194.

Castelli, Fulvia, Francesca Happé, Uta Frith und Chris Frith. 2005. »Movement and Mind: A Functional Imaging Study of Perception and Interpretation of Complex Intentional Movement Patterns.« In: *Social Neuroscience. Key Readings.*, hrsg. v. J. T. Cacioppo und G. G. Berntson. New York Hove: Psychology Press, S. 155–167.

Champagne, Frances, Josie Diorio, Shakti Sharma und Michael J. Meaney. 2001. »Naturally occurring variations in maternal behavior in the rat are associated with differences in estrogeninducible central oxytocin receptors.« *Proceedings of the National Academy of Sciences USA* 98 (22): S. 12376–12741.

Churchland, Paul M. 1998. »Toward a Cognitive Neurobiology of Moral Virtues.« *Topoi* 17: S. 83–96.

Clarke, Edwin und Kenneth Dewhurst. 1973. *Die Funktionen des Gehirns. Lokalisationstheorien von der Antike bis zur Gegenwart.* München: Heinz Moos Verlag.

Crone, Katja. 2006. »Gedächtnispillen. Mögliche Auswirkungen auf das Selbstverständnis von Personen.« In: *No Body is Perfect. Baumaßnahmen am menschlichen Körper. Bioethische und ästhetische Aufrisse*, hrsg. v. J. S. Ach und A. Pollmann. Bielefeld: Transcript, S. 233–252.

Damasio, Antonio R. 1994. *Descartes' Error: Emotion, Reason, and the Human Brain.* New York: Putnam.

– 1997. *Descartes' Irrtum. Fühlen, Denken und das menschliche Gehirn*, (zuerst New York 1994). München: dtv.

Danielson, Dennis R. 2001. »The Great Copernican Cliché.« *American Journal of Physics* 69 (10): S. 1029–1035.

Dante. 1924. *Göttliche Komödie*. Übersetzt von Otto Gildemeister. Stuttgart und Berlin: Cotta.

Daum, Irene und Hans J. Markowitsch. 1998. »Zur Bedeutung der Neuropsychologie für die Allgemeine Psychologie.« *Psychologische Rundschau* 59: S. 122–132.

Davison, Gerald C. und John M. Neale. 1998. *Klinische Psychologie. Deutsche Bearbeitung hrsg. v. Martin Hautzinger*. 5. Aufl. Weinheim: Psychologie Verlags Union.

Dennett, Daniel C. 1991. *Consciousness Explained*. Boston New York Toronto: Backbay Books.

Dennett, Daniel C. und Marcel Kinsbourne. 1992. »Time and the observer: The where and when of consciousness in the brain.« *The Behavioral and Brain Sciences* 15: S. 183–247.

Descartes, René. 1953a. »Les principes de la philosophie.« In: *Œuvres et lettres*. Textes présentés par André Bridoux. Paris: Éditions Gallimard, S. 551–690.

– 1953b. »Traité de l'homme.« In: *Œuvres et lettres*. Textes présentés par André Bridoux. Paris: Éditions Gallimard, S. 805–876.

– 1960. *Von der Methode des richtigen Vernunftgebrauchs und der wissenschaftlichen Forschung*. Übers. v. Lüder Gäbe. Hamburg: Meiner.

– 1972. *Meditationen über die Grundlagen der Philosophie*. Hrsg. v. Arthur Buchenau. Hamburg: Meiner.

– 1984. *Die Leidenschaften der Seele*. Hrsg. und übers. v. Klaus Hammacher. Hamburg: Meiner.

Dihle, Albrecht. 1985. *Die Vorstellung vom Willen in der Antike*. Göttingen: Vandenhoek.

Dong Liu, Josie Diorio, Jamie C. Day, Darlene D. Francis und Michael J. Meaney. 2000. »Maternal Care, Hippocampal Synaptogenesis and Cognitive Development in Rats.« *Nature Neuroscience* 3 (8): S. 799–806.

Driesch, Hans. 1922. *Geschichte des Vitalismus*. Leipzig: Johann Ambrosius Barth.

Du Bois-Reymond, Emil. 1974a. »Darwin und Copernicus. Ein Nachruf.« In: *Vorträge über Philosophie und Gesellschaft*, hrsg. v. S. Wollgast. Hamburg: Meiner, S. 205–208.

– 1974b. »Die sieben Welträtsel.« In: *Vorträge über Philosophie und Gesellschaft*, hrsg. v. S. Wollgast. Hamburg: Meiner, S. 159–188.

– 1974c. »Über die Grenzen des Naturerkennens.« In: *Vorträge über Philosophie und Gesellschaft*, hrsg. v. S. Wollgast. Hamburg: Meiner, S. 54–78.

– 1974d. »Über die Lebenskraft.« In: *Vorträge über Philosophie und Gesellschaft*, hrsg. v. S. Wollgast. Hamburg: Meiner, S. 3–23.

Dunbar, Robin I. M. 1993. »Co-Evolution of Neocortex Size, Group Size and Language in Humans.« *Behavioral and Brain Sciences* 16 (4): S. 681–735.

– 1998. »The Social Brain Hypothesis.« *Evolutionary Anthropology* 6 (5): S. 178–190.

Eccles, John C. 1996. *Wie das Selbst sein Gehirn steuert. Aus dem Englischen von Malte Heim.* München und Zürich: Piper.

Edson, Evelyn, Emilie Savage-Smith und Anna-Dorothee von den Brincken. 2005. *Der mittelalterliche Kosmos. Karten der christlichen und islamischen Welt.* Darmstadt: Wissenschaftliche Buchgesellschaft.

Engel, Andreas K., Pascal Fries, Peter König, Michael Brecht und Wolf Singer. 1999. »Temporal Binding, Binocular Rivalry, and Consciousness.« *Consciousness and Cognition* 8: S. 128–151.

Fechner, Gustav Theodor. 1922. *Zend-Avesta. Gedanken über die Dinge des Himmels und des Jenseits vom Standpunkt der Naturbetrachtung.* 2 Bde. Leipzig: Voß.

Ferber, Rafael. 2003. *Philosophische Grundbegriffe 2.* München: Beck.

Fink, Gereon R. und W. Heide. 2004. »Räumlicher Neglect.« *Nervenarzt* 75: S. 389–410.

Frank, Manfred. 1991. *Selbstbewußtsein und Selbsterkenntnis. Essays zur analytischen Philosophie der Subjektivität.* Stuttgart: Reclam.

Freud, Sigmund. 1974. »Die Zukunft einer Illusion.« In: *Kulturtheoretische Schriften.* Frankfurt: Fischer, S. 135–190.

– 1977. *Vorlesungen zur Einführung in die Psychoanalyse.* Frankfurt: Fischer.

Furger, Andres. 1997. *Das Bild der Seele im Spiegel der Jahrtausende.* Zürich: Verlag Neue Zürcher Zeitung.

Galilei, Galileo. 1967. *Dialogue Concerning the Two Chief World Systems.* Berkeley, Los Angeles, London: University of California Press.

– 1980. *Sidereus Nuncius. Nachricht von den Sternen.* Herausgegeben und eingeleitet von Hans Blumenberg. Frankfurt: Suhrkamp.

Gall, Franz Joseph. 1979. »Des Herrn Dr. F. J. Gall Schreiben über seinen bereits geendigten Prodromus über die Verrichtungen des Gehirns der Menschen und Thiere an Herrn Jos. Fr. von Retzer.« In: *Franz Joseph Gall. Naturforscher und Anthropologe,* hrsg. v. E. Lesky. Bern, Stuttgart und Wien: Huber, S. 47–59.

Gazzaniga, Michael S. 2005. *The Ethical Brain. The Science of Our Moral Dilemmas.* New York: Harper Perennial.

Gigon, Olof. 1987. »Einleitung.« In: *Aristoteles, Vom Himmel, von der Seele, von der Dichtkunst,* hrsg. v. O. Gigon. München: dtv, S. 183–256.

Gopnik, Alison. 1993. »How We Know Our Minds: The Illusion of First-person Knowledge of Intentionality.« In: *Readings in Philosophy and Cognitive Science,* hrsg. v. A. I. Goldman. Cambridge: MIT Press, S. 315–346.

Görres, Joseph. 1805. *Exposition der Physiologie.* Koblenz: Laussaulxsche Buchhandlung.

Grimm, Alfred. 2000. »Macht des Schicksals. Königtum zwischen Selbstreflexion und Selbstpräsentation.« In: *Ägypten 2000 v. Chr. Die Geburt des Individuums*, hrsg. v. D. Wildung. München: Hirmer, S. 25–40.

Grossman, Emily D. und Randolph Blake. 2005. »Brain Areas Active during Visual Perception of Biological Action.« In: *Social Neuroscience. Key Readings.*, hrsg. v. J. T. Cacioppo und G. G. Berntson. New York Hove: Psychology Press, S. 101–114.

Guckes, Barbara. 2003. *Ist Freiheit eine Illusion? Eine metaphysische Untersuchung.* Paderborn: Mentis.

Habermas, Jürgen. 2001. *Die Zukunft der menschlichen Natur. Auf dem Weg zu einer liberalen Eugenik?* Frankfurt: Suhrkamp.

Haeckel, Ernst. 1984. *Die Welträtsel. Gemeinverständliche Studien über monistische Philosophie* (repr. d. 11. Aufl., Leipzig 1919, zuerst Leipzig 1899). Stuttgart: Kröner.

Haggard, Patrick. 2005. »Conscious Intention and Motor Cognition.« *Trends in Cognitive Science* 5 (6): S. 290–295.

Haggard, Patrick und Sam Clark. 2003. »Intentional Action: Conscious Experience and Neural Prediction.« *Consciousness and Cognition* 12: S. 695–707.

Haggard, Patrick und Martin Eimer. 1999. »On the Relation Between Brain Potentials and the Awareness of Voluntary Movements.« *Experimental Brain Research 126*: S. 128–133.

Hagner, Michael. 2000. *Homo Cerebralis. Der Wandel vom Seelenorgan zum Gehirn.* Frankfurt: Insel.

– 2006. *Der Geist bei der Arbeit. Historische Untersuchungen zur Hinforschung.* Göttingen: Wallstein.

Hartmann, J., M. Hollweg und N. Nedopil. 2001. »Quantitative Erfassung dissozialer und psychopathischer Persönlichkeiten bei der strafrechtlichen Begutachtung. Retrospektive Untersuchung zur Anwendbarkeit der deutschen Version der Hare-Psychopathie-Checkliste.« *Nervenarzt* 5: S. 365–370.

Hasenfratz, Hans-Peter. 1986. *Die Seele. Einführung in ein religiöses Grundphänomen.* Zürich: Theologischer Verlag.

Haynes, John-Dylan und Geraint Rees. 2005a. »Predicting the Orientation of Invisible Stimuli from Activity in Human Primary Visual Cortex.« *Nature Neuroscience* 8 (5): S. 686–691.

– 2005b. »Predicting the Stream of Consciousness from Activity in Human Visual Cortex.« *Current Biology* 15: S. 1301–1307.

Hegel, Georg Wilhelm Friedrich. 1970. *Werke in zwanzig Bänden. Auf der Grundlage der Werke 1832–1845 neu edierte Ausgabe.* Redaktion Eva Moldenhauer und Karl Markus Michel. Frankfurt: Suhrkamp.

Heidelberger, Michael. 2002. »Wie das Leib-Seele Problem in den Logischen Empirismus kam.« In: *Phänomenales Bewußtsein – Rückkehr der Identitätstheorie?*, hrsg. v. M. Pauen und A. Stephan. Paderborn: Mentis, S. 40–72.

Heinz, Andreas. 2005. »Gesunder Geist – krankes Hirn? Überlegungen zum Krankheitsbegirff in der Psychiatrie.« In: *Bewusstsein. Philosophie, Neurowissenschaften, Ethik*, hrsg. v. C. S. Herrmann, M. Pauen, J. W. Rieger und S. Schicktanz. München: Fink UTB, S. 407–425.

Henrich, Dieter. 1970. »Selbstbewußtsein. Kritische Einleitung in eine Theorie.« In: *Hermeneutik und Dialektik. Aufsätze (H.-G. Gadamer zum 70. Geburtstag.)*, hrsg. v. H. G. Gadamer, R. Bubner und R. Wiehl. Tübingen: Mohr, S. 257–284.

– 1982. *Selbstverhältnisse. Gedanken und Auslegungen zu den Grundlagen der klassischen deutschen Philosophie.* Stuttgart: Reclam.

Herrmann, Christoph S., Michael Pauen, Byoung Kyong Min, Niko A. Busch und Jochem W. Rieger. 2005. »Eine neue Interpretation von Libets Experimenten aus der Analyse einer Wahlreaktionsaufgabe.« In: *Bewusstsein. Philosophie, Neurowissenschaften, Ethik*, hrsg. v. C. S. Herrmann, M. Pauen, J. W. Rieger und S. Schicktanz. München: Fink UTB, S. 120–133.

Hinterhuber, Hartmann. 2001. *Die Seele. Natur- und Kulturgeschichte von Psyche, Geist und Bewusstsein.* Wien: Springer.

Hüsing, Bärbel, Lutz Jäncke und Brigitte Tag. 2005. *Impact Assessment of Neuroimaging. Final Report.* Zürich: vdf.

Jäncke, Lutz. 2005. *Methoden der Bildgebung in der Psychologie und den kognitiven Neurowissenschaften.* Stuttgart: Kohlhammer.

Joynt, R. J. 1981. »Are Two Heads Better Than One?« *The Behavioral and Brain Sciences* 4: S. 108–109.

Junker, Thomas und Uwe Hoßfeld. 2001. *Die Entdeckung der Evolution. Eine revolutionäre Theorie und ihre Geschichte.* Darmstadt: Wissenschaftliche Buchgesellschaft.

Kant, Immanuel. 1821. *Vorlesungen über die Metaphysik.* Zum Drucke befördert von dem Herausgeber der Kantischen Vorlesungen über die philosophische Religionslehre (Metaphysik Pölitz). Erfurt: Keyser.

– 1902 ff. *Gesammelte Schriften.* Hrsg. v. d. Königlich Preußischen Akademie der Wissenschaften (Akademie Ausgabe). Berlin: Reimer.

– 1977. »Mutmaßlicher Anfang der Menschengeschichte.« In: *Schriften zur Anthropologie, Geschichtsphilosophie, Politik und Pädagogik*, hrsg. v. W. Weischedel. Frankfurt: Suhrkamp, S. 83–102.

Keller, I. und H. Heckhausen. 1990. »Readiness Potentials Preceding Spontaneous Motor Acts: Voluntary vs. Involuntary Control.« *Electroencephalography and Clinical Neurophysiology* 76: S. 351–361.

Kemmerling, Andreas. 1996. *Ideen des Ichs. Studien zu Descartes' Philosophie.* Frankfurt: Suhrkamp.

– 2003. »Die erste moderne Konzeption mentaler Repräsentation.« In: *Seele, Denken, Bewusstsein. Zur Geschichte der Philosophie des Geistes*, hrsg. v. U. Meixner und A. Newen. Berlin und New York: De Gruyter.

Kim, Jaegwon. 1998. *Mind in a Physical World. An Essay on the Mind-Body Problem and Mental Causation.* Cambridge: MIT Press.

Klein, Stefan. 2000. »Neuroprothetik. Handschlag mit der Zukunft.« *Geo* 6: S. 54–78.

Kopernikus, Nicholas. 1992. *Complete Works.* Baltimore London: Johns Hopkins Press.

Kosfeld, Michael, Markus Heinrichs, Paul J. Zak, Urs Fischbacher und Ernst Fehr. 2005. »Oxytocin Increases Trust in Humans.« *Nature* 435 (2): S. 673–676.

Kramer, Peter D. 1997. *Listening to Prozac.* New York: Penguin.

Krauledat, M., G. Dornhege, B. Blankertz, F. Losch, G. Curio und K.-R. Müller. 2004. Improving Speed and Accuracy of Brain-Computer Interfaces Using Readiness Potential Features. Vortrag, 26th Annual International Conference IEEE EMBS on Biomedicine, San Francisco.

La Mettrie, Julien Offray de. 2001. *Der Mensch eine Maschine.* Stuttgart: Reclam.

Lange, Friedrich Albert. 1908. *Geschichte des Materialismus und Kritik seiner Bedeutung in der Gegenwart.* 2 Bde. Leipzig: J. Baedeker.

Levine, Joseph. 1993. »On Leaving Out What It's Like.« In: *Consciousness. Psychological and Philosophical Essays,* hrsg. v. M. Davies and G. W. Humphreys. Oxford: Blackwell, S. 121–136.

Lewis, Clive Staples. 1964. *The Discarded Image. An Introduction to Medieval and Renaissance Literature.* Cambridge: Cambridge University Press.

Libet, Benjamin. 1994. »A Testable Field Theory of Mind-Brain Interaction.« In: *Journal of Consciousness Studies* 1: S. 119–126.

– 2005. *Mind Time. Wie das Gehirn Bewusstsein produziert.* Frankfurt: Suhrkamp.

Liu, Jia, Alison Harris und Nancy Kanwisher. 2005. »Stages of Perception in Face Perception: An MEG Study.« In: *Social Neuroscience. Key Readings,* hrsg. v. J. T. Cacioppo und G. G. Berntson. New York Hove: Psychology Press, S. 75–85.

Locke, John. 1981. *Versuch über den menschlichen Verstand. In vier Büchern.* 2 Bde. Hamburg: Meiner.

Lovejoy, Arthur Oncken. 1950. *The Great Chain of Being. A Study of the History of an Idea.* Cambridge MA: Harvard University Press.

Maguire, Gerald Q. und Ellen M. McGee. 1999. »Implantable Brain Chips? Time for Debate.« *Hastings Center Report* 29 (1): S. 7–13.

Majer, Ulrich. 2002. »Lassen sich phänomenologische Gesetze »im Prinzip« auf mikro-physikalische Theorien reduzieren?« In: *Phänomenales Bewußtsein – Rückkehr der Identitätstheorie?,* hrsg. v. M. Pauen und A. Stephan. Paderborn: Mentis, S. 368–401.

Markowitsch, Hans J. und Harald Welzer. 2005. *Das autobiograpische Gedächtnis. Hirnorganische Grundlagen und biosoziale Entwicklung.* Stuttgart: Klett-Cotta.

McLaughlin, Peter. 1989. *Kants Kritik der teleologischen Urteilskraft*. Bonn: Bouvier.

Meaney, Michael J. 2004. »The Nature of Nurture: Maternal Effects and Chromatin Remodeling.« In: *Essays in Social Neuroscience*, hrsg. v. J. T. Cacioppo und G. G. Berntson. Cambridge MA und London: MIT-Press, S. 1–14.

Mensching, Günter. 1991. »Vernunft und Selbstbehauptung. Zum Begriff der Seele in der europäischen Aufklärung.« In: *Die Seele. Ihre Geschichte im Abendland*, hrsg. v. G. Jüttemann, M. Sonntag und C. Wulf. Weinheim: Psychologie Verlags-Union, S. 217–235.

Metzinger, Thomas. 1996. »Niemand sein. Kann man eine naturalistische Perspektive auf die Subjektivität des Mentalen einnehmen?« In: *Bewußtsein. Philosophische Beiträge*, hrsg. v. S. Krämer. Frankfurt: Suhrkamp, S. 130–154.

Miller, Jeff und Judy Arnel Trevena. 2002. »Cortical Movement Preparation and Conscious Decisions: Averaging Artifacts and Timing Biases.« *Consciousness and Cognition* 11: S. 308–313.

Mirescu, Christian, Jennifer D. Peters und Elizabeth Gould. 2004. »Early Life Experience Alters Response of Adult Neurogenesis to Stress.« *Nature Neuroscience* 7 (8): S. 841–846.

Mitchell, Jason P., Todd F. Heatherton und C. Neil Macrae. 2005. »Distinct Neural Systems Subserve Person and Object Knowledge.« In: *Social Neuroscience. Key Readings.*, hrsg. v. J. T. Cacioppo und G. G. Berntson. New York Hove: Psychology Press, S. 53–62.

Moleschott, Jakob. 1971. »Der Kreislauf des Lebens.« In: *Schriften zum kleinbürgerlichen Materialismus in Deutschland*, hrsg. v. D. Wittich. Berlin: Akademie Verlag, S. 25–322.

Montero, Barbara. 1999. »The Body Problem.« *Nous* 33: S. 183–200.

Naess, Atle. 2006. *Als die Welt still stand. Galileo Galilei – verraten, verkannt, verehrt.* Heidelberg: Springer.

Neisser, Ulric. 1993. »The Self Perceived.« In: *The Perceived Self. Ecological and Interpersonal Sources of Self-Knowledge*, hrsg. v. U. Neisser. Cambridge und New York: Cambridge University Press, S. 3–21.

Nida-Rümelin, Julian. 2005. *Über menschliche Freiheit*. Stuttgart: Reclam.

Nietzsche, Friedrich. 1988. *Sämtliche Werke. Kritische Studienausgabe*. Hrsg. v. Giorgio Colli u. Mazzino Montinari. 15 Bde. München: dtv.

Oerter, Rolf und Leo Montada (Hrsg.). 1995. *Entwicklungspsychologie. Ein Lehrbuch*. Weinheim: Beltz.

Onishi, Kristine H. und Renée Baillargeon. 2005. »Do 15-Month-Old Infants Understand False Beliefs?« In: *Science* 308 (5719): S. 255–258.

Pauen, Michael. 1994. *Dithyrambiker des Untergangs: Gnostizismus in Ästhetik und Philosophie der Moderne*. Berlin: Akademie Verlag.

– 1997. *Pessimismus. Geschichtsphilosophie, Metaphysik und Moderne von Nietzsche bis Spengler*. Berlin: Akademie Verlag.

– 2002. »Einleitung.« In: *Phänomenales Bewußtsein – Rückkehr der Identitätstheorie?*, hrsg. v. M. Pauen und A. Stephan. Paderborn: Mentis, S. 9–35.

– 2004. *Illusion Freiheit? Mögliche und unmögliche Konsequenzen der Hirnforschung.* Frankfurt: Fischer.

Pauen, Sabina. 2000. »Wie werden Kinder Selbst-bewußt? Frühkundliche Entwicklung von Vorstellungen über die eigene Person.« In: *Selbst und Gehirn. Menschliches Selbstbewußtsein und seine neurobiologischen Grundlagen*, hrsg. v. A. Newen und K. Vogeley. Paderborn: Mentis, S. 291–312.

Pawlowski, B., C. B. Lowen und Robin I. M. Dunbar. 1998. »Neocortex Size, Social Skills and Mating Success in Primates.« *Behaviour* 135: S. 357–368.

Perler, Dominik. 2006. *René Descartes.* 2. Aufl. München: Beck.

Pollmann, Arnd. 2006. »Die Integrität der Person. Plädoyer für ein erweitertes Personenkonzept aus Anlass der Debatten um Embryonenschutz und Hirnforschung.« In: *Dimensionen der Person: Genom und Gehirn.*, hrsg. v. D. Hübner. Paderborn: Mentis, S. 103–128.

Popper, Karl R. und John C. Eccles. 1989. *Das Ich und sein Gehirn.* München: Piper.

Prinz, Wolfgang. 1996a. »Bewußtsein und Ich-Konstitution.« In: *Kopfarbeit. Gehirnfunktionen und kognitive Leistungen*, hrsg. v. G. Roth und W. Prinz. Heidelberg: Spektrum, S. 451–468.

– 1996b. »Freiheit oder Wissenschaft.« In: *Freiheit des Entscheidens und Handelns. Ein Problem der nomologischen Psychologie*, hrsg. v. M. v. Cranach und K. Foppa. Heidelberg: Asanger, S. 86–103.

– 2003. »Der Mensch ist nicht frei (Interview).« *Das Magazin* 2: S. 18–20.

Rösler, Frank. 2006. »Neuronale Korrelate der Handlungsausführung. Zur Validität der Experimente von Libet (1983).« In: *Willensfreiheit als interdisziplinäres Problem*, hrsg. v. K. Köchy und D. Stederoth. Freiburg: Alber.

Roth, Gerhard. 1994. *Das Gehirn und seine Wirklichkeit. Kognitive Neurobiologie und ihre philosophischen Konsequenzen.* Frankfurt: Suhrkamp.

Ruse, Michael und Edward O. Wilson. 1985. »The Evolution of Ethics.« *New Scientist* 108: S. 50–52.

– 1986. »Moral Philosophy as Applied Science.« *Philosophy* 61: S. 173–192.

Sacks, Oliver. 1985. *The Man Who Mistook is Wife For a Hat and Other Clinical Tales.* New York: Summit Books.

Sapolsky, Robert M. 2004. »Mothering Style and Methylation.« In: *Nature Neuroscience* 7 (8): S. 791–792.

Sawaguchi, Toshiyuki und Hiroko Kudo. 1990. »Neocortical Development and Social Structure in Primates.« *Primates* 31: S. 283–290.

Schelling, Friedrich Wilhelm Joseph. 1985. *Ausgewählte Schriften.* 6 Bde. Frankfurt: Suhrkamp.

Schmidt, Alexander F. und O. B. Scholz. 2003. Schuldfähigkeit und das psychopathy-Konstrukt. Eine Gutachtenanalyse. Vortragsmanuskript, 10. Arbeitstagung der Fachgruppe Rechtspsychologie der DGPs in Berlin.

Schmitt, Arbogast. 1992. »Zur Darstellung menschlichen Handelns in der griechischen Literatur und Philosophie.« In: *Der demokratische Verfassungsstaat. Theorie, Geschichte, Problem. Festschrift für Hans Buchheim zum 70. Geburtstag*, hrsg. v. O. W. Gabriel, U. Sarcinelli, B. Sutor und B. Vogel. München: Oldenbourg, S. 3–15.

– 1998. »Freiheit und Subjektivität in der griechischen Tragödie?« In: *Geschichte und Vorgeschichte der modernen Subjektivität*, hrsg. v. R. L. Fetz, R. Hagenbüchle und P. Schulz. Berlin und New York: De Gruyter, S. 91–118.

Schöne-Seifert, Bettina. 2006. »Pillen-Glück statt Psycho-Arbeit. Was wäre dagegen einzuwenden?« In: *No Body is Perfect. Baumaßnahmen am menschlichen Körper. Bioethische und ästhetische Aufrisse*, hrsg. v. J. S. Ach und A. Pollmann. Bielefeld: Transcript, S. 279–291.

Schott, Heinz und Rainer Tölle. 2006. *Geschichte der Psychiatrie. Krankheitslehren, Irrwege, Behandlungsformen*. München: Beck.

Schramme, Thomas. 2005. »Psychische Krankheit in wissenschaftlicher und lebensweltlicher Perspektive.« In: *Bewusstsein. Philosophie, Neurowissenschaften, Ethik*, hrsg. v. C. S. Herrmann, M. Pauen, J. W. Rieger und S. Schicktanz. München: Fink UTB, S. 383–406.

Schütte, Michael. 2004. *Reduktion ohne Erklärung. Phänomenale Eigenschaften aus der Perspektive des Aposteriori-Physikalismus*. Paderborn: Mentis.

Schwitzgebel, Eric. 2002a. »How Well Do We Know Our Own Conscious Experience?« In: *Journal of Consciousness Studies* 9 (5–6): S. 35–53.

– 2002b. »Why Did We Think We Dreamed in Black and White?« *Studies in History and Philosophy of Science* 33: S. 649–660.

Scott, Roderick, Rusiko Bourtchuladze, Scott Gossweiler, Josh Dubnau und Tim Tully. 2002. »CREB and the Discovery of Cognitive Enhancers.« *Journal of Molecular Neuroscience* 19: S. 171–177.

Seebaß, Gottfried. 2003. »Wille/Willensfreiheit: Philosophisch.« In: *Theologische Realenzyklopädie*, hrsg. v. G. Müller. Berlin und New York: De Gruyter, S. 55–73.

Sheils, Dean. 1978. »A Cross-Cultural Study of Beliefs in Out-of-the-Body Experiences, Waking and Sleeping.« *Journal of the Society of Psychical Research* 49 (775): S. 697–741.

Siefer, Werner und Christian Weber. 2006. *Ich. Wie wir uns selbst erfinden*. Frankfurt: Campus.

Siegler, Robert, Judy DeLoache und Nancy Eisenberg. 2005. *Entwicklungspsychologie im Kindes- und Jugendalter*. Heidelberg: Spektrum.

Singer, Wolf. 2002. »Ein Frontalangriff auf unser Selbstverständnis und unsere Menschenwürde.« *Gehirn und Geist* 4: S. 32–35.

Snell, Bruno. 1946. *Die Entdeckung des Geistes. Studien zur Entstehung des europäischen Denkens bei den Griechen*. Hamburg: Claassen und Goverts.

Soemmerring, Samuel Thomas. 1796. *Über das Organ der Seele*. Königsberg: Nicolovius.

Sophokles. 1955. *Antigone.* Übersetzt von W. Kuchenmüller. Stuttgart: Reclam.

Strawson, Galen. 1989. »Consciousness, Free Will, and the Unimportance of Determinism.« *Inquiry* 32: S. 3–27.

Sturma, Dieter. 1991. »Logik der Subjektivität und Natur der Vernunft. Die Seelenkonzeptionen der klassischen deutschen Philosophie.« In: *Die Seele. Ihre Geschichte im Abendland,* hrsg. v. G. Jüttemann, M. Sonntag und C. Wulf. Weinheim: Psychologie Verlags-Union, S. 236–257.

Talbot, Davinia und Julia Wolf. 2006. »Dem Gehirn auf die Sprünge helfen. Eine ethische Betrachtung zur Steigerung kognitiver und emotionaler Fähigkeiten durch Neuroenhancement.« In: *No Body is Perfect. Baumaßnahmen am menschlichen Körper. Bioethische und ästhetische Aufrisse,* hrsg. v. J. S. Ach und A. Pollmann. Bielefeld: Transcript, S. 253–278.

Tetens, Holm. 2001. »Nachwort«. In: Julien Offray de La Mettrie. *Der Mensch eine Maschine.* Stuttgart: Reclam, S. 101–117.

Tomasello, Michael. 1993. »On the Interpersonal Origins of Self-Concept.« In: *The Perceived Self. Ecological and Interpersonal Sources of Self-Knowledge,* hrsg. v. U. Neisser. Cambridge und New York: Cambridge University Press, S. 174–184.

Trevena, Judy Arnel und Jeff Miller. 2002. »Cortical Movement Preparation before and after a Conscious Decision to Move.« *Consciousness and Cognition* 11: S. 162–190.

Treviranus, Gottfried Reinhold. 1802–22. *Biologie oder Philosophie der lebenden Natur für Naturforscher und Ärzte.* 6 Bde. Göttingen: Röwer.

Tugendhat, Ernst. 1979. *Selbstbewußtsein und Selbstbestimmung. Sprachanalytische Interpretationen.* Frankfurt: Suhrkamp.

Tully, Tim, Rusiko Bourtchouladze, Rod Scott und John Tallman. 2003. »Targeting the CREB Pathway for Memory Enhancers.« *Nature Reviews Drug Discovery* 22: S. 267–277.

Vogt, Carl. 1851. *Untersuchungen über Thierstaaten.* Frankfurt: Literarische Anstalt.

– 1852. *Bilder aus dem Thierleben.* Frankfurt: Literarische Anstalt.

– 1971a. »Köhlerglaube und Wissenschaft.« In: *Schriften zum kleinbürgerlichen Materialismus in Deutschland,* hrsg. v. D. Wittich. Berlin: Akademie Verlag, S. 517–640.

– 1971b. »Physiologische Briefe.« In: *Schriften zum kleinbürgerlichen Materialismus in Deutschland,* hrsg. v. D. Wittich. Berlin: Akademie Verlag.

Vollmer, Gerhard. 1994. *Evolutionäre Erkenntnistheorie. Angeborene Erkenntnisstrukturen im Kontext von Biologie, Psychologie, Linguistik, Philosophie und Wissenschaftstheorie.* 6. Aufl. Stuttgart: Hirzel.

Voß, G. Günther und Hans J. Pongratz (Hrsg.). 1997. *Subjektorientierte Soziologie. Karl Martin Bolte zum siebzigsten Geburtstag.* Opladen: Leske u. Budrich.

Wagner, Rudolph. 1854. *Menschenschöpfung und Seelensubstanz. Ein anthropologischer Vortrag.* Göttingen: Wigand.

Wegner, Daniel M. 2002. *The Illusion of Conscious Will.* Cambridge MA: MIT Press.

Weiler, Reto. 2004. »Der Chip im Auge.« In: *Einblicke, Carl von Ossietzky Universität Oldenburg* 39 (Frühjahr 2004): S. 5–8.

Wildung, Dietrich (Hrsg.). 2000. *Ägypten 2000 v. Chr. Die Geburt des Individuums.* München: Hirmer.

Wimmer, H. und J. Perner. 1983. »Beliefs about Beliefs. Representation and Constraining Function of Wrong Beliefs in Young Children's Understanding of Deception.« *Cognition* 13: S. 103–128.

Wittgenstein, Ludwig. 1984. *Tractatus logico-philosophicus. Tagebücher 1914–1916. Philosophische Untersuchungen.* Bd. 1, Werkausgabe. Frankfurt: Suhrkamp.

Wittkau-Horgby, Annette. 1998. *Materialismus. Entstehung und Wirkung in den Wissenschaften des 19. Jahrhunderts.* Göttingen: Vandenhoeck und Ruprecht.

Wolf, Julia. 2005. »Die Verbindung von Gehirn und Elektronik – Mögliche Konsequenzen und ethische Implikationen der Neurobionik.« In: *Bewusstsein. Philosophie, Neurowissenschaften, Ethik,* hrsg. v. C. S. Herrmann, M. Pauen, J. W. Rieger und S. Schicktanz. München: Fink UTB, S. 355–382.

Wolff, Christian. 1983. *Vernünfftige Gedancken von Gott, der Welt und der Seele des Menschen, auch allen Dingen überhaupt,* (= repr. d. Ausg. Halle 1751). Hildesheim, Zürich und New York: Olms.

Wolters, Gereon. 1996. »Vitalismus.« In: *Enzyklopädie Philosophie und Wissenschaftstheorie,* hrsg. v. J. Mittelstraß. Stuttgart: Metzler, S. 551–553.

Yesavage, J. A., M. S. Mumenthaler, J. L. Taylor, L. Friedman, R. O'Hara, J. Sheik, J. Tinklenberg und P. J. Whitehouse. 2002. »Donepezil and Flight Simulator Performance: Effects on Retention of Complex Skills.« *Neurology* 59 (1): S. 123–125.

Zander, Helmut. 1999. *Geschichte der Seelenwanderung in Europa. Alternative religiöse Traditionen von der Antike bis heute.* Darmstadt: Wissenschaftliche Buchgesellschaft.

Register

Abbot, Alison, 253
Ackermann, Jacob Fidelis, 65 f.
Albertus Magnus, 32
Amini, Fariborz, 252 f.
Anderson, Steven W., 253
Aristoteles, 31, 37 f., 44, 48, 72, 76,
   243–245
Assmann, Jan, 36, 44 f., 244 f.
Augustinus, 38
Avicenna, 32

Barton, Robert A., 252
Bechara, Antoine, 253
Beck, Ulrich, 243
Block, Ned, 251
Blumenbach, Johann Friedrich, 77
Blumenberg, Hans, 31, 244
Bothe, Hans-Werner, 254
Brague, Rémi, 31, 243 f.
Breidbach, Olaf, 248
Broca, Paul, 79, 88
Büchner, Ludwig, 71, 76, 85 f., 249
Buffon, Georges, 63
Burrow, John W., 249
Busche, Hubertus, 239, 245
Byrne, Richard W., 202, 252

Cabanis, Pierre-Jean-Georges, 73
Carnap, Rudolf, 28, 30 f., 70, 244
Casebeer, William D., 210, 213, 215,
   253
Churchland, Paul M., 210, 253
Cicero, Marcus Tullius, 32
Crone, Katja, 254

Damasio, Antonio R., 150, 207, 211,
   251, 253
Danielson, Dennis R., 31, 244
Dante Alighieri, 32, 244
Darwin, Charles, 9, 19, 30, 70 f.,
   78–80, 243
Davison, Gerald C., 253
Dennet, Daniel C., 139 f., 151, 251
Descartes, René, 46–54, 57, 62, 76,
   88 f., 93, 96 f., 245 f., 250
Dihle, Albrecht, 245
Driesch, Hans, 249
Du Bois-Reymond, Emil, 30, 77,
   80–83, 85, 87, 92, 98, 243, 249
Dunbar, Robin I. M., 252 f.

Eccles, John C., 52, 90, 92, 246, 250
Eckhart, Meister, 32
Edwards, John, 63
Eimer, Martin, 195 f., 252
Esmarch, Friedrich, 69

Fechner, Gustav Theodor, 84 f., 117,
   250
Ferber, Rafael, 185 f., 252
Fichte, Johann Gottlieb, 57, 60, 139,
   145
Flechsig, Paul, 80
Flourens, Pierre, 68
Fontenelle, Bernard Le Bovier de,
   30, 33
Frank, Manfred, 140, 251
Freud, Sigmund, 9, 19, 30 f., 70, 78,
   243, 245

267